红十字运动 创新与发展

HONGSHIZI YUNDONG CHUANGXIN YU FAZHAN

江苏省红十字会　编

东南大学出版社
SOUTHEAST UNIVERSITY PRESS
·南京·

图书在版编目(CIP)数据

红十字运动创新与发展 / 江苏省红十字会编. —南京:东南大学出版社,2018.12

ISBN 978-7-5641-6669-4

Ⅰ.①红… Ⅱ.①江… Ⅲ.①红十字会-江苏-文集 Ⅳ.①D632.1-53

中国版本图书馆 CIP 数据核字(2018)第 289668 号

红十字运动创新与发展

出版发行	东南大学出版社
出 版 人	江建中
社　　址	南京市四牌楼 2 号
邮　　编	210096
经　　销	新华书店
印　　刷	南京玉河印刷厂
开　　本	700 mm×1000 mm　1/16
印　　张	14.75
字　　数	240 千字
书　　号	ISBN 978-7-5641-6669-4
版　　次	2018 年 12 月第 1 版
印　　次	2018 年 12 月第 1 次印刷
定　　价	42.00 元

(本社图书若有印装质量问题,请直接与营销部联系,电话:025—83791830)

前言

党的十八大以来，以习近平同志为核心的党中央始终高度重视红十字事业，对中国红十字会在推进改革创新、加强自身建设和开展人道救助等方面作出重要指示，为中国红十字事业发展指明了前进方向、提供了遵循依据。

中央党的群团工作会议召开之后，随着2017年《中华人民共和国红十字会法》施行和2018年《中国红十字会总会改革方案》印发，红十字会深化改革已经成为时代发展的必然要求和红十字会建设的关键一环。红十字会的工作环境、任务、对象等都发生了深刻变化，人民群众对人道服务提出了新的更高要求。面对新形势和新任务，江苏省红十字会牢记使命，广泛动员社会各方力量，以救灾、救助、救护和无偿献血、造血干细胞捐献、遗体和人体器官（组织）捐献为重点，在回应群众诉求、补齐民生短板、促进社会和谐等方面发挥积极作用，得到社会各界的高度认可和支持，是党和政府在人道领域的得力助手、联系群众的桥梁纽带。

为深入学习贯彻习近平新时代中国特色社会主义思想和党的十九大精神，加强红十字理论与实践的研究，省红十字会首次面向全省公开征集红十字理论与实践调研报告并集结成册。本次活动得到全省各级红十字会的积极响应和热情参与，共征集到调研报告近八十篇，评选出“优秀红十字理论与实践报告”二十八篇。省红十字会将这批优秀研究报告集结出版为《红十字运动创新与发展》一书，以期推动红十字理论与研究成果的分享和转化，推动我省红十字事业高质量发展走在前列。

本书集中展示了近年来江苏红十字工作理论与实践的研究成果，是不可多得的红十字学术资源，可供相关工作人员及在校师生参考使用，也希望得到广大读者的批评指正。

编　者

2018 年 12 月

目　　录

坚守人道使命的独特优势

——兼论中国红十字事业的改革与发展

倪飞　姜琴　仪征市红十字会

摘　要：随着群团组织改革的推进、《红十字会法》的修订，红十字会如何把握自身职责范围，准确进行功能定位，健全监督管理和内控体系，进一步发挥党和政府在人道领域的助手作用，是本文关注的核心问题。文章通过明晰坚守人道使命的独特优势，辨析红十字会的法定职责及其拓展边界，分析红十字会的内控现状及其优化对策，以期为充分发挥组织优势，打造核心竞争力，促进中国红十字事业的改革与发展提供有益借鉴和参考。

关键词：红十字　人道主义　职能定位　改革与发展

随着《中共中央关于加强和改进党的群团工作的意见》的出台，以及我国《慈善法》的颁布施行和《红十字会法》的修订，红十字会作为从事人道救助工作的社会团体，面对新形势、新要求，应坚持注重体现国际性和保持中国特色，进一步梳理主要职责，探索新时期红十字人道事业的理论与实践，持续推进中国特色红十字事业的改革发展。本文基于红十字人道事业的源流与发展、红十字运动的使命和基本原则，分析其主要职责及拓展边界，借鉴内部控制理论，进一步分析红十字会系统在内部控制方面存在的不足，探求改善其内控体系的对策，以期对当前我国红十字事业的改革发展提供建议。

一、固本溯源，弘扬人道

红十字人道事业随着红十字组织的诞生而逐渐形成，并随着红十字运动的深入发展而渐趋丰富和完善，既是人道主义思想的具体实现，也推动了社会文明进步。

（一）考镜源流

人类社会产生以后，伴随着生存斗争和社会演进，一种以“保护生命”为基调的人道情感也随之孕育、发展和成熟，进而形成一种朴素的人道理念，这种“对生命的关爱和尊重”的人道理念成为红十字人道主义内核。在历史发展进程中，遵循这种人道理念，创造出形式各异、各具特色的文化体系；而同舟共济的观念和行动、悯天怜人的素朴情感，贯穿于所有文化体系之中，并为红十字人道主义的诞生提供了丰富的思想素材。

（二）形成与发展

红十字人道主义随着红十字组织的诞生而基本形成，成为人道主义的一种新的展现。这一伟大而朴素的人类情感在 19 世纪欧洲的一次屠戮生命战争中破土萌芽，继而承载起崇高的使命；1863 年，“伤兵救护国际委员会”成立标志着红十字的诞生，而红十字的诞生标志着红十字人道主义的正式形成；1864 年，《日内瓦第一公约》的签署标志着国际人道法诞生，也向世界表明国际红十字运动的人道理念和在战乱冲突中的独特身份，并使之有了国际公约的认可和保证，其后逐渐形成具有四个《日内瓦公约》及其三个《附加议定书》的“国际人道法”体系。“国际人道法”将红十字人道主义从伦理学范畴延展到国际法体系，把红十字的中立品格通过法律的方式展示出来，从而成为有法律效力的制度规范。

（三）个性特征

红十字人道主义在与各种文化的融通中孕育成长，并在人道主义救援实践中向全球扩展，在这一过程中，竭力以全人类认可的方式跨越包括疆域、阶级、社会制度、意识形态及宗教等重重“壁垒”，抚平人群和社会的创伤，并取得卓越成就。在红十字人道主义的发展过程中，人道、公正、中立、独立、志愿服务、统一及普遍等七项基本原则扮演着重要角色，这七项原则既是红十字全部组成机构所必须遵守的特定准则，也是红十字会区别于其他人道主义组织的本质体现。因而，无论动乱和灾难存在还是消失，只要生命依然延续，就需要红十字的关怀。事实上，即使人祸可以避免，天灾永难消逝，所以红十字人道主义将与人类同行，生命不息，人道不止。

（四）中国实践

从中国红十字运动在晚清、民国以及在新中国的实践及其连续性来看，人道主义已经镶嵌于社会变迁之中。在复杂多变的历史演进中，高扬人道主义旗帜的中国红十字会从未被社会巨变所抛弃，也从未对历史变迁冷眼旁观，虽然前进中也有浅滩和低谷，但中国红十字会还是在不断的调整与适应中成长壮大，成为促进人类健康、推动社会发展的重要力量。

长久以来，在人类社会走向文明的同时，各种文化资源都在为这个人类思想宝库不断增添内容。红十字人道主义也正因为在文化渊源上驻足于多元文化，才能突破各种自然和制度的障碍及束缚，为不同时代、地域的国家民众所接受，《日内瓦公约》成为世界现代史上第一个为所有国家接受的条约。这也有力地说明了红十字人道主义是全人类共同的文明成果。可以说，在整个近代社会里，红十字人道主义已经成为社会发展的一个重要组成部分。

二、接通脉络，承前继后

新中国成立后，协商改组后的中国红十字会成为中央政府领导下的人民卫生救护团体、社会福利团体。正是由于这种科学的判断与决策，才有了在新中国成立初期红十字人道主义的一段历史性的腾飞和发展。从新中国成立到“文革”之前，中国红十字会在医疗卫生防护、战地医疗救护、自然灾害救助、战后问题处理等领域开展了大量工作，积极践行着人道主义精神。其后，中国红十字会作为从事人道主义工作的社会救助团体、国际红十字大家庭中的重要一员，在重大灾害救援、保护生命健康、促进人类和平进步等方面发挥了重要作用。近年来，随着我国各项事业的不断发展，红十字事业已经由初创阶段进入了快速发展阶段，在国家和社会事务中发挥着越来越大的作用。

例如，1997 年中国红十字总会在六届四次会议中正式提出创建“红十字博爱系列工程”（简称“博爱工程”）的号召，包括：

（1）生命工程：涉及救护机构和救护网络的建设、公益医疗机构的设立和管理，以及无偿献血和中华骨髓库工作的规范运行。

（2）爱心工程：涉及扶危济困、恤孤助老的公益救助事业，是社会保障体系的重要补充。

(3) 救援工程:涵盖与灾害救援紧密相关的物资储备、款项募集、资源动员,以及与之相适应的联系机制、协作方式、内部管理和运作程序的制定和统筹。

博爱工程是新的时代条件下,中国红十字会开拓进取,赋予"传统"的新内涵。近年来,中国红十字会扎实推进备灾救灾工作,逐步建立起覆盖全国的红十字备灾救灾体系,评审认证了 21 支国家级红十字救援队,在汶川地震、玉树地震、舟曲泥石流、芦山地震、鲁甸地震等重大灾害救援及灾后重建工作中发挥了重要作用。同时,中国红十字会积极拓展对外人道救援,不断加强多双边合作,在海地地震、日本地震海啸、菲律宾海燕台风、非洲饥荒和埃博拉疫情等重大灾难,以及缅北地区难民、尼泊尔地震灾区的人道援助中,展示了我国热爱和平、积极承担国际责任的文明大国形象。

红十字组织自诞生之日起,已走过 150 余年的历史,时至今日已成为全世界影响范围最广、认同程度最高的国际组织。如习近平总书记所言:"红十字是一种精神,更是一面旗帜,跨越国界、种族、信仰,引领着世界范围内的人道主义运动。"在未来的社会发展变迁中,红十字人道主义将与人类社会同休戚、共命运,成为社会文明进步的坚强柱石和有力保障。与此同时,国务院《关于促进红十字事业发展的意见》进一步强调了红十字会在政府人道领域助手作用的重要地位。因而,中国红十字会的改革与发展必须坚守人道使命与职责。

三、厘清职责,把握定位

组织目标在一定程度上决定了该组织的职能。组织的职能设置、人员配置、组织设计等,都必须围绕这个目标展开。

(一) 法定职责

1986 年第 25 届红十字与红新月国际大会通过《国际红十字与红新月运动章程》,明确规定了国际委员会、国际联合会和各国红会的职责。国际委员会的法定职责归纳为:一是有关本运动的组织职责,即宣传七项基本原则,批准新国家红会的成立,国际大会委托的工作;二是有关国际人道法赋予的法定职责,即战时救护及平时准备,查人转信,传播并执行国际人道法。国际联合会的职责主要体现为:一是灾害救济;二是协调和促进各国红会工作(包括与本国政府合作参与公共健康和社会福利的活动,各国间的青少年交流,国家红会及其会员发展等);三是帮助国际委员会工作(包括向武装冲突受害者提供帮助,促进和发展国际人道法等)。各国红十字会“依据自身的章程和本国立法从事符合本运动的任务和基本原则的人道主义活动。各国红十字会支持政府当局为满足各自国家人民的需要而开展的人道主义工作”。

《中华人民共和国红十字会法》第三章明确规定了红十字会的 7 项法定职能,具体包括:①开展救灾的准备工作;在自然灾害和突发事件中,对伤病人员和其他受害者进行救助。②普及卫生救护和防病知识,进行初级卫生救护培训,组织群众参加现场救护;参与输血献血工作,推动无偿献血;开展其他人道主义服务活动。③开展红十字青少年活动。④参加国际人道主义救援工作。⑤宣传国际红十字和红新月运动的基本原则和《日内瓦公约》及其附加议定书。⑥依照国际红十字和红新月运动的基本原则,完成人民政府委托事宜。⑦依照《日内瓦公约》及其附加议定书的有关规定开展工作。而在第二款中提到的“开展其他人道主义服务活动”,具有类似兜底条款的性质,具有高度的原则性和归纳性,这也为近年来红十字会许多业务工作提供了法律的基本依据,为红十字会业务体系发展留有余地。

相比《中华人民共和国红十字会法》《中国红十字会章程》在其职责中增加了“宣传和执行《中华人民共和国红十字会法》和《中华人民共和国红十字标志使用办法》”“总会承担中国国际人道法国家委员会秘书处的日常工作”的内容,并且根据“开展其他人道主义服务活动”这一“兜底条款”,在“建设和管理中国造血干细胞捐献者资料库;开展捐献造血干细胞的宣传动员、组织工作”“开展红十字志愿服务活动”“依法开展募捐活动”“兴办符合红十字会宗旨的社会福利事业”等方面进行了拓展。然而,“符合红十字会宗旨的社会福利事业”也是一条难以把握边界的法律原则,再一次为红十字组织职责的扩展留有余地。值得注意的是,参考运动章程中对国际委员会和国际联合会职责的描述,均没有出现类似“其他”这样模糊的、没有边界的描述。

分析国际红十字组织和中国红十字会的法定职责,从中不难看出从单纯的“战地救护和训练”特殊职责,到涉及“卫生与健康”“社会福利”等公共职责的拓展轨迹。这种职责的拓展首先源自国际联合会的成立。红十字运动的宗旨是保护人的生命和健康,保障人类的尊严;促进人与人之间的相互了解、友谊与合作,促进持久和平。“人道”原则是本运动一切活动的出发点,其核心就是“保护”。因此,中国红十字组织上述几项职责的增加,本质上是符合本运动的宗旨和原则的,客观上具有合法性和合理性。

(二)职责延伸

当前中国红十字会系统内部公认的核心业务主要是:“三救”(应急救援、应急救护、人道救助),“三献”(无偿献血、造血干细胞捐献、遗体和人体器官捐献),以及国际人道援助和港澳台交流。显然,这几项核心业务基本还是紧扣“保护人的生命和健康”这一核心的。然而,自改革开放以来,红十字会的功能处于不断的“扩张”之中。特别是在体制理顺工作取得突破性进展以后,由于红十字会工作的自主性增强、发展空间更加广阔,各级红十字会忙于寻找新的“发力点”,救灾、救助、救护等各项工作全面铺开。红十字会的职能已从单纯的紧急救助拓展为紧急救助与日常的社会救助相结合,而且社会救助所占的比重越来越大。

首先,笔者尝试比照前面对红十字组织法定职责的辨析,对当前各级红十字会常规业务、实施的人道救助项目进行分类(表1):

表1 各级红十字会的常规业务及实施的人道救助项目

法定职责	人道救助项目
1. 备灾救灾	灾害救灾救援项目 博爱医疗机构援建项目 博爱学校援建项目
2. 应急救护	现场应急救护培训项目
3. 红十字青少年活动	
4. 国际援助和交流	境外重大灾害救灾救援项目
5. 传播国际人道法	红十字精神传播项目
6. 重建家庭联系	重建家庭项目
7. 无偿献血	
8. 其他人道主义服务	
(1) 造血干细胞捐献	造血干细胞捐献(骨髓库)项目

续表

法定职责	人道救助项目
(2) 遗体器官捐献	遗体器官捐献项目
(3) 艾滋病防控宣传	艾滋病防控宣传项目
(4) 红十字志愿服务	
(5) 社会福利及其他	博爱送万家项目 博爱家园援建项目 造血干细胞移植救助项目 贫困家庭先天性心脏病患儿救助项目 重度听障儿童人工耳蜗植入救助项目 关爱麻风病人项目 大病救助项目 青少年助学项目 助老项目 ……

从表 1 不难看出,如果以红十字会自身确定的核心业务的分类来看,以上 19 个项目基本已经覆盖了全部的核心业务。其中属于“其他人道主义服务”类的(即不能按严格意义上划归到其他任何一项核心业务的项目),共 12 项,约占总项目的 63%,而“人道救助”只是 8 个核心业务中的一项。由于对各项职责的业务量和占用资源的情况难以进行衡量,因此,这里只能暂且简单地从项目数量的角度进行比较。虽然这种数量上的比较或许有失公允,但是其在社会福利(社会公益、慈善)服务领域的职责蔓延趋势已经可见。

其次,如果从红十字业务所发挥的功能来看,总体上又可分为服务功能和传播功能(表 2),两者彼此独立但又相互对应与关联。

表 2　红十字会的功能

功能		具体项目
服务功能	应急服务	紧急救援:灾害救援、其他公共安全事件救援
		救护培训
	扶贫济困	助医、助学、扶贫及其他
	生命救助	无偿献血、造血干细胞捐献、遗体器官捐献
传播功能		人道、博爱、奉献精神的传播
		人道、公正、中立、独立、志愿服务、普遍、统一原则的贯彻
		生命至上、维护人类尊严宗旨的宣传
		灾害伦理、灾害意识、风险意识的普及

笔者选取省级、市级、县级红十字会网站各一个，对它们各自过去一年报道的业务工作进行统计分析(图1)。

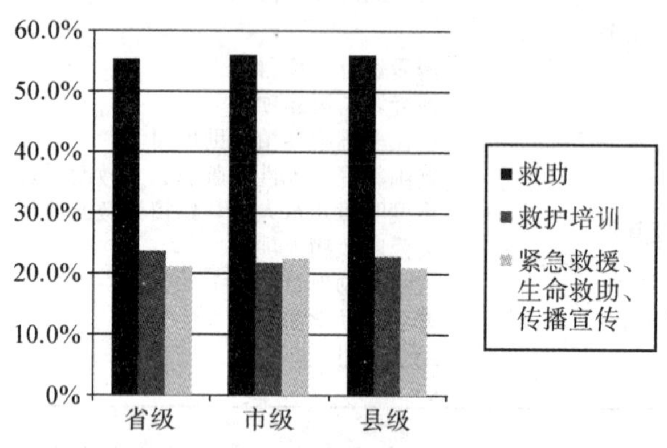

图1　对选取样本红十字会过去一年报道的相关业务工作量的统计分析

从图1的统计结果显示，红十字会目前业务量最大的是救助，业务量占比均为55%以上；其余项所占比重相当。虽然工作动态报道与实际工作并不能做到完全等量，但业务量的构成分析也从侧面进一步印证了“社会救助所占的比重越来越大”。

然而，红十字运动的使命和基本原则的核心概念是“对人的保护”。“人道”突出的是在危及生命的紧急情况下采取的救助行动(比如紧急救护、灾害救援等)，突出的是“救命”的行动；而“慈善”或“福利”可以是常态下的帮助人们解决当前困难并获得解决问题能力的一种互助行为(比如扶贫帮困、扶老助残等)，突出的是“帮困”的行为，两者存在一定的差别性。

随着有些地方组织的职能不断扩展，“人道救助”这一单项职责过度向“慈善救助”蔓延，逐渐呈现出“大而全”的趋势。这种扩展在一定程度上同国际红十字运动和国际人道法赋予红十字会的职责形成了错位，加之自身资源相对有限，可能导致以下不良的结果：一是会影响服务的专业化水平和人才队伍的专业化建设；二是“扬短避长”的发展路线很难集中精力打造优势品牌项目，进而削弱筹资的能力；三是随着功能的不断扩张，红十字会组织的服务内容与其他社会组织的交叉和重叠越来越多，有时反而会淡化组织特色，同时，在基层还会致使红十字会精神与文化得不到充分、恰当的传播。在公众理解中，红十字一定程度上被与救助画上了等号，并且这种救助就是以慈善募捐的方式开展扶贫帮困。对 X 市各乡镇社会公众的问卷调查结果也验证了这一点(图 2)。

图 2　对“X 市红十字会与慈善总会开展的活动有区别吗?”的回答

(三) 明确边界

这种职责的扩展很难简单以“好”或“坏”来评价，这是与履职环境的改变密切相关的，有着一定的主客观因素。

第一，源自外部的拉力。一是源自法律法规的默许。《中华人民共和国红十字会法》中“其他人道主义服务活动”这一“兜底条款”，配合“人道”概念的泛化，使得红十字组织的职责边界从法定上可以无限扩张。二是源自政府职能的转变。红十字组织作为政府人道领域助手(这一定位是法律规定和国际公认的)，在社会福利及其他人道活动方面，承接政府相关职能，成为现实选择。三是源自公共需求的多元化。目前，社会上真正有能力承载公共服务职能，并且提供有效服务的非营利组织与社会需求相比还存在很大的差距。红十字会因其特有的组织优势、资源优势和政策优势，在满足多数群体和少数群体之间的多元化利益需求方面具有一定优势，因而其将触角延伸到了社会救助的多个方面，包揽了更多职责。四是源自出资者的期待。政府、企业、其他社会组织、捐赠者、红十字会会员和志愿者等都可能成为红十字会工作的支持者和参与者，因此，他们的意愿在很大程度上影响着红十字会将要在那些领域履行职责，进而影响到红十字会职责的扩展。

第二，来自内部的张力。一是运动发展的动力。围绕人道使命，红十字运动已经对促进当今世界“和平”与“发展”这两大主题产生了巨大影响力。为了进一步加强自身在全球治理中的地位和不断提升、扩大话语权，红十字会必须使运动的覆盖面更广，并由此产生越来越强大的内部张力。二是组织发展的需要。当职责触角伸向更多领域的时候，可获得的社会资源就越多，资源越多、越灵活，就越有利于组织的进一步发展。而如果只是专注于紧急情况下的红十字核心业务（如战场救护、灾害救援），就缺少覆盖面，尤其在和平的背景下，可做、能做的事情特别是基层红会能够开展的工作可能就会很少。三是志愿服务队的自治性。志愿服务是国际红十字运动的七项基本原则之一，是红十字工作的重要组成部分。而红十字志愿服务队的自治性及其自身发展需要，最容易产生职责的蔓延。事实上，红十字志愿服务队职责的蔓延，影响了社会公众对红十字会职责的理解，一定程度上就代表着红十字会职责的蔓延。

当前，我国处于发展的重要战略机遇期，中国红十字事业也步入了快速发展期。在这一过程中，一方面，需要清醒而又客观地认识到横向拓展的业务工作和项目领域过宽，会导致快速发展与实际投入不相符、项目过多与服务能力不匹配、严格管理需求与制度建设滞后并存的现象。一个组织所拥有的能力和资源都是有限的，一旦其承接的公共职责超出了其履职能力，那么将会带来公共服务质量下降、公信力受损和发展受限等问题。另一方面，还需主动作为。当前值得红十字会思考的问题是：如何把握职责使命而又积极做好在当前公共服务体系中的职责再定位，充分发挥好党和政府在人道领域联系群众的桥梁和纽带作用？如何坚持深化改革、依法治会，面向贫困地区和困难人群，开展人道救助，在促进社会和谐、补足民生短板等方面发挥红十字会工作独特的优势？在这种情况下，当前各级红十字会组织如何正确把握职能拓展边界，精准定位核心业务范畴，完善运行管理机制，显得尤为重要。

四、调策转念，健全机制

（一）明确功能定位

《关于〈中华人民共和国红十字会法（修订草案）〉的说明》已明确："通过修改法律进一步规范现实做法，对红十字会的主要职责进行梳理和完善。"希望修订后的《中华人民共和国红十字会法》在职责内涵描述和外延界定上，可以更加清晰。而在整个公共服务体系日趋完善和社会组织发展日渐成熟的今天，红十字会在组织发展和职能拓展的过程中，还需做到有章可循，符合职责法定原则，遵守红十字运动七项基本原则，尤其是明确其“人道”属性；要善于整合资源，在同政府部门、企业（营利组织）和社会（非营利组织）等的合作中，探索建立良好的合作模式，形成资源互补、相互支撑的人道事业发展环境，切实提高专业化水平，最大限度地满足服务于公共利益的需求。

一是在总体目标上，任何组织都有长项和短项，只有扬长避短，培育并发挥自己的长项，在自己最擅长的领域展开竞争，才有可能赢得生存与发展。红十字会必须培育自己的核心竞争力，专注于自己最擅长的业务，并建立起自己持久的竞争优势。

二是在总体思路上，对于一个成熟的组织而言，包打天下的想法和四面出击的做法都是不可取的，这就要求红十字会找准工作方向，突出重点。因此，红十字会的业务发展思路必须从“规模化”走向“专业化”，从各项功能应有尽有、“全面铺开”到“主次分明、重点突出”，而且突出的重点应该是红十字会的“长项”。

三是在技术路线上，既要考虑红十字会的宗旨、使命和组织能力，也要考虑社会需求和政府及其他社会组织的供给情况等诸多因素。这些因素可归纳为社会风险的化解需求和供给两类。只有在“供需匹配”的框架下，才能对红十字会的功能进行科学合理的定位。从社会需求来看，我国是一个自然灾害频发的国家，同时，由于社会的全面转型，还有相当一部分贫困弱势群体存在，因而，救灾需求和救助需求都很大。有限资源该如何分配？红十字运动的七项基本原则之一的人道主义给出了明确的回答——“优先救济困难最紧迫的人”。此外，从供给角度来看，鉴于我国灾害教育较为缺乏的现状，应急服务是整个社会的“短项”，供需缺口很大，而组织完备、实践经验丰富、国际性强等独特优势正是红十字会发挥重要作用的保证，所以红十字会应该坚持突出“应急”服务功能。

（二）健全内控机制

组织的健康持续发展和目标使命达成，离不开健全的内部控制体系作保障。《中共中央关于加强和改进党的群团工作的意见》指出：“群团组织应该建立健全社会资金募集、管理、使用全过程公开制度，建立第三方监督评价机制，提高社会公信力。”《关于〈中华人民共和国红十字会法（修订草案)〉的说明》中亦明确:“对红十字会的监督机制和内部治理结构做进一步补充和完善,积极回应社会关切。”因而,在厘清职责的同时,构建内控机制同样是当务之急,这是红十字会科学有效管理、正确履行职能、完成人道使命的重要保证。基于内部控制五要素,即控制环境、风险评估、控制活动、信息与沟通、监督,针对我国红十字组织内部控制现状,提出以下建议措施:

1. 构建内部环境基础

当前,我国地方红十字会通常只设理事会、常务理事会、执委会,都没有明确设置监事会。健全组织治理结构,建立监事机构,形成决策、执行、监督完整的组织形式是构建内部控制环境的硬件基础。在内部组织架构方面,建立科学有效的管理模式,进一步明确内部各个部门以及各种业务的范围、流程、权限、职责,逐步建立一套完整健全的可相互制约的授权、审批管理制度。此外,“人”是内控制度体系之中一个相当重要的要素,由于全国红十字会系统缺乏长远的人力资源整体规划和统一的人力资源管理制度,存在人事管理相对粗放、组织人员内控意识较为淡薄的现象,建立合理有效的人事政策尤为必要。建议建立科学合理的教育培训与聘用制度,加强复合型专业化人才的培养,专业岗位必须要有专业人才,即使是志愿者也应当尽量做到“人尽其才”;还应健全绩效考核制度,提升组织内部效能。

2. 把握风险评估环节

现阶段,公众对于人道、公益慈善事业的关注度越来越高,而多数红十字组织对于内外环境变化的感知不够高,缺乏危机意识,风险预警、应对机制有待改善。风险点涵盖红十字会业务的方方面面,例如资金运营方面的风险点:财务管理粗疏、资产处置不规范、资金运行效率低、招标采购是否存在寻租。需要强化风险管控意识,制定相关防范措施,借助内部控制流程,根据风险发生的可能性和影响程度,对风险进行分析和排序,以达到识别、预警和控制风险的目的。通过手工与自动控制、预防性与发现性控制相结合的方法将风险控制在可承受的范围内,以防范和纠正组织的运作可能出现的偏差。与此相关联的事项还有:救援物品的筹集和储藏、物资发放时的审查、资金支付时的授权制度等等。

3. 有效实施控制手段

红十字会部分业务工作缺乏严格的技术操作规程、实施细则、评估标准,导致工作的随意性增强,反映在决策、实施、评估等多个环节,缺乏必要的内部控制措施。比如,对于物资的内部控制,基层往往在存货与固定资产管理方面,定期盘存和监督制度执行不到位,缺乏定期的财产价值评估制度;有的组织因缺乏采购规划,往往采取临时采购模式,采购数量小、地点多,导致采购成本增加。虽然红十字会的非营利性决定了其自身资产构成较为简单,但其接受来自社会各界的捐赠形成的资产种类多样,因此,资产业务控制也是红十字会一项重要的控制活动。各地基本上直接沿用中国红十字会制定的《中国红十字会募捐和接受捐赠工作管理办法》,而没有结合自身实际制定相应的管理办法。各地红十字会可通过行之有效的委托授权、内部牵制、岗位分离、上报制度、审议批示,以及运用专业的财务处理方法,加强对物资财产的控制。此外,还应通过强化对账户存款和库存现金的管控、增强对票据和专款的管控,着重改善资金流控制;在预算管控方面,关键是要制定预算评估标准,对预算的后续问题进行评价与研讨,并形成行之有效的奖惩制度,确保预算实施控制体系正常运转。

4. 提升信息沟通水平

红十字会的信息披露包括组织概况、主要业务、资助项目、志愿服务、捐赠明细等,其中资助项目和捐赠明细是政府、媒体公众及捐赠者最为关注的两个信息。近年来,虽然各地红十字会已经积极尝试向信息公开透明方向发展,加大了对捐赠款物的公示披露力度,但对于受捐多少,捐款如何使用,一切都靠着一套内部的财务流程披露,加之自身信息管理能力缺乏等因素,实际上信息披露的程度和及时性仍有待提高。为此,应加快顶层设计,创建适合红十字会系统自身特点的信息数据交换系统,并像ERP系统一样,将财务核算、业务管理、审计核查、信息交流、内控等诸多项目结合在一起,全方位统筹管理,进而达到各级组织间的信息同步与数据共享的目的。此外,健全完备的投诉举报机制和反馈机制也是完善沟通的重要措施。

5. 以内部监督和外部监管为保证

我国红十字会的内部监督体系建设还需加强,尤其是基层组织机构设置简单，工作人员少，一人多岗现象普遍存在，不相容职务没有得到分离，相互独立的业务流程无法相对独立实施，导致内部制衡工作机制存在缺陷，内控制度得不到有效执行。缺乏有效的内部监督，则无法形成内部控制评价与反馈机制。从外部来看，随着《慈善法》的颁布施行，政府对公益慈善组织的外部监督力度会愈加严格，同时媒体与公众在红十字会的外部监督中亦承担着非常重要的角色。一方面，应力求内部监督的程序化。红十字会日常工作的系列流程之中，每一项任务都需要不同层级组织和不同业务机构之间的协作。因而，对工作流程进行督查是内部监督中最为重要的一个环节，要完善“上级监督下级，级级相扣”的监督机制；还应培养一支专业的监督审计团队，并确保其能够在职权范围内进行有效监督与审计，实现“持续性监督”。需要注意的是，在遭遇到重大灾难进行救助时，往往会有大量的物资筹备与款项拨付，应对此类突发状况的时候，还应采用“个别评价”的方式，有针对性地进行分析和评估，使内控体系更加灵活和完善，让风险评估与应对更趋合理。另一方面，要力求外部监督扩大化。外部监督包括政府监督、专门监督、社会监督。红十字会应当建立主动的外部监督信息收集与分析、处理与运用的机制，让社会监督更具可行性。网络及媒体监督影响力越来越强，红十字会应积极拓宽渠道接受监督。此外，还应健全聘请依法设立的独立第三方机构进行审计等制度，促进外部监督和内控体系进行融合。

参考文献

[1] 崔家田. 近代中国红十字运动史研究之省思[J]. 武汉理工大学学报(社会科学版)，2012，25(3).

[2] 池子华. “中国红十字会”称谓的由来及其演变[N]. 中国红十字报，2016-05-06.

[3] 杨红星，池子华. 近年来中国红十字运动研究综述[J]. 河北大学学报(哲学社会科学版)，2009(4).

[4] 李海楠. 为红十字事业发展创造良好法律环境[N]. 中国经济时报，2016-06-29.

[5] 崔海燕. 当前中国红十字组织的职责探析——以上海市红十字会为例[D]. 上海：复旦大学，2013.

[6] 杨舒. 中国红十字会发展现状及其改革研究[D]. 大连：东北财经大学，2014.

[7] 杨珂. 中国红十字会未来走向评估及发展路径选择[J]. 重庆科技学院学报(社会

科学版),2014(11).

[8] 崔家田.地方红十字组织发展方略刍议[J].理论与实践,2016(3).

[9] 李慕芸.基于组织能力测评的H省红十字会改革研究[D].武汉:华中师范大学,2014.

[10] 张亚东.关于中国红十字会发展定位问题的思考[J].传承,2013(14).

[11] 孙语圣.中国红十字会监督管理机制探析[J].辽宁行政学院学报(政府社会管理版),2015(02).

[12] 余昭霞,李爱华,赵志教.慈善组织内部控制框架体系设计[J].财会通讯,2012(23).

[13] 潘旦,徐永祥.国际比较视野下的慈善组织监管机制研究[J].华东理工大学学报(社会科学版),2015(1).

[14] 刘益君.我国非营利组织绩效审计评价研究——以中国红十字会应急救援项目为例[D].北京:北京交通大学,2014.

[15] 黄娟,简玮.我国西南地区红十字会内部控制现状与优化探究[J].财会研究,2016(22).

急救培训在幼儿园的实践与探索

南京工业大学博爱青春“爱让我们在一起”项目组

摘　要：在幼儿园开展幼儿急救知识与技能的普及培训，是提高幼儿意外伤害认知度与自救互救能力的重要措施；创新幼儿急救知识与技能的宣传培训模式，可有效提高受众的学习兴趣、显著提升培训效果；以幼儿园的大型活动节点为时间轴，可形成长效持续的普及模式，为完善幼儿安全教育机制提供借鉴。

关键词：幼儿园　意外伤害　急救培训　创新模式

意外伤害是世界范围内儿童的“头号杀手”，儿童是意外伤害的高危人群，幼儿园是幼儿意外伤害的高发场所。南京工业大学博爱青春暑期志愿服务项目组通过对学校周边地区的部分幼儿园进行前期调研，确立项目研究方向及目标：从创新宣传培训模式入手，了解目标人群对幼儿急救知识与技能的认知度、需求点、兴趣点；对幼儿急救培训模式、培训内容、培训效果进行评估；探索幼儿急救知识与技能普及模式的创新，形成长效持续的普及模式，为完善幼儿安全教育机制提供借鉴。

一、前期调研

南京工业大学博爱青春暑期志愿服务项目组通过对学校周边地区的部分幼儿园进行前期调研，发现多数幼儿园在幼儿急救知识与技能的普及方面存在的共性问题：①认知度偏低；②普及率偏低；③普及形式单一，模式保守，停留在受众被动接受的层面。

二、确立项目研究方向及目标

（一）创新宣传培训的模式

本项目从创新宣传培训的模式入手，通过幼儿急救主题话剧表演、亲子互动、角色扮演、做游戏、讲红十字故事、画红十字急救标识等不同形式，让幼儿、家长、老师及保育员群体，在有趣快乐中学习，在亲子互动中主动学习，形成以幼儿为核心，向家长、幼儿教师、保育员群体辐射的普及覆盖。

我们采用话剧表演的形式，以幽默风趣的小动物为角色形象，把幼儿急救知识与技能糅合在剧情中，激发小朋友和家长的学习兴趣。

我们以幼儿园“六一”儿童节文艺表演为切入点，以儿童海姆里克急救法“生命的拥抱”开启亲子互动的培训模式。

（二）多元化的系列活动主题

本项目系列活动的主题多元化，涉及幼儿急救知识与技能的多方面：儿童海姆里克急救法、儿童心肺复苏术；烫伤、中暑、外伤等夏季儿童常见意外伤害的现场处理；红十字的起源故事与红十字急救标识等。

（三）形成长效持续的幼儿急救普及模式

我们以幼儿园“六一”联欢、大班毕业典礼、小班迎新典礼为活动时间轴，进行幼儿急救知识与技能的宣传培训系列活动，形成一套趣味性强、长效持续的普及模式，为完善幼儿安全教育机制提供借鉴。

三、周密策划、稳步实施

（一）项目风险管理

1. 志愿者的招募与资格认定

本项目志愿者招募仅限于本校具有初级救护员证书的大一、大二的本科生，志愿者人文素养与急救素养兼备是项目高质量完成的基础。

2. 对志愿者进行幼儿急救知识与技能的专项培训并通过考核

利用晚间及周末的时间，对志愿者进行儿童及婴儿的海姆里克急救法、心肺复苏术、创伤救护的专项培训，全体成员通过校红会指导老师的考核。

3. 对志愿者进行话剧表演、主持、讲故事等相关培训与排练

多次邀请校红会的指导老师、我校大学生现场救护队的同学们观摩急救主题话剧的排练和预演，反复改进，努力追求舞台剧的艺术效果，激发目标群体学习的兴趣。

4. 确定志愿者的项目角色分工

志愿者在项目中既承担着明确的角色分工：外联组、策划组、表演组、教辅组、新宣组、摄影组、后勤保障组，又是一个紧密协作的整体。

5. 对志愿者的评估管理

项目组对志愿者在项目活动中的各方面表现、能力展示进行评估，并设计了志愿服务评估表，建立了志愿者档案，确保项目的执行力度与实施效果。

（二）项目稳步实施

本项目实施时间段为5月下旬至8月上旬，以幼儿急救主题话剧成功开启、又以亨利·杜南的感人故事圆满收官。37名志愿者在南京市四所幼儿园开展10次幼儿急救培训系列活动，服务时数累计138小时，直接受众达1 500多人。其中，幼儿1 245人，家长300人，幼儿教师及保育员38人。

表1 幼儿急救培训系列活动汇总表

序号	日期	地点	培训模式	培训主题	受益人数	培训对象	备注
1	2016-5-25	新世纪幼儿园	急救话剧表演亲子互动	儿童心肺复苏术、海氏手法	360	幼儿、家长、老师、保育员	
2	2016-5-27	实验幼儿园	急救话剧表演亲子互动	儿童心肺复苏术、海氏手法	300（约）	幼儿、家长、老师、保育员	名单不全
3	2016-6-3	凤凰幼儿园	急救话剧表演亲子互动	儿童心肺复苏术、海氏手法	150	幼儿、家长、老师、保育员	
4	2016-6-6	新世纪幼儿园	急救话剧表演亲子互动	儿童心肺复苏术、海氏手法	300（约）	幼儿、家长、老师、保育员	名单不全
5	2016-6-17	实验幼儿园	急救话剧表演亲子互动	儿童心肺复苏术、海氏手法	300（约）	幼儿、家长、老师、保育员	名单不全
6	2016-7-12	宝宝贝贝亲子园	急救话剧表演一对一指导	海氏手法	30	幼儿、老师、保育员	

续表

序号	日期	地点	培训模式	培训主题	受益人数	培训对象	备注
7	2016-7-13	宝宝贝贝亲子园	急救话剧表演一对一指导	儿童心肺复苏术、海氏手法	30	幼儿、老师、保育员	
8	2016-7-14	宝宝贝贝亲子园	角色扮演做游戏一对一指导	儿童常见外伤止血包扎	30	幼儿、老师、保育员	
9	2016-7-18	宝宝贝贝亲子园	角色扮演做游戏一对一指导	儿童夏季意外伤害烫伤中暑	30	幼儿、老师、保育员	
10	2016-7-19	宝宝贝贝亲子园	红十字故事会	亨利·杜南故事，画红十字标识	30	幼儿、老师、保育员	
11	2016-8上旬	项目总结阶段					
	总计				1 560(约)		

四、多渠道的媒体宣传

此项目幼儿急救培训系列活动的新闻稿和图片推送均及时跟进，累计30篇。突出创新亮点，采用多渠道的媒体宣传，传播幼儿急救知识与技能，弘扬红十字精神，取得良好的社会效益。

（一）传统网站

江苏省红十字会网站、南京市红十字会网站、南京工业大学校园网新闻中心、南京工业大学红十字会网站，累计刊发新闻报道15篇。

（二）新媒体与自媒体

江苏省红十字会微信公众号、南京工业大学红十字会微信公众号、南京工业大学红十字会微博、南工大学生现场救护队微博、南工大志愿者QQ群，累计推送活动新闻图文14篇。

（三）南京市浦口区电视台

南京市浦口区电视台对6月3日项目组在凤凰幼儿园的急救培训活动进行了现场采访和新闻报道。

五、项目评估

（一）目的

了解目标人群对幼儿急救知识与技能的认知度、需求点、兴趣点；对幼儿急救培训模式、培训内容、培训效果进行评估；探索幼儿急救知识与技能普及模式的创新，为完善幼儿安全教育机制提供借鉴。

（二）方法

1. 对象

以南京市四所幼儿园参加本项目培训的3～6岁的幼儿及其家长、幼儿教师、保育员群体为研究对象。

2. 评估内容

①幼儿的个体特征；

②幼儿意外伤害发生现状；

③幼儿急救知识与技能认知度评价；

④对幼儿急救培训内容的需求意愿调查；

⑤对幼儿急救培训模式的参与意愿调查；

⑥对幼儿急救培训效果的满意度调查。

3. 研究方法

在培训系列活动现场，随机对参加培训的目标人群进行交流访谈，完成项目组自行设计的调查问卷，回收有效问卷312份。

4. 统计分析

Excel 2007建立数据库，用SPSS 13.0软件包对统计数据进行卡方检验并分析。

（三）结果

1. 男童意外伤害的发生率高于女童

312名幼儿中，男童154人，意外伤害发生率为68.83%(106/154)；女童158人，意外伤害发生率为48.10%(76/158)；差异具有统计学意义($X^2=13.79$，$P<0.05$)，见表2、图1。

表 2　3～6 岁幼儿意外伤害发生率

性别	人数	曾发生意外伤害人数	意外伤害发生率
男童	154	106	68.83%
女童	158	76	48.10%
总计	312	182	58.33%

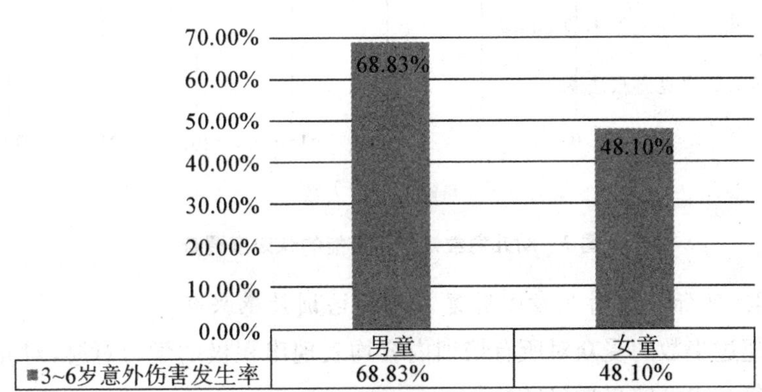

图 1　3～6 岁意外伤害发生率

2. 5～6 岁幼儿意外伤害的发生率明显升高

312 名幼儿中，5～6 岁男童 84 人，意外伤害发生率为 73.81%(62/84)；5～6 岁女童 83 人，意外伤害发生率为 59.04%(49/83)，与 3～4 岁幼儿组相比，5～6 岁年龄组幼儿意外伤害发生率明显升高(见图 2)。

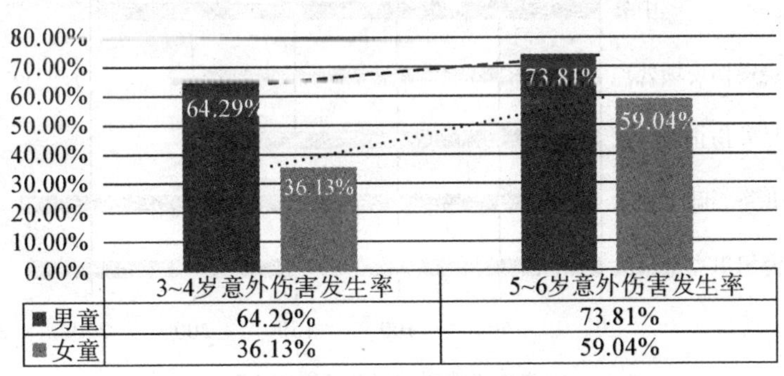

图 2　各年龄组幼儿意外伤害发生率

3. 目标人群对常见外伤进行止血包扎的认知度最高

目标人群对轻度的外伤出血都能做简单的包扎，认知度最高，而对儿童海姆里克急救法却知之甚少(见图 3)。

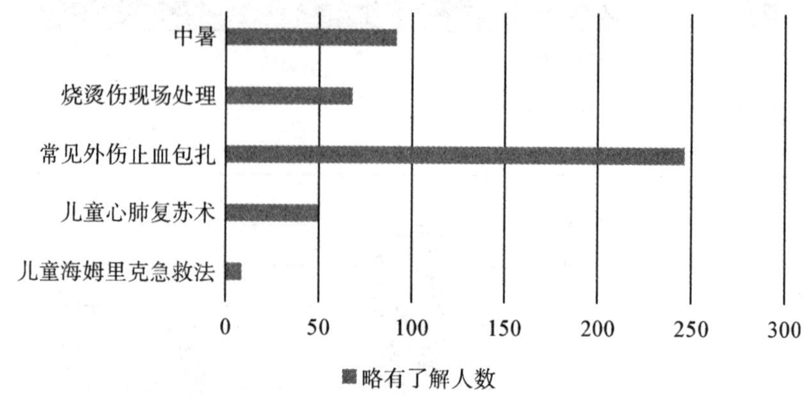

图 3　幼儿急救知识与技能的认知度调查

4. 目标人群对儿童心肺复苏术的培训最感兴趣

超过半数的受众对所有培训内容均表现出积极的学习意愿,对儿童心肺复苏术尤感兴趣(见图 4)。

5. 目标人群对儿童海姆里克急救法的掌握程度最好

目标人群对儿童海姆里克急救法的掌握程度最好,正确掌握烧烫伤现场应急处理的人数居第二位,而对中暑急救知识的掌握程度不理想,原因可能与中暑初期不易判断、幼儿不能准确表达有关(见图 5)。

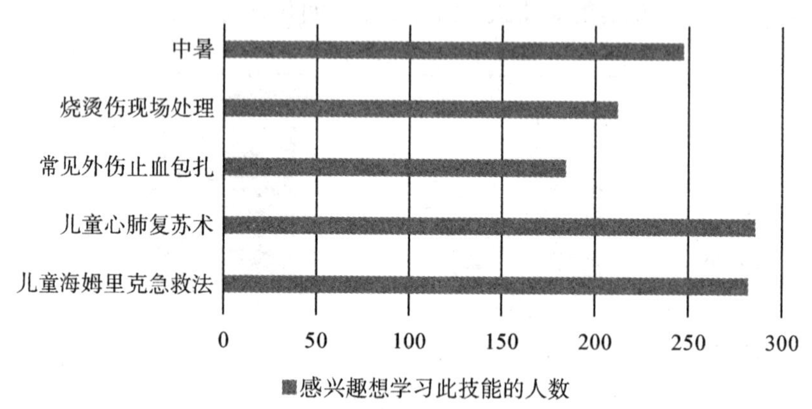

图 4　幼儿急救培训内容的需求意愿调查

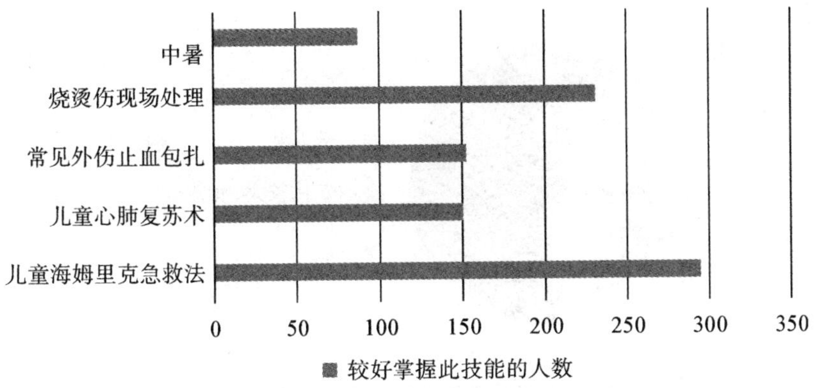

图 5　对培训效果技能掌握程度的调查

6. 目标人群对话剧表演辅以亲子互动的培训模式参与度最高

幼儿对新颖的急救主题话剧表演非常喜欢，亲子互动的培训模式参与度最高，指导幼儿在同伴游戏中练习急救技能的模式参与人数次之（见图 6）。

7. 目标人群对幼儿急救培训效果满意度较高

目标人群对本次幼儿急救培训系列活动的满意度较高，50％的人感到收获非常大、非常满意（160/312），39％的人感到收获比较大、比较满意（121/312）、10％的人觉得一般（31/312），没有人觉得一点收获都没有（见图 7）。

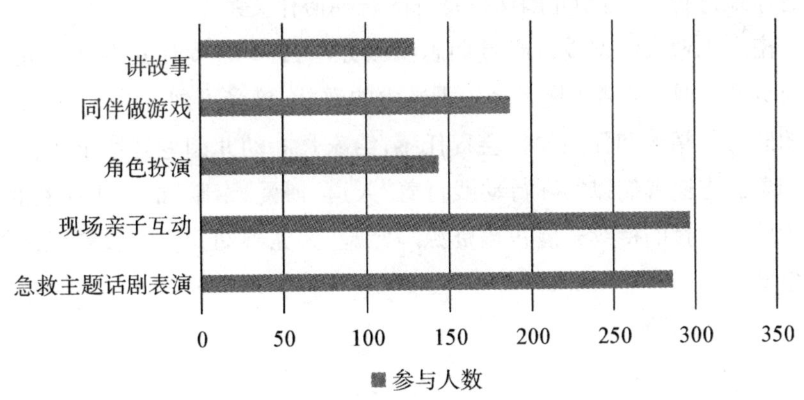

图 6　幼儿急救培训模式的参与意愿调查

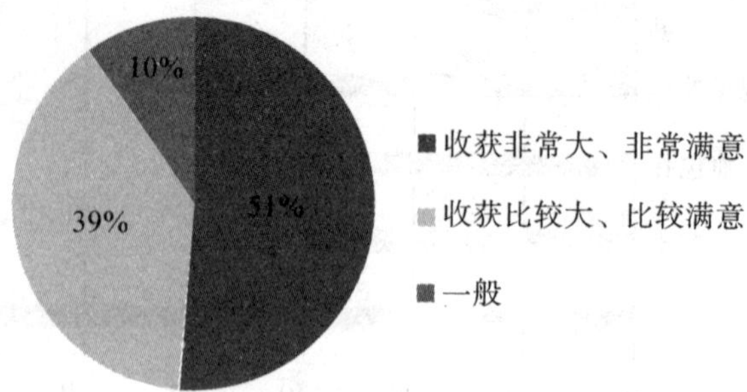

图7 幼儿急救培训系列活动的效果评价

（四）结论

1. 此次在幼儿园开展幼儿急救知识与技能培训的系列活动，完成计划目标，快速提高目标人群对幼儿意外伤害的认知度与自救互救的能力。

2. 创新幼儿急救知识与技能的宣传培训模式，可有效提高受众的学习兴趣、显著提升培训效果，目标人群对急救主题话剧表演辅以亲子互动的培训模式参与度最高，对活动总体满意度达到 90.06%(281/312)。

3. 以幼儿园大型活动节点作为活动实施的时间轴，可形成长效持续的普及模式，为完善幼儿安全教育机制提供借鉴。本项目以幼儿园“六一”联欢、大班毕业典礼、小班迎新典礼为活动时间轴，培训系列活动得以持续有序地进行，并与幼儿园保持良好的长期协作关系。

南京工业大学博爱青春暑期志愿服务项目——“爱让我们在一起”，历时近两个月，37名志愿者经历了暴雨的洗礼、接受了烈日的考验，良好的团队协作精神和强烈的社会责任感，给家长和幼儿园老师留下了深刻的印象。志愿者们以实际行动践行着“人道、博爱、奉献”的红十字精神，并为此类项目的持续开展积累资源与经验，为完善幼儿安全教育机制提供借鉴。

试论群团改革背景下的红十字会专业化建设

孙蒙　苏州市红十字会
时昕　南京理工大学泰州科技学院

摘　要：当前，群团改革要破除“机关化、行政化、贵族化、娱乐化”倾向，专业化建设是内在要求。红十字会能否建设成为更加职业化、专业化和社会化的群众团体，直接影响到其提供人道服务的水平和质量，这就需要专门的社会工作理论、知识与方法提供指导。本文在提出社会工作概念的基础上，讨论社会工作和红十字会工作的契合性，如何在红十字会“三救三献”工作中运用专业的社会工作方法，并提出社会工作介入红十字会工作的实现路径。

关键词：群团改革　红十字会　专业化　社会工作

《中共中央关于加强和改进党的群团工作的意见》出台以来，上海、重庆等地已开展群团改革的试点工作。面对新形势新任务，群团改革要破除“机关化、行政化、贵族化、娱乐化”倾向，专业化建设是改革的内在要求，群团的专业化意味着人和行为方式的专业化。红十字会作为群团之一，同样亟待加强专业化建设，这就需要专门的理论和方法来指导，为社会工作理论和方法提供了可行的路径。

一、什么是社会工作

社会工作是社会进步的产物。国际社会工作者联合会将其定义为一种在行为与社会系统等相关理论的指导下，促进社会变迁与人类关系融洽的职业。本文中所提到的社会工作是指遵循“助人自助”的服务理念，运用专业知识、技能和方法，预防和解决社会问题，恢复和发展社会功能的一项职业活动。社会工作方法一般分为直接服务方法和间接服务方法两大类。直接服务方法是指给受助者直接提供社会服务，通常包括社会个案工作、社会团体工作和社区工作。间接服务方法是指对受助者实施帮助前的社会工作活动形式，通常包括社会工作行政、社会工作督导、社会工作咨询和社会工作研究等。社会工作经历了西方百余年的实践，已经证明不管是其价值观还是服务的专业方法，都十分适合社会福利服务工作的开展。社会工作的专业方法能有效改进服务技术，提升服务质量，满足群众需求；既可以做到规范、专业、有效地使用资金，又可以通过优质的服务吸引社会力量参与支持。

二、社会工作与红十字会工作的契合性

首先，从价值理念而言，社会工作的基本理念就在于“利他主义”。现代社会工作在经过近百年发展之后，更是以“助人为乐”为基本宗旨，以“利他主义”为工作指导，强调社会工作者应该在特定的原则指导下对弱势群体进行帮助，或从心理层面，或从生理层面进行关怀、理解以及救助活动，突出体现了社会工作专业的道德特质——人道主义的专业传统、利他主义的专业导向、促进社会正义的专业责任感。红十字会以保护人的生命和健康，促进和平进步事业为宗旨，“人道、博爱、奉献”的红十字精神与利他主义相融共通，两者在价值观方面高度一致。

其次，从工作目标而言，社会工作目标主要针对服务对象和社会阶层两个方面。针对服务对象，社会工作主要在于缓解压力、解决困难以及共同成长；针对社会阶层，社会工作也有缓解社会矛盾、促进个人发展、维护社会公正等众多目标。对红十字会而言，其工作目标和服务对象突出最困难、最需要帮助、最易受损害群体，促进社会和谐共进，最终达到共同发展。

最后，从功能层面而言，社会工作为专业性质的助人行动，其对服务对象的帮助主要体现在以下四个方面：对弱势群体进行物质帮助；对弱势群体进行心理帮助；帮助弱势群体增强能力，促进其健康成长；帮助弱势群体维护正当权益。在这一层面而言，社会工作与红十字会都以弥补政府和市场缺陷为基本功能。除此之外，两者在促进人与社会和谐发展、帮助弱势群体、维护社会稳定层面发挥重要作用。

三、社会工作专业方法在红十字会工作中的应用

红十字会的核心业务可以概括为“三救三献”，即应急救援、应急救护、人道救助，推动无偿献血、造血干细胞捐献和遗体（器官）捐献。社会工作的专业方法可以融入红十字会核心业务的各个方面，有效提升各项工作的成效。一般来说，社会工作方法分为社会个案工作、小组工作和社区工作三大类别。个案工作是通过直接面对面的沟通方式，运用有关人与社会的专业知识、方法、技巧，为服务对象提供物资帮助、心理调适、环境改善等支持与服务，帮助服务对象增强适应社会和解决问题的能力的工作方法。小组工作是社会工作者运用专业的方法和技术，引导小组中的成员开展各种小组活动，通过成员之间的互动促进小组成员获得行为改变和社会适应能力提升的一种工作方法。社区工作方法是通过发动和组织社区居民参与集体活动，调动社区资源，争取外力协助，有计划、有步骤地实现和完善个人的社会功能，解决和预防社会问题的工作方法。

1. *在应急救援中的应用*

红十字参与应急救援主要包括灾害紧急救援和灾后重建。在紧急救援阶段，社会工作能为遭遇灾害创伤的个人提供持续的哀伤辅导、情绪抚慰等服务，并通过外部多种方法的综合使用和多系统的共同干预为个人建立支持性的家庭系统和人际交往系统，增进社会功能，实现个体与自我的内在平衡。从灾后重建的现实需要来看，由于灾害的社会性后果集中表现在灾害对各种关系的创伤性影响上，灾后社会工作的核心便自然落在了个体自我关系和社会关系的恢复和重建上。社会工作能通过多层面、多维度的整合服务，开展缓解性、保护性和复原性活动，以回应灾区群众生存与发展的多重需求，促发社区内部的自组织能力并且推进灾后社区的再组织进程，在宏观层面营造有利于社区灾后重建的外部环境、调适社区成员与外部环境的关系。

2. *在人道救助中的应用*

人道救助与社会工作具有同源性，社会工作可以说是伴随着近现代社会救助事业的发展而萌芽、发育，并逐步走向专业化服务道路的。救助对象的需求是多方面的，物质帮助仅仅是一个方面，情感慰藉、能力提升、资源链接、机会获得等方面的需求也非常旺盛。社会工作强调平等对待

每一个救助对象、维护其人格尊严，并且相信每个人都有自己独特的个性，都存在自我改变、成长和不断进步的潜能。在人道救助中引入社会工作方法，将“托底线、救急难”作为基本原则，可以准确评估、分析困难群众在遭遇急难事件，导致生活陷入困境时的服务需求情况。通过具体设计项目并组织实施，可以从简单的发钱发物转变为赋权、增进社会资本和个人资产建设等综合性、注重发展的服务型救助，促进救助对象实现从受助到自助的转变，变消极救助为积极救助，最终实现社会工作理念与人道救助的融合。

3. 在“三献”工作中的应用

红十字会“三献”工作主要依靠志愿者参与，对志愿者的宣传发动和服务水平直接影响工作质量。社会工作可以运用专业技巧使志愿者在互动中获得情感支持和行为改变，影响和帮助服务对象，同时充分重视志愿者的潜能，充分放权，培养志愿者自我管理的能力，增强其“造血”功能。以遗体捐献为例，目前对报名登记的捐献者还缺少专业的服务，如果能运用社会工作方法为这部分报名捐献者开展服务，一方面能提高他们的生活质量，坚定捐献意愿；另一方面有助于减少来自家属的阻力和压力，增加捐献数量。如对捐遗志愿者给予情感上的支持和情绪上的疏导，提供情感支持、资源链接、死亡教育、生命回顾以及哀伤辅导等服务。通过多层次的介入方法，动员社会力量为更多的临终者进行服务，如通过链接义工资源，为缺乏照顾的临终者服务；通过小组活动建立互助小组，使成员自身之间形成支持体系；通过社区工作为临终者建立支持网络等。

四、社会工作介入红十字会工作的实现路径

1. 人员的社会工作化

目前，红十字会系统中接受过系统的、专业的社会工作教育和学习的人员较少，绝大多数人员不具有专业的社会工作理论和方法，在工作过程中，多采用传统的观念和方法。社会工作在红十字会工作中的运用，必须依靠和壮大专业人才队伍，增加社会工作专业人才供给，将相关工作岗位的工作人员专职化。在理念方面，要创新思维，不能沿用行政命令式的管理理念和方法，需要大胆运用社会工作已有的探索成果。在工作中要增强对社会工作的信任度和接纳度，通过社会工作的运用，使工作人员的素

质有所提高，服务能力有所突破。在操作层面，要注重培养本单位社会工作专业人才，通过招录和培训，引导红十字会的工作人员向专业社会工作人员转化。大力加强对工作人员的社会工作教育、培训，通过积极学习和实践取得相关的资格证书，成为专业社会工作人员，从而弥补专业人才的不足，促进社会工作在红十字会工作中更好地发挥作用。

2. 工作方法的社会工作化

红十字会开展项目要按照社会工作的专业标准和流程执行。社会工作的通用模式包括接案、预估、制订计划、介入、评估等多个阶段，是最常用的管理项目的方法。在运作项目的过程中，可以参照社会工作通用模式，当然也不排除其他在具体项目上运用的具体的模式，避免沿用传统的、简单的、不科学的模式。同时，引入专业的监督和评估，严格按照社会工作专业方法来对每一个服务对象、每一个项目进行详细的社会调查，请专家对项目的规划进行评审，并且在项目的运作过程当中也综合运用各种社会工作方法，并在项目运作的不同时期对项目进行不定期的评估。

3. 探索购买社会工作服务

红十字会可以探索与专业社会工作机构合作，形成红十字会与社工机构共同提供服务的伙伴关系。一方面可以从具体的事务中解放出来，将工作重心投入到决策和监管中，提高工作效率；另一方面，通过引入市场竞争机制，把专业服务交由专业的机构来做，有助于扩展服务范围，提升服务质量和社会效益。通过制定具体的制度规范，明确购买的范围和标准、程序和方式，规范资金审核与管理办法、绩效评估方式与标准等，使购买社工服务有章可循，有例可依。

参考文献

[1] 沈黎.社会工作国际定义的文本诠释[J].社会福利，2009(5)：46-47.

[2] 陈杏利.非营利组织参与公共服务供给研究——社工方法在昆山市红十字会服务中的运用[D].苏州：苏州大学，2012.

[3] 廖仲启.官办社会组织功能转型与服务创新——以中国红十字会为例[D].南京：南京大学，2014.

[4] 李小成.社会工作介入环境公益组织服务研究——以西安绿色原点环境宣传教

育发展中心为例[D]. 西安:陕西师范大学,2015.
[5] 杨荣. 社工工作介入社会救助:策略与方法[J]. 苏州大学学报(哲学社会科学版),2014(4):30-32.
[6] 胡杨. 社会工作模式在共青团青少年工作中的嵌入式发展研究——以乌海市滨海社区青少年社会服务组织为例[D]. 呼和浩特:内蒙古师范大学,2015.
[7] 张宇. 社会工作在社会组织志愿者管理中的运用研究——以L市XH文化服务中心为例[D]. 兰州:兰州大学,2015.
[8] 文军,吴越菲. 灾害社会工作的实践及反思——以云南鲁甸灾区社工整合服务为例[J]. 中国社会科学,2015(9):165-181.
[9] 宋欢欢. 临终关怀的社会工作介入及反思——以深圳市R机构公益项目为例[D]. 武汉:华中农业大学,2012.

体制·机制·职能 机构·编制·队伍

——《红十字会法》修订中需要厘清的基本问题

潘国华 孟纬鸿 南通市红十字会

摘 要：对现行的《中华人民共和国红十字会法》进行修订是新形势下红十字事业改革发展的必然选择，经历了两年多的反复研究、论证和修改，修订草案于2016年6月27日首次提请全国人大常委会审议。修订草案总体来看有了很大的突破，但作为一项重要的顶层设计，还有一些带有方向性、体制性、法定性的问题没有得到很好的界定和表述，如红十字会的群团组织定位、体现国际运动与中国特色的红十字会管理体制描述、机构编制职能与内部治理结构优化、监督体系特别是第三方监督的主体问题等。本文就是企望厘清这些基本问题。

关键词：管理体制 治理结构 职能法定化 组织性质 第三方监督

一个职能清晰、结构合理、运转协调的组织架构是红十字事业持续健康发展的根本保证，而体制、机制、职能与机构、编制及队伍等则是其最基本的构成要件。如何使这些要件及其相互关系在新修订的《红十字会法》中得以明晰并且法定化，不仅是修法质量的体现，更是红十字组织生存发展的法律基础。本文就此提几点看法：

一、体制机制职能决定红十字事业发展方向

在整个社会体系中，体制和机制总是与一定的社会制度密切关联的。红十字会的管理体制和运行机制，包括职能界定，同样应当体现红十字事业发展的方向和定位，并作为中国特色社会主义事业的有机构成，必须切合我国的国体政体、政党体制等基本国情，切忌生搬硬套他国模式。

1. 管理体制与中国国情

管理体制是组织方式与组织结构、管理机构与管理制度的统一体，包括机构设置、隶属关系和职能划分等方面，并直接影响到管理的效率和效能。

新中国成立后，根据周恩来总理指示实施了中国红十字会的改组工作，明确新中国红十字会为“中央人民政府领导下的人民卫生救护团体”；1985年5月第四次全国会员代表大会进一步明确中国红十字会为“全国性的人民卫生救护和社会福利团体”。改革开放之后，中国红十字会的管理体制和发展定位得到进一步理顺，1993年颁布实施的《中华人民共和国红十字会法》明确现有的红十字会系统从各级卫生行政部门独立出来，正式回归群团组织序列，中国红十字会被确定为“从事人道主义工作的社会救助团体”，总会和三级地方红十字会均由同级政府领导联系。2006年，中共中央组织部、人事部关于印发《工会、共青团、妇联等人民团体和群众团体机关参照〈中华人民共和国公务员法〉管理的意见的通知》进一步明确，各级红十字会机关纳入群团机构序列，参照《公务员法》管理；2012年，《国务院关于促进红十字事业发展的意见》(下称国务院《意见》)对体制机制问题做了进一步阐释。中国红十字会是党和政府领导下的群团组织之一，无论是国际工作，还是国内工作都源于我国政府的国际承诺和国内需要，是政府依法赋予的，红十字会作为体制内的群团组织具体承担着政府人道主义工作助手的职责。这些都是立足国情的重要设计，在修法中必须坚定不移，一以贯之。

2. 运行机制与治理结构

简言之，机制就是制度化了的方法。机制本身含有制度的因素，是经过实践检验有效的方式方法，并进行了一定的加工，使之系统化、理论化、制度化。中国红十字会的运行机制以现行《红十字会法》和《章程》为依据，形成相对合理的治理结构，但随着时间的推移，同样需要进行适应性调整。目前，各级红十字会治理结构多为层级式，即最高权力机关是会员代表大会，理事会在闭会期间执行代表大会决议，常务理事会对理事会负责并接受其监督，执行委员会对常务理事会负责。决策、执行、监督职能虽有所设计，但各个环节存在功能交叉、不够清晰的问题，尤其是监督职能没有独立，从管理学的角度看，“决策—执行—监督”尚未形成一个完整的管理回路。

“改革和完善红十字会内部治理结构，创新管理模式，强化民主决策机制，提高组织执行能力”，是国务院《意见》的明确要求，也是红十字会运行机制与治理结构创新的重要依据。正在修订的《红十字会法》对红十字会内部治理结构的创新点之一，就是要将监督职能单列出来，设立监事会，构建理事会、执委会和监事会权责分开、互相制约的现代治理结构——理事会是决策机构，执委会是执行机构，监事会是监督机构。这样的修改，有利于红十字会建立决策、执行和监督相互制约、相互协调、运转高效的治理模式，进而构成管理学上的封闭运行回路。作为内部监督机制的完善，这是一个十分必要的设计，但能否保证监事会的相对独立性，还需要相应的保障条件。此外，中国红十字会是党委领导、政府赋权的群团组织，在整个管理链条中，如何将党的领导融合到红十字会治理结构之中，如何更加有效地发挥党组织的领导核心作用，也有待深入探讨。

3. 职能界定与资源配置

职能一般指机构所承担的任务、职权和所发挥的作用等。职能强调能够做什么，职责强调应该做什么。红十字会作为“党和政府人道主义工作领域的助手”，能做什么、该做什么都必须以此来定位。修法中，应立足“党的领导、政府赋权，围绕中心、当好助手”这一基本精神，按照红十字运动“保护人的生命和健康”“关注最易受损害群体境况”的宗旨，准确界定职能，并使之真正法定化。基于此，有必要重新审视红十字会现行的职能，并进行必要的增减取舍，以从源头上解决赋权问题、界定问题、法定化问题。

目前，红十字会职能设置过于宽泛，虽然都符合红十字运动宗旨，但概念化、大而空的问题比较突出，在实践中缺乏法定性、操作性和履职的资源性保障。因此，在修法时，必须努力克服这个先天缺陷，科学地界定和表述红十字会职能，分清哪些是基本的职能、哪些是独有的职能、哪些是新拓展的职能、哪些是日常工作职责、哪些是突发性随机性的工作任务。特别是救护培训的法律强制和红十字会主体作用的发挥问题、“三献”工作职能的法定化及其技术支持问题、体现红十字组织独特性的国际职责问题、红十字文化软实力建设问题、红十字应急救援能力的提升问题和红十字运动、国际人道法、救护知识进校本教材等，都应作为强化的职能写入新的《红十字会法》,并从源头上厘清"法定职能""核心业务"。

与此同时,还要明确政府作为赋权人为红十字会履职配置相应的人财物资源的问题,包括依法支持红十字会通过社会募集集聚社会资源,以弥补政府资源不足;支持红十字会培育和发展人道救助领域的社会组织;帮助红十字会构建第三方监督机制,为红十字会提供舆论支持,帮助红十字会提升社会公信力等,以保障红十字会更加有效地担负起党和政府人道主义工作领域助手的职责。

二、机构编制队伍体现红十字会履职能力

机构编制是党和国家重要的执政资源。机构设立、编制核定的基本依据是职能配置。体制机制职能不仅代表红十字事业发展的方向,也决定着机构设置、机构性质、机构规格、人员编制,以及干部队伍建设等要素配置,是红十字会履职能力的体现。这些相关概念同样需要在修法中厘清。

1. 群团组织与工作机构

组织是为了达到某些特定目标,在分工合作的基础上构成的人的集合(群体),如政党组织、群团组织等;机构则是该组织的办事、运作、策划、执行等机关。红十字会组织无疑属于群团组织(人民团体和群众团体的统称),其办事机构,即各级红十字会机关是参照公务员法管理的法定机构,纳入工青妇等群团机关序列,由机构编制部门批准设立机构、核定人员编制,并以机关法人身份办理统一社会信用代码证,依法开展业务。将红十字会机关纳入参照公务员法管理是中国特色红十字事业的重要体现,也是对红十字事业发展最有效的支持,这样就可以保证各级红十字会更加专注于人道事业,而不必在募集款物中列支人力资源成本,进而使红十字会的社会公信度更高。

关于红十字会机构规格及内设机构的设置,也需要与修订中的《红十字会法》相匹配。目前,红十字会机关的主要负责人要求按照同级其他群团机关规格相应配置,而实际运行中各级负责人均由理事会常务副会长驻会担任,其实"常务副会长"并不是机关职务序列,在实践中也带来对机构规格、干部职级等相关问题理解上的偏差。按照红十字会治理结构的新设计,为确保理事会、执委会和监事会权责明晰、运行协调,我们建议:

一是重新设置红十字会机关领导职位序列，如将执委会实体化，设置执委会主任、副主任或执行会长、执行副会长这样的职位。二是实现监事会机构实体化，核定监事会专用编制和领导职数，防止交叉兼职使这种内控监督机制流于形式。三是建议在内设机构中增设专司"公共关系"的部门。在现代社会，任何组织都处在一定的公共关系状态之中，红十字组织尤其突出。公共关系部门除了向公众解释、说服的工作外，还有一项很重要的职能在于向组织的决策层提供信息和咨询，因而公共关系部门应成为红十字会的常态职能部门，有条件的红十字会可设立"公共关系部"这类职能机构或专职岗位，让公共关系职能化，以更有效地协调红十字组织与公众的关系，促进组织不断发展和完善。

2. 人员编制与机构负荷

一个机构的性质、职能、管理范围及其管理方式和管理手段决定其工作量的大小，而工作量的大小是决定一个单位人员编制需要量最直接的依据，人员编制体现机构的负荷能力。遵循需要和精简这两个最基本原则，核定红十字会机关履职所需的人员编制和领导职数，也是政府推进红十字事业发展最基础的资源保障。就全国而言，红十字会人员编制总体不足，有的地方机构性质与编制类型还较为混乱，修法时需要相应明确，提出统一要求。关于编制类别问题，中央编办关于地方机构改革的意见明确，群团组织除工青妇使用行政编制外，其他群团组织可使用行政编制，也可使用事业编制并参公管理，但无论什么编制类型，都不应影响其常设机构作为群团机关的性质。这一点必须坚定不移。

3. 专职干部与基层建设

如果说专职干部队伍是整个红十字组织架构的核心层，红十字基层组织及其广大会员和志愿者则是紧密层，更多参与人道事业的社会力量、爱心人士和接受人道服务的群体就是外围层。依据编制职数配备红十字专职干部队伍和扩大红十字基层组织是队伍建设的两个重点。用好有限的编制和职数，遴选配强专职干部队伍是红十字事业可持续发展的根本，各级红十字会专职干部必须成为事业发展的核心力量。

另一方面，红十字会专门机构目前只设置到县（市、区）级，而红十字组织的服务对象在基层，强化基层工作就显得十分必要和紧迫。强化基层，扩大队伍，让红十字人道服务的根深深地扎在基层，有效解决红十字工作“立地”的问题，可从三个方面着手：一是配强县（市、区）级红十字会，推动专职干部转作风、接地气，工作下沉，重心下移。二是推进乡镇街道红十字会、村居社区红十字服务站等基层组织建设，发展会员和志愿者扩大人道服务队伍。三是整合资源，发挥红十字会作为群团组织的“吸附”作用，吸纳其他救助类社会组织加入人道事业，实现横向拓展，不断扩大红十字事业的社会基础和群众基础。

三、新《红十字会法》必须是切合国情的“中国设计”

修订《红十字会法》，从大的方面说也是全面依法治国战略的有机构成，目的是通过立法用法，促进依法治会，依法履职，推进中国特色红十字事业的持续健康发展。因此，修法要坚持“促进发展”这一根本出发点，立足中国国情，做好中国设计，制定中国方案。

1. 坚定中国特色红十字事业发展之路

国务院《意见》强调“红十字事业是中国特色社会主义事业的重要组成部分”。《中共中央关于加强和改进党的群团工作的意见》（下称中央《意见》）要求“坚定不移走中国特色社会主义群团发展道路”，强调“其基本特征是各群团自觉接受党的领导、团结服务所联系群众、依法依章程开展工作相统一”。这两个《意见》应当是本轮修法的政治定位和基本依据。红十字事业的“中国特色”不仅体现在体制机制上，更重要的是成为一种理念和价值追求。实践表明，红十字运动能在中国大地生根发芽，持续进步，就是国家对其理念和价值的认同，并实现了“国际运动与中国特色”的融合发展，使红十字事业在党的领导、政府支持下，有效发挥了人道主义工作领域的助手作用。修法中，我们一定要有这样的政治方向、政治定力、政治坚守，任何照搬西方模式或超越国情的理想化设计，必然水土不服。

2. 坚持党对红十字事业的统一领导

党的领导是做好群团工作的根本保证。整体而言，各级地方红十字会机关中党的工作还相对薄弱，在组织建设等方面的作用上都有待加强。各级红十字会机关必须全面贯彻落实中央《意见》《中国共产党党组工作条例（试行）》。一是按照中央《意见》和《条例》精神，积极推进县级以上红十字会机关设立党组的工作，抓好干部队伍建设。二是积极研究红十字会内部治理结构与党组的领导核心问题，如在事业发展方向的把握、重大问题的决策研究、党风廉政建设与监事会职责的有机结合等方面更好地发挥核心作用。三是切实加强党员干部的教育管理。按照机关党建"服务中心、建设队伍"的核心职责和根本任务，加强党员干部教育管理，有效发挥激励、规范、约束功能，不断增强红十字事业发展的内生动力与整体效能。

3. 完善综合性监督体系特别是第三方监督

国务院《意见》明确提出，要建立和完善法律监督、政府监督、社会监督、自我监督相结合的综合性监督体系。本次修法也需要把这个问题准确表述到位。现状是，以财政监管、审计监督为主要形式的政府监督比较成熟，红十字组织的自我监督在不断加强，国家层面法律监督体系正在加紧构建，而最受关注的社会监督，即所谓第三方监督虽有安排，但缺少统一明确的要求，由于没有规定性标准，往往怎么做都会受到质疑。本次修法中必须解决这个"独立第三方"到底是谁，怎么产生，监督什么，怎么监督，对谁负责等一系列社会关注的问题。修法草案提出，红十字会应当聘请依法设立的独立第三方机构，对捐赠款物的来源和使用情况进行审计，这无疑是一大进步，但由红十字会聘请，其独立性和"第三方"身份会否受到质疑，也值得商榷。包括本次修法拟设立的监事会和此前外聘社会监督委员会的做法，个人认为本质上还属于自律范畴，是内部监督机制的完善和强化。其实，红十字会一直在努力做得更好，也十分希望有一个权威的第三方实施监督，并向社会传递真实准确权威的红十字会声音。

综上所述，中国红十字会就是由中央政府依法赋权、从事人道主义工作、承担特殊使命、发挥独特作用的群团组织。红十字会机关参照公务员法管理是借鉴国际通行做法，且切合中国国情的政府支持资助红十字事业发展的有效形式。这种体制内的优势为红十字会有效履职，发挥党和政府人道主义工作助手作用提供了基础性保障。人员参照公务员管理既可以吸引到相对优秀的人才，又可保证各级红十字会更加专注于人道事业，而不必在募集款物中列支人力资源成本；将红十字会的经费管理、干部管理纳入体制内，使红十字会的社会公信力更强。这些个性特征是我国各类群团组织和社会组织中唯一的，这也决定了红十字会体制机制、职能配置与治理架构的独特性。

总而言之，本次《红十字会法》的修订，为红十字事业实现新形势下的新跨越提供了前所未有的契机，我们一定要牢牢把握住这个机遇，以现行《红十字会法》为基础，以国务院《意见》、中央《意见》为依据，坚持正确的政治方向，坚定红十字事业自信，群策群力，集思广益，大胆建言，确保修订出一部真正合国情、接地气、促发展的良法。

参考文献

[1] 余青婷. 我国公益性社会团体内部治理研究[D]. 上海：华东师范大学，2015.

[2] 孟纬鸿. 软实力・硬实力・巧实力——红十字会职能的科学定位与有效履行[J]. 中国红十字报，2014-05.

构建有效沟通机制，增进与造血干细胞捐献志愿者的互信

丁玉琴　江苏省红十字会

摘　要：江苏省红十字系统正式开展造血干细胞捐献工作已有14年历史，已有14万人加入志愿捐献者行列，500多人成功实现了捐献。捐献工作开展关键在与志愿者的交流和沟通，如何增进与广大志愿者的沟通，建立互相信赖的关系成为核心任务。本文分析了有效沟通的影响因素，提出构建有效的沟通模式和监督制度，在实际工作中加以运用和执行，不断提高与志愿者之间沟通能力，从而实现良性互动。

关键词：构建　沟通机制　增进　造血干细胞捐献志愿者　互信

中国红十字会总会于2001年重启中华骨髓库，经过15年的努力，报名志愿者达到220多万人。骨髓库的建设和发展，离不开与志愿者及广大群众的密切联系、信息沟通和有效互动。面对大量的人群，如何做到有效沟通，怎样建立常态的沟通机制是管理者和从业者面临的一项挑战。本文试图从多年的工作实践和沟通学相关理论中探寻符合现阶段骨髓库发展要求的沟通模式和管理机制，为今后工作所借鉴。

一、十年沟通模式演变

中华骨髓库2001年启动，江苏省分库2002年10月底启动建设，至今有14年的历史，具体到各设区市、县（市、区）由当地红十字会负责开展，时间在10年左右。各地沟通模式存在很多的差异，操作方式更是多样，因而产生了不同的效果。

1. 粗放模式

联合多部门发文大规模发动。高校、医院及其他企事业单位中的适

龄青年成为早期动员的对象，在单位统一组织下报名成为志愿者，日常通过一些电视、报纸等新闻报道来加强对民众的宣传，每年发送贺卡或短信。沟通渠道载体单一、方式简单，志愿者感到在配型成功前联络较少甚至没有，缺乏对知识的了解，缺少信息互动与反馈。配型成功后与志愿者的联系也是公事公办，没有很好的沟通和交流，甚至连捐献的过程也讲得不太清楚，缺乏耐心的解释和细致的服务，工作流于表面、形式简单粗糙。这也是有的工作人员不能把工作很好开展的根本原因，捐献者满意度差、拒绝捐献率高。

2. 改良模式

在与有意向单位联系后，对有意愿加入的适龄青年进行面对面的知识介绍，让他们在了解相关知识后报名。沟通目标明确，每年发送慰问短信，但缺乏对志愿者反馈的收集，存在单向传递信息的缺陷。在配型成功后工作人员能认真履行工作职责，仔细讲解捐献过程、释疑解惑、合理安排好捐献者行程，配合做好各项检查工作，令捐献者有亲切感，捐献满意度高，并在今后成为一个很好的宣传员，正向性推动了捐献事业的发展。这是近8年来我省很多地方采取的模式。模式更加人性化，与捐献者关系密切，相较于粗放模式，工作作风良好、信息传递和回应及时迅速，基本实现了沟通目标。

但是模式会因人而异，工作人员的变化会带来两种模式的转换，导致了操作过程存在不稳定性，这与每个工作人员的能力、作风、思维习惯等有关。随着社会转型，民众思想意识也有所变化，加上信息技术的高度发展，传统的沟通模式也有待进一步创新，因此急需在工作方式方法上有所改变以适应社会发展。如何构建长效、常态的沟通工作机制，实现主客体双方有效沟通，促进捐献工作科学运行、良性发展是今后需解决的重要问题。

二、影响有效沟通的因素

沟通是一个双向互动的过程，是将整个人整体的内在想法表现于外，让双方能充分了解彼此，进而达成具有建设性的共识。当今社会，人与人之间离不开沟通，很多人每天有一半的时间花在沟通上，有的人甚至高达80%，离开沟通就无法生存。由此可见，沟通非常重要。影响沟通的因素有很多，在此主要阐述与捐献相关性较高的一些因素：

1. 影响沟通的心理效应

沟通双方的心理和行为会影响到沟通的有效性，心理效应对沟通有积极的一面，也有消极的一面，了解与工作密切相关的心理效应有助于在工作中"扬长避短"：发挥好积极因素、避免消极因素，促进沟通双方积极交流，提升沟通效力。

(1) 沟通过程中的漏斗效应：漏斗效应指通常情况下，一个人心里所想的是100%，说出来的只有80%，别人听到的是你心中所想的60%，别人听懂的只有40%，结果执行了20%，每一层都会漏掉20%，就像个漏斗一样。

针对沟通过程中的漏斗效应，沟通主体在沟通前就要做好充分准备，拟好谈话的提纲，谈话的要点明确，语言简洁扼要，以提问和征求问题方式加强彼此之间的交流，让对方清楚了解捐献的意义、对身体影响、注意事项、可能的干扰因素等，并可以随时提出疑问。

(2) 沟通过程中的首因效应：首因效应是指人与人第一次交往中给人留下的印象，在对方的头脑中形成并占据着主导地位的效应。首因效应也叫首次效应、优先效应或第一印象效应。第一印象在交流中起着很重要的作用，给人留下良好的第一印象，可起到事半功倍的效果。首次交谈沟通中要注意自己的谈吐、举止、修养、礼节等各方面的素质，行为得当。对于沟通联络对象，要记住他的外貌特征和特殊动作、喜好等，发现对方的性格特点，了解对方的期待，有针对性地解答相关问题，使沟通更加顺畅。

(3) 沟通过程中的光环效应与"自己人"效应：这是指人们常从或好或坏的局部印象出发，扩散性地得出或者全部好或者全部坏的整体印象。如果偏爱某人，就会自然地相信他所说的和所做的一切都是正确的，即使事实证明是错的，也会认为这是凑巧而已。见到"自己人"会感到亲切，与"自己人"交谈会产生无形的信任感。这里的"自己人"是指彼此存在着某些共同之处的人群，由于文化、利益、血缘、地缘，以及其他如兴趣、爱好、教育、社交或参与的组织相同等原因而产生的相对人群圈子。在解释造血干细胞捐献对身体影响时，通过信任的专家讲解或者志愿者熟悉的医生、已捐献者、家中有权威的亲属的解释和认可，志愿者和其家属的信服度就大大提升。工作人员自身也要不断学习总结，提升知识层次，成为本行业的专家，增加权威性，并增强亲和力，润滑彼此之间的关系。

2. 沟通过程的要素和运行机制

沟通要素包含沟通主体、沟通意图、沟通载体和沟通情境。运行机制包含编码、传送、接收、编码、反馈、噪声干扰，以语言交流为主体，肢体语言等辅助促进了沟通过程的完成。

主要存在的问题有：传送者表达不清，信息编码不准确，信息传达不全，信息传递不及时或不适时，惰性；受者忽视信息，信息译码不准确，拒绝接收信息。此外，沟通媒介不合适，几种媒介相互冲突，沟通中间环节过多，在传递过程中信息歪曲、走样。在沟通过程中沟通主体起着至关重要的作用，换位思考，建立通畅的沟通渠道，用适当的沟通载体将沟通意图用友好、真诚的方式传递给对方，并倾听对方的想法，良性互动，形成共识。

三、构建有效的沟通模式和监督制度

十年多来，工作人员与志愿者的沟通模式因人而发生变化，关键在于没有形成一个统一并有效的沟通模式，并在制度上监督落实。制度的建立和完善要着眼于沟通主体作风能力提升、沟通渠道的完善、宣传教育的提档升级，落实责任人制度、明确职责要求目标、工作效率，管理者和志愿者形成监督、反馈机制，客观评价沟通效果，并建立奖惩规则等措施。

1. 明确沟通主体责任，提升素质能力，改变工作作风

责任落到实处，工作人员应明确职责，因为其工作作风、能力素质、修养境界在工作中会体现出来。因此，要不断加强沟通主体能力建设，使其能力素质、思维习惯、行为习惯、价值观念、工作作风达到优秀社会工作者标准，密切与群众联系，改变在群众中刻板、行政化的形象。

沟通主体在沟通中主要注意以下几点：

(1) 沟通的基本问题——心态(mindset)：避免自私、自我、自大的心态。积极的心态是良好沟通的开端。想改变别人就得先改变自己，充分认识这项工作的意义——事关性命。沟通主体不应仅仅是为了获得一份工资而把它当任务来完成，而是体会到参与救助他人生命过程的成就感。拥有积极的心态才能传递正确的价值观，并有足够的胸怀和境界换位思考，理解包容对方的顾虑，寻求解决办法。如果心态稍微不好，都有可能

恶语伤人，不可能有高质量的沟通。积极的心态体现在尊重对方，保持真诚、平和、谦逊，将为双方友好沟通建立基础。

在沟通中传递双赢理念。红会的核心业务“三献”，即动员民众无偿献血、无偿捐献造血干细胞、捐献遗体器官。看似都是单向付出，实际上是一个健康有爱心的人对身患疾病的患者的帮助，是社会互助的一种方式，受益的还是广大群众。

(2) 沟通的基本原理——关心(concern)：关注服务对象的难处、不便与痛苦，努力为其排忧解难。当好支持者、引导者的角色，在沟通过程中，让对方充分表达自己的疑虑和想法，站在对方的立场上考虑问题，体谅和理解别人的处境和想法，从专业的角度答疑解惑，提出一些共性的问题提醒对方考虑到可能的阻力，透彻了解分析实现捐献过程中存在的有利因素和干扰因素，共同商讨解决办法。

(3) 沟通的基本要求——主动(initiative)：主动自检、主动反馈。自查言语和举止上有无失当的地方，不仅语言上善解人意，行动上更要表现得人性化，时时让对方体会到人文关怀，处处都能为对方着想，主动解释清楚每个环节的设置及注意事项，安排好每个行程，令对方感到被尊重，及时协调好其生活和工作。当然，必需的知识储备也是沟通中取得信任的重要因素。虽然现在互联网发达，很多知识只需通过“检索”就可以获得了，但对自己所从事的工作，应该有一个全面的了解，并转化成通俗易懂、简洁明确的语言告诉对方。要通过学习和交流，不断丰富知识储备，给予准确、可信和有说服力的答案，增加沟通的有效性。与沟通对象要经常保持联系，交换看法，建立信任。

2. 完善沟通渠道，促进信息的交流与反馈

增加志愿者表达意见和参与管理的窗口，开通网络评议、投诉功能，反馈工作中存在的不足。信息技术的迅速发展，给人的生活和学习带来了极大的便利，打破了地域的限制，降低了沟通的成本，提升了人民参政议政的途径，也使人与人之间的沟通模式发生了很大变化。要通过网站、微信平台、短信平台、咨询电话等加强与志愿者的联系，开展知识普及、咨询和问题反馈。但因为网络的虚拟性、网络信息碎片化特点，网络可以成为知识普及的阵地，表达意见和建议的窗口，但针对严肃的捐献前系列谈话，依然需要见面交谈或者通过电话进行直接沟通，以提升沟通质量。

3. 大力开展多种形式的宣传教育,提升志愿者等群众的认知度

利用各种契机在受众较多的传统媒体及新媒体上或者在各种活动现场开展宣传教育,扩大群众的知晓度。严格报名前的宣教制度,每一位报名者都要在自愿和知情的情况下加入骨髓库。加入后,保持经常性的教育与互动,通过短信、微信平台及各种活动加强志愿者的日常联络与反馈,坚定捐献意愿,养成健康的生活习惯,提升健康水平,使造血干细胞捐献知识能深入人心,形成“我为人人,人人为我”的良好氛围。

4. 加强管理,做好效果评估和反馈

加强培训和日常工作指导,定期交流成功经验和失败教训,促进共同成长。同时,关键在于建立常态化监督机制,及时发现沟通中存在的问题,及时解决,而不是听之任之,睁一只眼闭一只眼。① 工作责任人要建立工作备忘录。记录好联系志愿者时的信息,即时间、内容,对方反馈,需要解决的问题,处理方案、结果等,给每个联系过的志愿者发放印有咨询和监督电话的联系卡。在人员变动交接工作时,工作备忘录可以成为一本很好的“学习指导”。② 管理者要熟悉业务,定期检查督导,严明工作纪律,助推工作作风和服务意识的提高。③ 做好行风监督。针对联络过的志愿者进行抽查,请他们通过电话或网络评议窗口反馈工作作风情况。④ 建立奖惩机制。

四、构建有效沟通机制

构建有效的沟通机制,提升社会服务能力,不仅是推动捐髓事业的需要,更是群团组织生命力所在。习总书记在中央群团工作会议上指出:群团组织要着眼党和国家工作大局,在大局下思考联系群众,在大局下行动,立足所联系的群众,寻找工作结合点和着力点,努力为群众排忧解难,成为群众信得过、靠得住、离不开的知心人。加强与群众有效沟通是联系群众的一项重要的能力,每一位工作人员犹如组织的细胞,有活力、有能力,才能真正助推组织的发展。

参考文献

[1] 李晓刚.心理效应对沟通的影响[J].中国集体经济,2016(3).

[2] 余维世. 有效沟通[M]. 2 版. 北京：北京联合出版公司，2012.
[3] 赵升奎. 沟通学思想引论[M]. 上海：上海三联出版社，2011.
[4] 李淑娴，焦弘. 消除人际沟通障碍 实现组织有效沟通[J]. 北京大学学报(国内访问学者、进修教师论文专刊)，2006(S1).
[5] 徐为列. 有效沟通障碍因素分析[J]. 商业研究，2000(10).

资源整合视角下老人居家养老社会支持网络构建要素探究

李瑶　江南大学法学院

摘　要：我国老年人口比例的不断增加，使老年人群体对生活照料、精神慰藉、医疗护理等需求也不断增长。种种现实情况使得传统的城市养老模式陷入困境，社区居家养老逐渐成为当下养老的主要方式。文章以无锡市社区为例以资源整合的视角尝试探究在社区居家养老中老年人的各方面需求以及其对应的社会支持网络：通过对老年人经济需求、日常照料需求和精神需求以及其所对应的社会支持网络的三个子网络进行调查研究，对其中的不足之处提出建设性的意见。

关键词：资源整合　居家养老　社会支持　建构要素

一、导　论

（一）研究介绍

本文以无锡市社区为例，就社区居家养老中，老年人的各方面需求以及其对应的社会支持网络进行研究：通过对老年人经济需求、日常照料需求、精神需求，以及其所对应的社会支持网络的三个子网络，即经济支持、日常照料和精神支持进行调查研究，以深入了解不同类型的老年人的需求及其需求满足状况，对其中的不足之处提出建设性的意见；深入研究老年人群体以更好地面对和解决各种老龄化带来的社会问题，进而使面向老年人的社会服务更具针对性、为社区养老服务的发展完善提供借鉴、使老年人的晚年生活更加幸福健康。

本研究以无锡市区的社区居家养老老年人为研究对象，在描述和分析老年人社会支持时，从结构和功能两方面进行考察。在结构上，本研究将从社会支持网规模和紧密度两个方面来分析；在功能上，主要从经济支持、日常生活照顾和精神慰藉上加以考察。此外，本研究还从正式和非正式社会支持这两大方面来分析老人社会支持，从获得渠道上了解城市社区居家养老老年人社会支持。

（二）研究对象

此次调研对象主要为无锡市社区居家养老老年人，辅以对社区工作人员的访问，也需要工作人员的支持和配合。团队进入无锡市的多个社区进行调研，通过多样的调查方式和志愿服务的形式了解老人群体目前的社会支持要素现状，然后根据老人的需求分析，为老人的社区和家人提出可行性建议和对策。

二、研究方法

（一）量化研究：问卷调查法

1. 被访者基本情况（表 1）

表 1　被访者基本情况

项目	类别	人数	比例
性别	男	57	54.3%
	女	48	45.7%
年龄	60～65 岁	24	22.9%
	66～70 岁	21	20.0%
	71～75 岁	17	16.2%
	76～80 岁	14	13.3%
	80 岁以上	29	27.6%
婚姻状况	未婚	1	1.0%
	已婚	72	68.6%
	丧偶	31	29.5%
	离异	0	0.0%
	再婚	1	1.0%

续表

项目	类别	人数	比例
子女数量	0个	1	1.0%
	1个	32	30.5%
	2～4个	67	63.8%
	5个以上	5	4.8%
学历	小学以下	17	16.2%
	小学	29	27.6%
	初中	30	28.6%
	高中或中专	18	17.1%
	大专	5	4.8%
	本科及以上	6	5.7%
健康状况	很好	14	13.3%
	较好	42	40.0%
	一般	38	36.2%
	较差	10	9.5%
	很差	1	1.0%
原职业	事业单位编制人员	20	19.0%
	企业员工	65	61.9%
	服务人员	1	1.0%
	私营业主	2	1.9%
	公务员	1	1.0%
	无业(失业)	2	1.9%
	农民	9	8.6%
	军官	1	1.0%
	其他	4	3.8%

2. 主要统计方法

(1) 频数分析:对调查对象社会支持总体情况以及各个层面上的社会支持进行描述时,主要采用频数分析法。首先,对某一问题的答案进行排序，再使用分类汇总，对数据进行频数统计。

(2) 相关分析：在考察调查对象与个体背景资料的关系时，采用相关分析得出两者之间的关系。在 excel 表格中，使用 SUMPRODUCT 函数，在多个条件下统计个数，从而达到考察两个变量之间的关系的目的。

(二) 质化研究：深入访谈法

1. 访谈程序

(1) 设计非结构式访谈提纲；

(2) 选取研究样本；

(3) 正式进行访谈。

2. 分析资料

在分析资料时，主要包括如下程序：整理笔录资料；阅读资料，对被访者形成一个立体的、多维度的认识；寻找主要内容，根据所形成的整体认识，找出资料中被访者所提及的主要内容；由访谈提纲中所列出的主题，将被访者的资料内容进行整合，分为各种主题，利于日后进一步对比分析。

三、无锡市社区老人社会支持网络构建要素现状及分析

此次调查主要围绕无锡社区老年人社会支持网构建要素，主要是从三维(经济支持网、生活照顾网和精神支持网)和二维(正式支持和非正式支持)的角度描述和分析，同时研究社会支持的影响因素(年龄、婚姻状况、居住状况、文化程度、健康状况和原职业)。

(一) 无锡社区老年人社会支持描述性分析

1. 无锡社区老年人经济支持网

此次调查的经济支持主要是金钱和物质方面，涉及经济收入、福利待遇和经济满意度。就总体而言，目前老龄群体的经济支持网是以制度性的正式支持为主，以家庭支持为辅的混合型网络模式。

（1）老年人经济收入

表 2　老年人经济收入主要来源

主要来源	人数	百分比
离退休金(或养老金)	90	85.71%
家庭成员	5	4.76%
社会救助	1	0.95%
工资	3	2.86%
离退休金(或养老金)和家庭成员	2	1.90%
家庭成员、社会救助和养老金	1	0.95%
离退休金和其他	1	0.95%
其他	2	1.90%
总计	105	100%

由表 2 数据可知，目前大多数老人经济收入主要来源是离退休金(或养老金)。另外，一部分老年人可以从家庭成员、社会救助或工资等其他来源获得经济支持。此次调查结果显示，其中 10.48%的占人月收入为 850 元以下，2.86%的老人月收入为 850～1 500 元，20%的老人月收入为 1 500～2 500 元，66.67%的老人月收入为 2 500 元以上。所以老年人群体的经济支持网是以制度性的正式支持为主。

（2）老年人福利待遇

表 3　老年人福利待遇

类型	人数	百分比
无	1	0.95%
离退休金、医疗保险或养老保险(仅仅享有三者、任意两者或任意一者)	67	63.81%
离退休金、医疗保险或养老保险(享有三者、任意两者或任意一者)以及高龄老年人津贴	18	17.14%
离退休金、医疗保险或养老保险(享有三者、任意两者或任意一者)以及营养餐饮服务	12	11.43%
离退休金、医疗保险或养老保险(享有三者、任意两者或任意一者)以及高龄老年人津贴和营养餐饮服务	1	0.95%

续表

类型	人数	百分比
离退休金、医疗保险或养老保险（享有三者或任意两者）以及社会救助	2	1.90%
离退休金、医疗保险或养老保险（享有三者或任意两者）以及其他	1	0.95%
社会救助	1	0.95%
其他	2	1.90%
总计	105	100%

由表3数据可知，大多数老人享有离退休金、医疗保险或养老保险（三者、任意两者或任意一者），除此之外，高龄老人还有可能享有高龄老年人津贴、营养餐饮服务或社会救助等其他福利待遇。

当问到“您的医疗费用支付主要方式”时，71.43%的老人都是医疗保险报销一部分，自己承担一部分，9.52%的老人是自费，7.62%的老人是公费。另外，一部分老人的医疗费用靠子女分摊和商业保险公司付费等其他方式。

(3) 老年人经济满意度：当问到“您对目前的经济状况是否感到满意”时，26.67%的老人对此感到很满意，31.43%的老人对此感到满意，33.33%的老人对此感到基本满意，6.67%的老人对此感到不满意，1.90%的老人对此感到很不满意。可以看出大多数老人对获得的经济支持有较高的满意度。

2. 无锡社区老年人生活照顾支持网

表4　老年人生活照顾主要来源

主要来源	人数	百分比
配偶	49	46.67%
子女	20	19.05%
医护人员	3	2.86%
配偶和子女	5	4.76%
配偶和孙辈	1	0.95%
其他（主要指老人自己）	27	25.71%
总计	105	100%

由表 4 数据可知，老年人生活照顾主要来源是配偶和子女，除此之外，一部分老年人还可以从孙辈和医护人员等方面获得生活照顾。因此，目前家庭是老年人生活照顾的主要来源。

表 5　老人生活照顾

方面 / 频率	家务帮助	身体照顾	外出陪伴
从未得到（包括自己照顾和无人帮助）	26.67%	6.67%	16.19%
很少得到	4.76%	2.86%	8.57%
有时候能得到	6.67%	8.57%	14.29%
大多时候能得到	16.19%	30.48%	21.90%
总能得到	45.71%	51.43%	39.05%
总计	100%	100%	100%

由表 5 数据可知，大多数老年人在生活照顾主要方面（包括家务帮助、身体照顾和外出陪伴）可以获得帮助。

3. 无锡社区老年人情感支持网

表 6　老年人情感支持

方面 / 频率	诉说	商量
从未得到（包括无此类情况和无人帮助）	15.24%	16.19%
很少得到	11.43%	2.86%
有时候能得到	16.19%	10.48%
大多时候能得到	22.86%	21.90%
总能得到	34.29%	48.57%
总计	100%	100%

表 7　老年人情感支持主要来源

方面 / 频率	诉说	商量
配偶或子女	40.95%	71.43%
朋友或亲戚	25.17%	6.67%

续表

频率 \ 方面	诉说	商量
邻居	7.61%	0.95%
配偶或邻居	0.95%	0
配偶、子女及其他	0	2.86%
配偶或亲戚	0	0.95%
其他(包括无此类情况和无人帮助)	24.76%	17.14%
总计	100%	100%

由表 6 和表 7 数据可知大多数老年人可以获得情感支持(主要指诉说和商量),主要是从配偶和子女处获得。因此,在老年人情感支持网中是以家庭为主导的非正式网络。

当问到"您对与周围人之间的交往是否满意"时,32.38%的老人很满意,55.24%的老人基本满意,8.57%的老人不太满意,3.81%的老人很不满意。可以看出大多数老年人对与周围人的交往有较高的满意度。当问到"您觉得社会对老年人是否尊敬"时,38.10%的老人认为很尊敬,59.05%的老人认为一般尊敬,2.86%的老人认为不尊敬。可以看出大多数老年人还是认为社会尊敬老人的。

(二) 无锡社区老年人社会支持相关性分析

通过以下 4 个问题对老年人的社会支持进行测量:

1. "您每月固定经济收入是多少?"

(1=850 元以下,2=850~1 500 元,3=1 500~2 500 元,4=2 500 元以上);

2. "当您身体不舒服时,会得到他人的照顾帮助吗?"

(1=从未得到,2=很少得到,3=有时候能得到,4=大多时候能得到,5=总能得);

3. "您感到过心情失落、孤独寂寞吗?"

(1=经常感到,2=有时感到,3=从未感到);

4. "您觉得社会对老年人是否尊敬?"

(1=不尊敬,2=一般尊敬,3=很尊敬)。

以这 4 个问题的平均分作为社会支持分数。最后，根据得分把获得的社会支持进行强度分组，分为 5 组：很弱（4.5 分以下），弱（4.5～6.0 分），一般（6.0～7.5 分），强（7.5～9.0 分）和很强（9.0 分以上）。

1. 家庭类型与老年人社会支持

表 8　婚姻状况与社会支持强度

社会支持 婚姻状况	很弱（4～6）	较弱（7～9）	较强（10～12）	很强（13～15）
未婚	0	0	0	1
已婚	0	7	29	36
丧偶	1	8	10	12
离异	0	0	0	0
再婚	0	0	1	0

用统计量 χ 值检验列联表变量间是否存在关系，得 $\chi=10.025<\chi\ 0.05(12)=21.026$。所以可以认为老年人的婚姻状况与老年人社会支持强度无关。

2. 居住状况与老年人社会支持

表 9　居住状况与社会支持强度

社会支持 居住状况	很弱（4～6）	较弱（7～9）	较强（10～12）	很强（13～15）
独居	1	5	8	8
与配偶	0	4	15	28
与子女	0	4	6	5
与配偶和子女	0	1	11	6
与配偶和他人	0	1	0	0
与他人	0	0	0	2

用统计量 χ 值检验列联表变量间是否存在关系，得 $\chi=23.24<\chi\ 0.05(15)=24.996$。所以可以认为老年人的居住状况与老年人社会支持强度无关。当 $\alpha=0.1$ 时，$\chi=23.24>\chi\ 0.1(15)=22.307$，可以认为老年人的居住状况与老年人社会支持强度有关系。用 λ 系数表示两者之间关系的程度得 $\lambda=0.034$，即用居住状况来解释老人社会支持强度之不

同，可以减少预测误差的3.4%。

3. 健康状况与老年人社会支持(表10、图1)

表10 健康状况与社会支持强度

居住状况＼社会支持	很弱(4～6)	较弱(7～9)	较强(10～12)	很强(13～15)
很好	0	4	5	5
较好	1	4	16	21
一般	0	4	15	19
较差	0	3	3	4

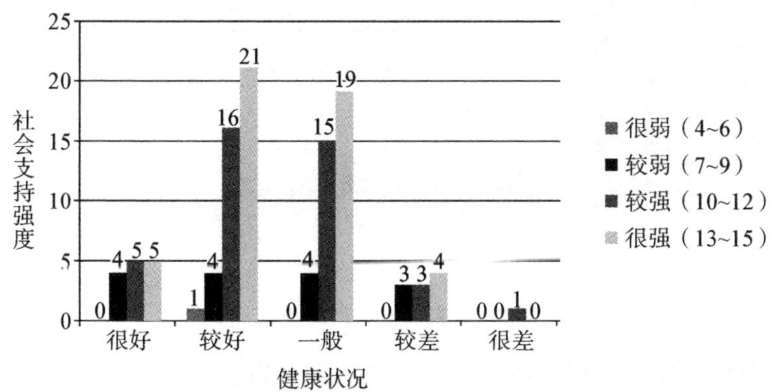

图1 健康状况与社会支持强度

用统计量χ值检验列联表变量间是否存在关系，得$\chi=8.74<\chi_{0.05}(9)=16.919$。所以可以认为老年人的健康状况与老年人社会支持强度无关。

4. 原职业与老年人社会支持(表11)

表11 原职业与社会支持强度

居住状况＼社会支持	很弱(4～6)	较弱(7～9)	较强(10～12)	很强(13～15)
事业单位编制人员	0	1	5	14
企业人员	0	11	29	25
服务人员	0	0	0	1
私营业主	0	0	1	1

续表

居住状况 \ 社会支持	很弱(4～6)	较弱(7～9)	较强(10～12)	很强(13～15)
公务员	1	0	0	0
无业	0	1	0	1
农民	0	2	2	5
军官	0	0	1	0
其他	0	0	2	2

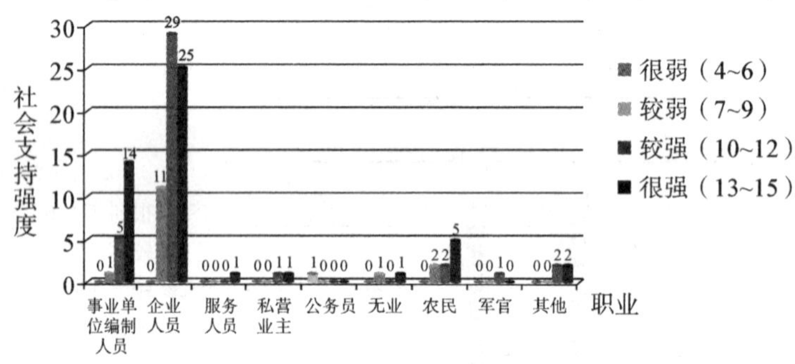

图 2　职业与社会支持强度

用统计量χ值检验列联表变量间是否存在关系，得$\chi = 118.95 > \chi\ 0.05(24) = 36.415$。所以可以认为老年人的原职业与老年人社会支持强度是有关系的。用λ系数表示两者之间关系的程度得λ=0.025，即用职业来解释老人社会支持强度之不同，可以减少预测误差的2.5%。

四、无锡市社区居家养老老人支持网络构建要素的不足

（一）同辈群体的支持不足

1. 老人参与社区活动不足

在无锡市居家养老的养老方式下，我们发现，由于因为老人们退休后参与社会生活的机会大大减少，有了较多的空余时间，而老人们对这些空余时间的安排似乎并不十分满意。在调查中我们发现，有超过80%的老人，希望能多参加活动，多有些爱好，消磨时间。目前，我们在中南社区看到社区为老人活动建造的活动中心，以及免费康复锻炼室，还有几个专为

老人设置的社团，例如老年编织团、老年广场舞团等。有不少老人已经加入其中，并且反响很好，老人们也都很满意。但是相对社区的老年人总数1 000人来说，常参加活动的老人不足100人，不到10%的比例明显不足。

2. 同辈群体交往少

我们在采访老人时发现，同辈群体是老人的一个重要支持要素。因为，老人与年轻人的交流机会少，并且缺乏共同话题，相比而言，与同辈老人之间能更好地交流。建立同辈团体，既建立起了同伴情谊，又能在所属共同团体中有归属感，而对于社区整体来说，也有利于社区和谐。但是目前来看，在社区，还没有发挥好这方面的作用，同辈群体之间交流得比较少。在进一步的调查分析中，我们发现：

在不参与活动的老人中，不参加的原因有以下几点：

①个人不愿意参与活动。

②家务繁忙，没有时间。

③与其他老人不熟，就不参加了。

④没什么特别的爱好。

⑤不了解社区的活动，也不知道怎么能关注了解。

在参与活动的老人中，老人的反馈有以下几种：

①大多数老人愿意参加社区举办的老年人活动。

②很喜欢与其他同龄人一起组织活动，大家一起交流自己的爱好挺好的。

③由于时间关系，活动有时参加，没有经常参加。

根据这样的情况，我们发现，由于无锡市多个社区是拆迁安置社区，中南社区就是其中一个，社区里有原来社区的，还有其他社区迁移过来的，还有外籍人口到这里租房居住的，几种人口居住在一起，需要了解、磨合，这一过程中，有时会产生冲突和矛盾，所以这是同辈群体们交流的一个障碍，在后面的章节中会针对此问题提出建议和对策。

（二）老人精神关爱较弱

对于老人来说，到了老年阶段，除了物质上的需要外，精神上的关爱也是很重要的。在我们的访问中，发现：有大部分老年人群不与子女共同居住，而是和老伴居住或者自己独居，且不再出去工作，在很多老人心中渐渐产生自己已经没有价值了、没用了的想法；有的老人甚至还需要家人的照顾，感到自己成了家人和社会的累赘。并且，老人除了在心理上感到自卑以外，有的甚至会采取极端行为，用自杀来寻求解脱，近年来，这类事件也是越来越多，因此，关爱老人的精神健康也是刻不容缓的。

1. 老年人社会价值认同度低

常常参与活动的老人说："我们虽然老了，但是我们不希望成为社会的累赘，我们还是希望能发挥余热，为社区、为社会造福。"目前，中南社区开展的为老服务中，社区主要是为老年人带来生活上的便利、身体健康方面的保护，而对于精神健康较少关注，也少有有效的方法。例如，在中南社区，暑假时，几位高中学历以上的老人自发在社区开办了暑假补习班，教社区小孩子基础的拼音、数学等，这既让老年人发挥了余热，也帮助了孩子的家长。对老年人来说，这就让他们感到很自豪，感到老有所为，感到自己有价值，不是只需要别人照顾的累赘。但是，参与此类活动的老年人人数还相当少，还需要扩展开来，活动也可以更加多样化；并且，这样的团队组织，还没有在无锡市的社区中扩展开来，只是少数的社区在开展，所以还需要加强。

2. 空巢老人，内心空巢

对于独居老人来说，他们在精神上有很大的空缺，少了亲人的陪伴，少了社会的接触。其中还有失独老人，他们的精神需求更大，没有了子女，不能像其他老年人一样享受天伦之乐，这本身就是一件让老人们内心痛苦的事情，加上自己又年老了，更是感到悲伤，导致很多老人有轻生的想法。近年来，空巢老人在老年人总数中占的比例也越来越多，他们需要社会的关爱，需要弥补内心的空虚。所以，在这一块，为老服务还需要努力，还需要多关心他们，除了给他们生活上带来便利，也要注意心理辅导等。

三、社会支持需要加强

1. 社会整体缺乏对老人的尊老敬老意识

在采访中，有好几位老人提出，如今，有些人不尊重老人，有的年轻人甚至"孝道"都没有很好地履行，在生活中他们也遇到过年轻人殴打、虐待老年人的事件，因此感到心寒。在公共生活中，也有人不懂得关爱老年人，公交车上不让座，看见老年人摔跤不搀扶等等。这些社会现象对老年人来说其实是一个支持系统的缺失。因此，社会还需要继续传播尊老敬老的美德，这也是创造和谐社会的条件之一。此外，还有一些有关老年人的无形的关爱和支持，例如，医保、养老保险、津贴福利等等。在很多景点处，为达到某年龄段的老年人提供免费门票，民众抽烟时避开老年人等，这都是对老人的福利。

2. 社会组织团体支持较少

社会团体、组织对老年人来说也是一个社会支持的要素。我们发现，在中南社区有志愿者队伍，为老年人读书读报、帮助老人们做家务、为老人们免费理发等；还有义工队伍，为老人们做身体的常规检查、量血压、查血常规等；还有企业支持，在过节的时候，企业出资赠送老人们食物或者是礼物；爱心超市为老年人提供低价甚至是免费的日用品；社会组织为老年人做心理辅导，提供帮助等：这都是社会支持的各个方面。但是整体来看，这样的社会支持其实是比较缺乏的，很多社区都没有获得到这么多的社会支持，有的支持也只是很长时间才会开展一次。而采访中发现老人们都表示很希望这些团体来关爱他们，对于他们之前来做的服务也表示很满意，所以，社会支持的加强也是为老服务中一项重要内容。

五、老人社会工作专业之社区老人需求分析

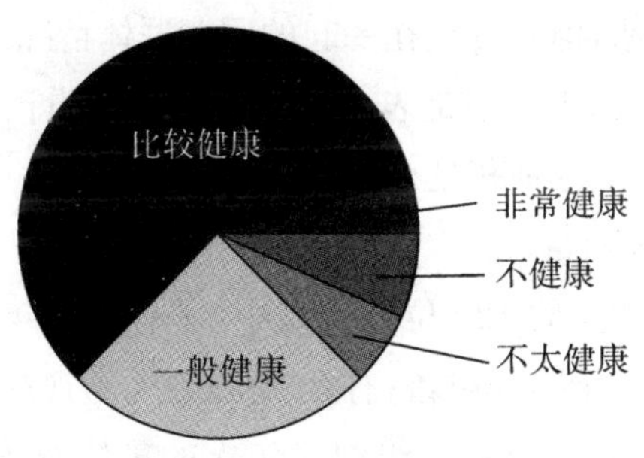

图 3　社区老人健康状况

1. 社区老人健康状况

在参与调查的 120 位无锡市老人中，有 5 位老人表示自己的身体非常健康，占总人数的 4.2%；有 70 位老人表示自己的身体比较健康，占总

人数的 58.3%；有 30 位老人表示自己的身体一般健康，占总人数的 25%；有 7 位老人表示自己的身体不大健康，占总人数的 5.8%；有 8 位老人表示自己的身体很不健康，占总人数的 6.7%。从总体来说，被调查的老年人中，有较大部分老人的健康状况较好，但是，在受访问的老人中无论是身体健康的还是身体较弱的，很多人却表示自己很在意身体健康状况，很希望获得健康方面的知识，保持健康。因此，可以确定，老人们对于健康是有较大的需求的。

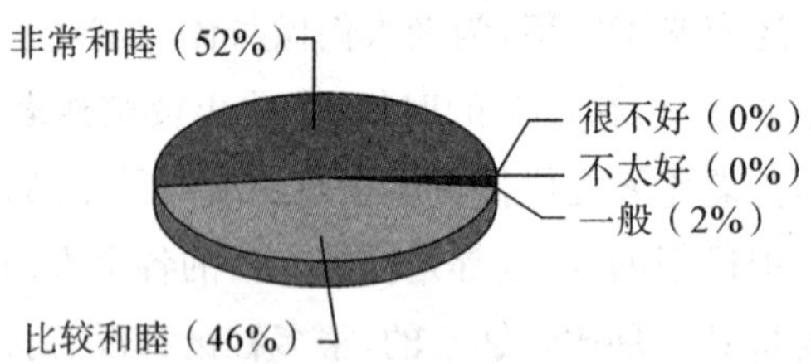

图 4　老年人人际关系状况

2. 人际关系概况

在参与调查的 120 位无锡市老年人中，有占总人数的 52%老年人表示人际关系非常和睦；有 46%的老年人表示人际关系比较和睦；有 2%的老年人表示自己人际关系一般。而正如前面分析所说，不少老年人虽然自己表示人际关系不错，但是真正在一起的同辈群体情况却不一样了，并且在采访过程中，不少老年人还是表示希望找到能和自己参加活动的伙伴，也希望和其他居民更好地相处。

3. 社区提供支持的情况

在参与此次社区调查的 120 位老年人中，所有的老年人都重视社区医护人员上门送药以及精神的慰藉；有 80%的老人重视社区提供的卫生知识讲座、法律救援帮助以及社区组织老年人的集体娱乐活动；有 70%的老年人希望社区能够进行日常起居照顾和提供日常购物的帮助。综上所述，无锡市老年人在社区参加养老的更加重视的是医护人员上门送药以及精神的慰藉，他们认为随着年龄增大，需要的是人性的情感关爱这种精神的慰藉以及自己生病的时候能够有人能够关心帮助。

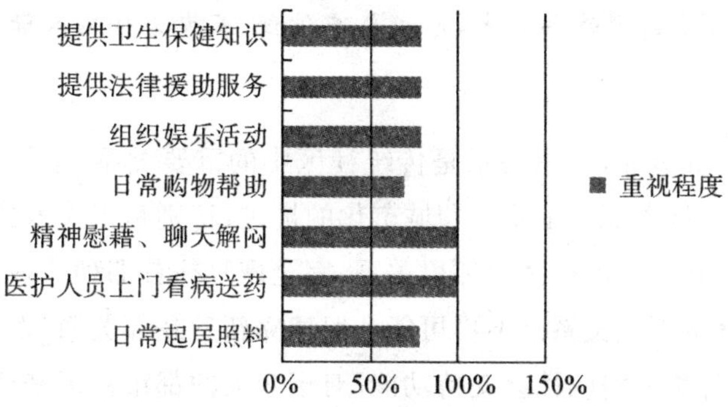

图5 社区养老的影响因素

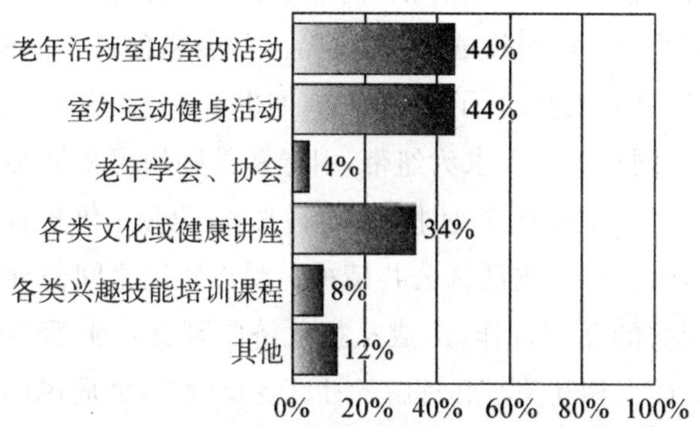

图6 老人参与活动情况

4. 老人参与活动调查

在无锡市社区参与调查的120位老年人中，有44%的老年人感兴趣的活动是老年活动室的室内活动和室外运动健身活动，34%的老年人感兴趣的活动是各类文化或健康讲座，8%的老年人感兴趣的活动是各类兴趣技能培训课程，4%的老年人感兴趣的活动是老年学会、协会，12%的老年人感兴趣其他活动。可以看出，无锡市老年人更倾向于健身活动和活动室的集体活动，但是总的来说，老年人都希望多参加活动来充实自己的生活，其中较为青睐健康保健一类的，这对于老年人服务来说是一项重要的需求因素。

六、建议和对策

（一）建立新型睦邻关系，形成普遍信任、互惠合作的人际关系及其支持网络

远亲不如近邻，邻里关系是传统社区中的重要关系，也是一种最便捷、可靠的社区资源。工业化和城市化的推进，特别是工作方式、居住格局的变化淡化了城市社区的邻里关系，完全恢复往昔那种休戚与共但缺少私密空间的邻里关系已不再可能。但建立新型睦邻关系，发挥楼栋单元、院落等邻里网络的社会支持功能，对于今天的都市社区来说，仍然是十分必要的。

更为重要的是，要适应现代都市社区生活的新要求，积极培育社区社会资本，建设普遍信任、互惠合作的社区人际关系及其社区社会支持网络，通过建立正式的社区组织或非正式的社群网络，促进不同阶层、不同群体的社区居民之间的互动、了解和沟通，增进居民之间的相互信任。要以社区成员的共同利益和需求为纽带，引导和鼓励居民积极参与社区公共事务，关心社区公益事业，行使权利，履行义务，自觉地维护社区公共秩序和公共利益，营造并形成社区公共精神。要在居民之间倡导并开展多种形式、不同层次的互惠合作，形成从扶危济困到日常生活中的守望相助，直至精神层面上相互关心和理解的社区支持网络，使居民感受到来自社区这一地域性社会生活共同体更多的温馨、温暖。

（二）建立和完善社区资源整合

充分调动社区内机关、团体、部队、企事业单位广泛参与社区建设，最大限度地实现社区资源的共享，要从如下两个方面着手：

(1) 培育社区单位参与共建的自觉性，营造共驻共建社区、共享社区资源和社区建设成果的良好氛围。基层党组织、基层政府、街道办事处、社区居委会要通过社区建设领导小组、社区建设工作委员会、社区党建联席会议、社区协商议事委员会等，动员社区单位参与社区共建共享，政府也要积极协调辖区内企事业单位，与各类社区组织一道形成合力，通过多种途径、利用多种手段，最优化地整合、利用现有设施资源，以满足社区居民的需求。

（2）建立健全社区资源共享、成本分摊的政策法规，形成制度化的机制。政府应考虑制定支持社区资源整合的具体政策法规，明确各类社区组织及其驻区企事业单位的责任与义务，对提供资源、分摊成本做出硬性规定，充分调动各单位参与社区建设的积极性。还要加大政策和法规调整的力度，形成制度化的激励和约束机制，激励和约束社区单位无偿或低偿开放文体活动等设施和资源。

（三）引进"医养结合"的新型养老模式

所谓"医养结合"是指社区养老服务中心与医疗机构或社区卫生服务机构合作，为社区里居家养老的老年人提供健康服务。抓住机遇，引导社会力量在养老机构中创办医疗机构，卫生部门确保落实优惠政策，确保非公立和公立的医养结合服务机构享受同等待遇。这种模式改善了以前社区医疗的非专业化，并且有更健全的场所为老年人提供医疗服务。

参考文献

[1] 吴琼. 中国人口老龄化背景下的城市老年人社会支持网研究[D]. 大连：东北财经大学，2011.

[2] 臧秀娟. 老年人地位变迁的社会学思考[J]. 江苏经贸职业技术学院学报，2012(02)：22-23.

[3] 珂莱尔·婉格尔，刘精明. 北京老年人社会支持网调查——兼与英国利物浦老年社会支持网对比[J]. 社会学研究，1998(02)：56-66.

[4] 陈奇娟. 南京市社区老年人社会支持研究[D]. 南京：南京理工大学，2005.

[5] 陈习琼. 国内独居老人社会支持研究现状[J]. 科教导刊，2014(12).

[6] 郭威. 空巢老人社会网络支持构建的行动研究[D]. 沈阳：沈阳师范大学，2014.

[7] 朱欣怡. 老年人精神需求的社会支持网络构建[J]. 新西部，2014(33).

[8] 王金元. 社会工作视角下的"老有所养"民生建设[J]. 社会工作，2011(9)：84-86.

[9] 陈莹. 优势视角下"老年互助""居家养老"模式探析[J]. 闽南师范大学学报：哲学科学版，2014(3).

培养小学生慈善意识与建立校园慈善文化的探讨

石慧　周杰　丹阳市蒋墅中心小学

摘　要：小学生群体由于年龄小、价值观不成熟，且正处于自我意识和主观意识形成的过程中，把小学生作为慈善教育的对象，激发他们的慈善意识，培养他们的爱心和社会责任感，对全社会慈善意识的提高具有奠定基础的作用。慈善意识教育进课堂与校园慈善文化建设活动迫在眉睫。

关键词：小学生　慈善　文化建设

慈善是一种美德，慈善之心是人之本性，也是人类社会文明与进步程度的一个重要的衡量标准。中华民族自古是一个淳朴、善良、富有爱心的民族，慈善思想源远流长，有着深厚的历史基础，可以说慈善理念一直是人类和中华民族繁衍发展的一种精神支柱。当前我国正处于迅速发展时期，社会的日益发展一方面提高了人们的生活水平，另一方面也随之出现了一些问题——贫富差距加大，社会弱势群体救助，人心冷漠，功利心太强等等——这些都不利于社会的长远发展和构建和谐社会。因此，普及慈善知识，增强慈善意识，引导慈善行为的慈善教育迫在眉睫。小学生群体，由于其年龄尚小，还未形成稳定的价值观体系，这一时期正处于迅速增长知识，形成个人品格和基本素养的关键时期，正处在形成自我意识和主观意识的过程中，担负着学习和传播社会文明的责任。因此，把小学生作为慈善教育的研究对象，激发他们的慈善意识，让他们通过了解慈善、参与慈善活动，来培养他们的爱心和社会责任感，为全社会慈善意识的提高奠定基础，慈善意识教育进课堂与校园慈善文化建设迫在眉睫。

一、慈善意识是道德基于感性基础上的理性升华

当前中国社会处于转型期，贫富差距等社会矛盾日益凸显，以及社会主义和谐社会大力建设的背景下，“慈善”已然成为全社会关注的焦点，与之相关的话题频繁见诸报端，慈善问题也成了学术研究的一大热点。“慈善”从不同的角度有着不同的内涵。从经济学的角度分析，慈善是社会财富的转移和再分配；从社会学的角度看，慈善是社会保障的有益补充；从政治学的角度看，慈善是对公平正义、人格尊严的追求。而从道德伦理的角度看，慈善是人类共同的道德事业，源于对弱势群体的同情与关爱，体现了对人的敬畏与尊重，彰显了对人的德行的升华和完善，是人类文明进步的标志之一。从某种意义上说，发展慈善事业的动力是建立在慈善主体崇高的慈善价值追求之上的德行，“慈善”本身就是一种高尚的道德境界，是对人优良品性的高度评价。慈善本质上属于道德范畴，慈善意识是一种价值观念，是指人们在实践活动中对慈善的了解、认识、判断和感知能力从而激起慈善行为的价值观念和行为态度。慈善意识对慈善事业起着道德支撑的作用，只有树立现代正确的慈善意识，在全社会形成一种崇尚慈善的氛围，才能促进慈善事业快速发展。

1. *慈善源于人类情感深处的同情与关爱*

“人之初，性本善”，慈善源于人性的自然情感，是人类善良本性的显现。《辞源》中对“慈”的释义为“爱”，“善”是心地品质善良。《科学发展观百科辞典》中将慈善意识定义为：“出自对人类的普遍的爱，而产生的捐款捐物给需要的人的自觉心理反应。”所以，慈善就是同情、关怀、仁爱的爱心，并付诸“乐善好施”的行动。同情是人的一种本能，是一种身临其境的感同身受。情感论的倡导者休谟认为：“人性中任何性质在它的本身和它的结果两方面都最为引人注目的，就是我们所有的同情别人的那种倾向。”亚当·斯密认为：“同情是指一个人作为旁观者，看到他人产生某种激情，会进而观察产生激情的当事人所身处的情境，并通过想象设身处地于当事人的情境中，而产生出某种与当事人类似的激情或情感的过程。”叔本华认为，同情“是将他人作为一个自由主体和自我之目的来尊重所体现出的纯粹道德倾向”。西方哲人们对同情的阐释与中国儒家孟子所讲的“恻隐之心”是一样的。“恻隐之心”即同情之心，这正是“仁”的开端，也

是做善事的内在动力。康德也曾说过:“出于对人们的爱和同情的好意对他们行善,或是出于对秩序的爱而主持正义,这是非常好的。”同情心是人最基本的道德情感,是作为一个社会的人最简单、最基本的本能特征之一,同时又是在社会活动中形成和发展起来的社会性情感,具有伦理性。正是对他人痛苦的同情和怜悯,人才能爱人,才会产生扶危济困之行动,慈善事业才得以发展。

2. *慈善的动机是出于道德责任*

仅仅依靠短暂的同情这种感性道德冲动无法完成道德的使命,由同情心引起的乐善好施的行为也有赖于慈善双方对彼此关系的正确认识和对权利责任意识的觉醒。“道德责任是指我们对自己已经做出的行为或我们的品格所负有的责任,这种责任的存在与否,决定了我们是否应该受到谴责或称赞。”责任和义务总是被作为同一意思或近义词来使用,细致地区分来看,责任和义务有所区别,所以道德责任(responsibility)不同于道德义务(obligation),前者是自我主观要求,后者是客观必须。义务论的倡导者康德认为:“道德行为动机只能来自具有普遍必然性的实践原则,而不能产生于任何情感体验和经验事实。”责任“所包含的道德强制力和道德理性,是所有道德规范中最多的,也是社会的道德要求和个人道德信念结合得最紧密的。从这个意义上说,是处于最高层次的道德规范”。道德责任是人实现自我和完善自我的一种价值诉求,因为“作为确定的人,现实的人,你就有规定,就有使命,就有任务,至于你是否意识到这一点,那都是无所谓的。这个任务是由你的需要及其与现存世界的联系而产生的”。这与康德说的是一致的:“量力而行善是一种义务,不论我们爱他人与否,并不会使这一义务丧失任何意义。”这种道德责任也说明了作为群居动物的人,互助是人类的一种本能,任何单个人离开了社会群体,无法独立生存。与之相应,慈善的动机也是一种感性与理性的结合。“责任是慈善的基础,慈善是一种道义责任和社会责任,是基于一种自觉自愿的行为,是发自内心的爱的表达和真情的流露。慈善的责任是爱的理性升华,是爱心的延展和深化。”由此,人们把爱的表达从同情怜悯升华为一种道德义务,从而让善举从感性的行为上升为理性的行为,从个别行为走向普遍行为,从偶然之举转化为一种日常的生活方式。对慈善主体来说,慈善行为不是恩赐和施舍,而是一种高尚的道德体验,是自我社会价值的体现，是对他人和社会应尽的道德责任和义务。对慈善客体来说，接受别人的善意和善举不是低人一等，而是社会公平正义的体现，是作为一个社会成员享有的正当权益。

3. 慈善的个人价值目标是人格的完善

英国现代化理论专家英格尔斯认为：“国家落后也是一种人格素质的落后。”中华民族伟大复兴的重要标志之一，是民族成员人格素养的全面提升。马克思曾说：“人类历史的进步无非是对人性的不断改造而已。”现代公民意识的自觉性，涉及公民对自己的权利和责任，对个体与他人、个体与群体关系的全面发展，也是公民成熟、主动行使权利、履行义务的表现。慈善意识是一种超越血缘、种族、文化的，对社会共同体的自觉关照，也是构成公民完善人格的重要部分。慈善的价值和意义并不在于一个人捐款的多少，其深层意义在于对慈善理念的追求和道德品格的实践——它为有爱心的人提供了一个奉献的平台，一次提高和展示自身道德人格的机会——这才是慈善的真谛。

二、小学生慈善意识培养的意义及现状

教育的本质是人格的完善，其核心是道德人格的健全，最终目的是人的全面发展。小学生是祖国的未来和民族的希望，他们的人生观和价值观对于国家和个人都具有重要的意义。作为一种道德实践，小学生慈善意识的培养尤为重要，这主要是基于对小学生自身人格塑造和良性社会观念的养成来考虑。

1. 慈善意识的培养有助于小学生完善人格的塑造

处在自我意识和主体意识形成过程中的小学生，是社会文明的学习者和传播者。作为祖国的未来和民族的希望，小学生慈善意识的激发必将为中国慈善事业注入新的活力。小学生是推动慈善事业的强大后备军，通过对参与慈善活动，可以让小学生感受爱心、培养责任感，最终成长为具有历史使命感和社会责任感的社会主义接班人。同时，这是一个心灵净化的过程和价值引导的过程，让他们懂得对于那些需要帮助的人群去付出他们的爱以如何去付出他们的爱。培养小学生良好的慈善价值观可以促进其人格的健全和成长，进而可以为全民慈善意识的培育奠定基础。通过慈善意识的培养，可以提高小学生对社会的服务意识和奉献意

识，引导其拥有正确的人生观和价值观，塑造其完善的道德人格和良好的道德素养。

2. 小学生慈善意识的培养有助于社会慈善观念的提高与和谐社会的构建

社会转型期也是矛盾多发期，市场经济的负面影响导致社会上拜金主义、享乐主义和极端个人主义崇拜的出现，以及整个社会道德水准的普遍下降。诸如"扶不起的老人"之类的话题屡屡见诸报端，在这种社会环境之下，小学生也不同程度出现了"社会冷漠病"。发展心理学的研究表明，小学生时期是培养行为习惯和树立价值观的关键期，比尔·盖茨在与北大学生交流时说："在中国经济如此成功的今天，年轻人的价值观将发挥巨大影响……伴随社会发展，慈善事业必须能够让大家都享受到社会发展所带来的成果，年轻人可以在其中发挥最大的作用。"通过慈善意识的培养，激发小学生潜在的对他人的关爱之心，有利于和谐社会的构建与社会整体文明的提高。

当下中国小学生慈善意识培养的现状如何？需要关注两个方面的现状：一是小学生慈善意识的现状，二是学校慈善意识培育的现状。首先，来看一下小学生慈善意识的现状。目前对大学生、小学生参与社会慈善状况的调查的分析表明，小学生慈善观念薄弱，慈善热情不足。很少人有经常性地参与慈善活动，只有碰到重大社会事件才去参与，慈善方式以单一地捐赠钱物为主。当然出现这种状况的原因是综合因素影响的结果，比如：小学生慈善知识的缺乏，对慈善的性质、国家的慈善政策、有关慈善的法律法规知之甚少，甚至对慈善存在误解；慈善意愿薄弱还受收入状况、捐赠方式、慈善组织公信力等客观因素和感恩意识、责任意识不够等主观因素的影响。其次，学校在小学生慈善意识培育方面相对缺位。思考我国慈善观念滞后、公民慈善意识淡薄的原因，纵然有法制、环境、组织等方面的问题，但慈善意识教育的缺位是更为根本的问题。目前在我国学校教育体系中还没有专门的慈善文化教育体系，学生成长体系中并无慈善文化培养体系。作为道德教育的一部分，慈善意识培养在学校德育中也处于隐性教育的一个角落。学校的慈善意识教育仍处在"做一个报告""开一个会议"这种不定期、不系统、不规范的自发发展阶段，缺乏科学合理的慈善教育培养体系。这不仅直接影响学生对必要的慈善文化知识的系统把握和慈善意识的养成，也在一定程度上延缓了我国慈善事业的发展进程。

三、小学生慈善意识培养与校园慈善文化建设

民政部发布的《中国慈善事业发展指导纲要(2011—2015 年)》指出："加强慈善学科建设，制订慈善教育计划，指导学校在德育课程中培育慈善意识，弘扬慈善行为，并纳入学生素质评估中"。一个社会要能够使人们成为具有慈善人格的公民，关键的措施就是进行慈善责任意识教育。所谓慈善责任意识教育就是有组织有计划和有目的地对行为者在思想、政治、道德多方面施加影响的教育过程，培育慈善责任主体。"学校不是慈善机构，但它应当是培养慈善心肠的沃土。"学校教育在某种程度上决定了一个人未来人格的走向，从而影响到未来社会的道德风尚。学校应是小学生学习、获得系统的慈善知识、接受慈善理念教育、养成高尚慈善道德的主要渠道。

1. 要将慈善意识教育引进德育课堂

无论是慈善理论教育还是慈善实践教育，都有其自身的发展规律可循，须遵循一定的规律进行教育模式的创新。教育需要载体，学校是小学生接受教育的最主要、最重要的场所，只有把现代慈善素养培养的任务明确纳入现行教育目标体系中，才能有系统、有计划、科学、有效地付诸实施。在西方发达国家，由于具有悠久的慈善传统和成熟的教育机制，已经形成了一种全民慈善的良好氛围。哈佛商学院开学的第一堂课是商业伦理学，这些未来的企业家们在第一堂课上就需要学习企业家如何出色地服务和回报社会。我们有必要借鉴西方的做法，在小学教材中增加慈善历史及相关知识的普及。要进行慈善教育内容设置，高质量的慈善教育内容是慈善意识教育成功的基础。慈善意识的核心是爱与责任，慈善文化的核心是"利他主义价值观"，因此应当培养小学生基本的道德品质和道德要求，要进行爱心意识、利他主义、感恩意识和责任意识教育，要加强慈善仁爱的理念教育，使得小学生学生从小就树立仁爱意识，认识到乐善好施是美好品德，

使慈善理念成为每个公民的内在要求，为树立慈善仁爱的意识和公民完善人格奠定基础。可增加有关慈善的历史、慈善的现状、慈善事业与

社会保障、慈善组织概论等方面课程，提高小学生的慈善认知能力，让他们了解慈善的责任和使命，为他们将来发挥慈善主体的作用打下坚实的基础。

2. *要加大校园慈善文化建设力度*

校园文化是一个学校特有的精神环境和文化氛围，是在校园这样一个空间里，以学生为主体，以课外活动为主要形式，体现校园精神的一种群体文化。校园文化具有明显的德育功效，具有明显的认识导向和价值导向功能，是对小学生进行公民精神教育的理想途径。它在培养人、塑造人、转化人、发展人、完善人的作用上与德育本质是一致的，它可以引导学生塑造正确的人生观和价值观，升华学生的社会责任感。校园慈善文化建设是学校开展慈善文化，普及、传承并弘扬慈善理念的各项校园活动，旨在引导学生的慈善观念，培养学生的慈善品格，引导学生的慈善行为。作为道德教育的第二课堂，学校应尽可能多地为学生提供实践慈善理念的平台，多开展各种慈善公益活动，利用宣传与鼓励的方式，营造校园慈善文化氛围，促进校园慈善文化建设。

第一，注重理论与实践的结合，注重个体的道德实践。慈善意识教育本质上是实践性的，它源于人们物质生活过程中的社会交往活动，因此应当在社会实践中历练并养成人的慈善品格。应为学生提供更多的实践机会，使他们做到知行合一。要实行多样化的实践活动，让小学生参加社会公益活动及志愿者活动，体验到关爱他人、奉献自己力量的幸福感，以及社会主义大家庭的温暖，同时提高学生的感恩意识，提升社会责任感。应该摒弃以往的形式化、突击式的活动方式，应做到经常化、普遍化和规范化。

第二，完善综合素质评价体系。从精神方面来看，慈善不仅可以使学生获得心灵的慰藉和自我价值的实现，而且可以使他们获得他人与社会的广泛尊重和信任，降低他们人际交往的成本，改善他们的人际关系。小学生在慈善活动中获得精神回报既要通过个人评价和社会评价来实现，也要利用学生综合素质评价标准来引导。总之，小学生群体作为未来慈善事业的重要主体之一，其慈善意识的培养具有时代性和必要性。要多层次全方位，从课程体系的设置，到校园文化的建设，从各个渠道宣传现代慈善理念，营造良好的慈善氛围，培养学生强烈的慈善意识，为个人道德人格的塑造和社会主义和谐服务。

参考文献

[1] 奚洁人. 科学发展观百科辞典[M]. 上海：上海辞书出版社，2007.

[2] [英]休谟. 人性论[M]. 北京：商务印书馆，1980.

[3] 余其彦. 同情的纯粹道德性——叔本华的同情理论[J]. 学习月刊，2012(5)下：24-26.

[4] [德]康德. 实践理性批判[M]. 邓晓芒，等译. 北京：人民出版社，2003.

[5] 毛兴贵. 亚里士多德论道德责任[J]. 云南大学学报(社会科学版)，2010(1)：60-63.

[6] 武晓峰. 情感、理性、责任：个人慈善行为的伦理动因[J]. 道德与文明，2011(1)：107-110.

[7] 王元骧. 康德美学的宗教精神与道德精神[J]. 浙江学刊，2006(1)：80-84.

[8] 康德. 道德形上学探本[M]. 北京：商务印书馆，1957.

[9] 慈善事业的核心价值观是爱和责任. 新浪新闻[EB/OL]. 2008-4-23. http://news. sina. com. cn/c/2008-04-23/004913777395s. shtml.

王完白先生对常州红十字会的历史贡献

张　涛　常州市红十字会

摘　要：自1914年至1924年十年间，王完白先生在常州建立了常州分会和常州卫生会，并在澄台事变、京直水灾和北省旱荒期间开展募捐赈灾活动，在分会成立后，王完白先生又组织了提供巡诊服务的沙洲救护队以及救助火灾伤员的医疗救护队，江浙之战之前与会员商讨了救助计划，在战中做好了救援工作并撰写了《战中闻见录》。

关键词：常州分会　募款赈灾　救护服务　战地救援

王完白(1884—1956)，浙江绍兴人。毕业于苏州伊利萨伯医学校，1909年获得医学博士学位。1913年赴日本千叶医学专门学校，研究细菌学。历任沪宁铁路医官(1909年)，江苏省江阴县福音医院代理院长(1910—1913年)，常州医学校校长及常州福音医院院长(1914—1932年)，1914年筹备常州红十字分会，1921—1924年，担任分会理事长。1932年至20世纪50年代初，在上海自行执业，采用无线电广播传道及演讲公共卫生20年，自任总经理。出版著作多种。数十年中，他还担任过中华医学会执行委员，全国医师联合会监察委员，嘉兴福音医院董事长通问报董事长，上海南市普益社董事长等职。集医学家、艺术家、教育家、慈善家于一身。常州红十字会自1914年筹备至今，已有101年的历史。如果说屠寄是常州红十字会的首任会长值得我们纪念，那么作为常州红会的筹备者和创始人，王完白先生的功绩更值得我们尊敬和纪念。本文重点考察王完白自1914—1924年十年间的有关史实，略论他对常州红会的历史贡献。

一、设立筹备处，开百年基业

1914年初，常州监理会和长老会的西方牧师们邀请江阴福音医院院长王完白来到常州创办常州福音医院。王完白童年时期，在父亲的引导下，开始信奉基督教。1909年获医学博士。本来他打算去一所医科大学任教授，婉言拒绝到常州来，可是看到地方人士的热心后，他改变了主意，毅然决定来常组织医院。3月9日，王完白在常州监理会霍约翰·鲍的带领下，考察地点，筹划经费。后在局前街福音教堂旁边开设医院，当年6月1日正式开幕。他的到来，为常州红十字分会的创立带来了希望。因为早在辛亥革命的时候，他就在江阴组织过红十字医疗队，作为江阴红会的创始人，他参与南京及津浦路一线的救护工作。在常州创办福音医院之后，中国红十字会总会上海总办事处沈敦和会长，就委托他在常州筹备红十字分会。同年10月1日，王完白以筹备处名义开始办理红会事业，并担任理事长，筹备处设于常州福音医院内。从此，百年红十字运动在常州大地上如火如荼地展开了。

二、应对澄台之役，招募第一批会员

1916年4月，江阴革命党人策动江阴要塞官兵反对袁世凯称帝，并发表“江阴独立宣言”。萧光礼率“江靖护国军”1 000人向无锡进军。终因后援不继而败，时称“锡澄之役”。江阴炮台发生兵变后，炮声相闻，常州城乡大为恐慌。分会筹备处与地方领袖共谋救济办法，组织伤病留养院于第五中学（今江苏省常州中学），组织妇孺留养院于女子师范，发动教会修女五六人担任义务看护，同时以福音医院为临时机关，组织救护队，预备开赴战地救济。尽管澄台事变不久平复，没有对常州造成影响，常州分会却在这次事变中得到了锻炼。分会先后制定了《中国红十字会常州分会章程》《妇孺留养院之办法》，并公布了《中国红十字会常州分会筹办处入会简章》，这些规章的制定在全国所有分会中都是比较早的。通过募捐来征集第一批会员。根据《武进报》的记载，第一批正会员（捐款25元以上的）包括常州分会理事长王完白，县立女子师范校长任玄珠，省立第五中学校长童伯章、学监黄颂林，武进县县长翁志吾，一善堂堂董汪世铨，教育会会员高耀奎，元真堂汪葆钧，沙田局专办龚瑞莫，士绅沈漱六、屠寄、贺杏村等12人。这也是分会筹备处开办两年来正式开展相关红会业务。

三、亲自撰写劝募书，积极开展赈灾活动

常州红十字分会在筹备期间先后为1916年的澄台事变、1917年的京直水灾和1920年的北省旱荒等积极开展募捐赈灾工作。王完白博士出身，善于翻译和创作，他非常重视媒体的宣传，借助《武进报》《商报》《晨钟报》等媒体进行广泛呼吁，他所写的一些劝募书情真意切，感人至深。如1917年11月的《常州红十字分会代募水灾急赈》："顺直水灾，异常重大，为百年所未有。各埠团体及慈善士女，或慷慨捐输，或热心筹募，莫不踊跃从事。本红十字会尤竭诚赞助，不遗余力。如开会筹款，调查灾区，散放衣食，掩埋尸骸等，早见各报记载。吾常素号繁富，当不乏大慈善家，尚望慨解仁囊，乐为捐输，敝分会愿效收解之劳。捐无巨细，钧当登报申谢……捐款之经由红十字会转放者，既可使灾黎保受实惠，复可得无上之荣誉，乐善君子，盍兴乎来?"又如《我应该做红十字会会员么?》："世界各国同盟入红十字会的已有四十余国，大都会员众多，慈善事业非常发达，就如东邻日本，在数年前已约有会员180万人，以全国人口计算，每30人中有红十字会会员一人。我中国会员只有6 000，照人口比较，每7万人中才得会员一人。相形之下，太难为情了。难道我国民的慈善心如此薄弱么? 我当先雪此耻。"写得清楚明了，又富有鼓动的力量。经他劝募的资金达数百元。

四、分会正式成立，当选分会理事长

1920年10月10日，常州分会筹备处的正式会员已经超过三十人，王完白遂向总会提出申请，请求正式成立常州分会。

1921年1月，总会批准了常州筹备处的申请，并颁发图记。中国红十字会总会会长汪大燮、副会长蔡廷干因为常州红十字分会正式成立，依据红会条例及中国在保和会签约的有关条约，除咨请内务部、海军部、陆军部立案外，还分别致公文给江苏齐耀琳督军、王瑚文省长、苏常道王可耕道尹及武进县姚绍枝知事，分别立案并转知驻防军警一体保护。王完白理事长负责接洽。2月21日，适逢农历正月十四日，分会第一次会员大会在常州福音医院召开，选举屠寄为会长，王完白为理事长。4月17日，分会在常州青年社召开茶话会，屠寄、王完白君先后发表演说，大

意为此次开会是让新老会员相聚一堂，以敦友谊。由于总会会员章程的规定，在他处入会的人员未能参加选举，下次选举即可参选。希望选举权可以推广，但红会不是政府机关，有义务而无权利，希望各位会员本着牺牲救济的精神，协力赞助，以期会务发达。

五、组织沙洲救护队，定期开展巡诊服务

分会正式成立的当年8月，长江沿岸接连三昼夜狂风暴雨，江潮上涨，冲破圩岸一百数十处，圩内一片汪洋，泛滥成灾。房屋没顶，家具什物随风浪漂入大江。农民有的迁至高岸，有的攀登屋顶以免淹死，号哭之声不绝于耳，其状惨不忍睹。分会理事长王完白坐小轮船到灾区调查，并拍照记录。当时武进县商会、公益事务所联合邀集地方各公团、士绅、各业领袖、各区董会，成立了“武进县沙洲灾赈事务所”。考虑到灾赈事务所忙于筹备赈济，顾不上防治疫情。分会于9月12日召集议事会，商量解决办法。决定由福音医院医师和护士组成红十字救护队开赴灾区，救护队队长张炳华，队员俞德霖、郑荣昌、杨天沛、陈明庠、胡斗燠、张佩玉。他们乘轮出发，至沿江沙洲各灾区巡视，随时诊治灾民。所用经费和药品，除总会拨下药品一箱，其余均由分会和会员解决。大水退去后，分会借用荫沙义渡局的空房，作为定期放诊之所。自中秋起，每逢三八两期，队员即在该局送诊给药。远近就治者至为拥挤，灾民有远自扬州、泰州、泰兴、丹徒、丹阳、镇江、江阴等县境而来者，治愈之人为数甚众，灾民皆颂声载道。当年冬天，看到灾民缺衣少穿，他又向总会申请物资，总会拨下现洋五百元，棉衣二百件。次年4月，看到灾民吃乌泥果腹，他又建议武进沙洲灾赈事务所尽快建立组织机构，拨款赈济。并亲赴镇江与华洋义赈会沟通，争取了双倍的赈米，通过以工代赈的方式，号召灾民修复决口。武进沙洲灾赈事务所在信函中称赞常州分会说：“具见仁心济世，诚莫大之功德，殊堪钦佩。”

六、成立医疗救护队，免费救助火灾伤员

常州早期的消防，有“水龙会”等民间松散组织肩挑、手提、取火灭火。后来钱业公会、商业行会等单独捐资，创办“洋龙”救火会，但他们只管本行业的火灾。1920年，大庙弄、北大街24家商铺被特大火灾烧毁，工商

界认识到依靠零星薄弱的救灾组织根本起不了作用。县商会决定创办救灾联合会应对火灾，会长由商会会长兼任，日常开支由所在地段工商户摊派。1923 年 4 月，常州分会会长龚承祖、理事长王完白给总会上海总办事处写了一封信，汇报了有关筹建火灾医疗救护队的事情，信上说："敝分会去冬曾经组织(火灾医疗队)，成绩颇佳。因本邑迭遭火灾，救火员及灾场上人时多受伤，因而致死者亦屡有所闻，殊堪悯惜。本分会有鉴于斯，特组织火灾医队，一逢失火，即出发救护伤人，一概不收费用。"火灾医疗救护队的设立为罹灾伤员的救治提供了保证。每逢火警，无间日夜，不避风雨，立即赶赴火场施救，所有队员皆由福音医院职员担任，纯尽义务。

七、成立常州卫生会，致力改善公共卫生

1923 年夏，由福音医院院长王完白、县知事姚绍枝发起，约集红十字分会、警察局、教育局、商会、农会等 8 个团体联合成立常州卫生会，办理公众卫生事业，姚绍枝任会长，王完白任副会长。下设宣传、执行、纠察 3 部。分别经办收毁蝇蛆、灭除蚊种、掩埋死畜、击毙疯犬、取缔坑厕、改良运粪、挑除垃圾、清洁河流、禁售不洁冰水、检查摊售食物及腐烂鱼肉、义务纠察、卫生宣传等 12 项公共卫生事业。卫生会连办数年，成绩颇佳。当时每年都印行卫生年刊，全国各地都来信索要。查其发信地点，竟达二十一省区之广。后来在全国范围内成立县级卫生会的竟然多达数十个，他们都是拿常州卫生会作为样板的。1926 年 8 月，长三角地区霍乱盛行，常州由于重视环境卫生工作，措施得力，故疫情最轻。一位西方商人到常州后，对同行的人说："所至之地，见染疫而死者，触目皆是，景象甚惨。乃一达常州，情形绝不相同，初颇惊异。继察全市街巷无堆积之垃圾，河道无浮飘之秽物，知此间颇能注重公众卫生，无怪有些成效云"。

八、未雨绸缪，提前应对江浙之战

1923 年底，江浙两省军阀因派系之争，摩拳擦掌，随时可能爆发战争。王完白第一时间预感到战争不可避免，需要提前筹备救护事业。12 月 29 日，他在福音医院召集会议，讨论救护办法。王完白作了《为江浙时局召集会议之经过情形》的报告，大家展开讨论，讨论应否筹备救护及如何着手办理。讨论的结果是，因为分会议事员谈恂之是总会特派调

查员，大家一致推选他与总办事处接洽一切。常州附近的地方，万一爆发战事，是否由上海总会办事处派出救护队，分会再开展后方援助。至于如何筹备，等办事处有了具体的答复，再开会讨论。次年 1 月 3 日，总会办事处当即复函云："接奉惠示，藉悉一切。江浙大局，经两省绅商奔走调停，为弭兵之运动，目前当不至于干戈相见。吾辈办理慈善事业，不偏不倚，亦只得趁机观变，静以待之。"总会的意思是静观其变，再做打算。王完白很不满意，继续写信给办事处："惟军情瞬息千变，以后设或于我会相近之地变故发生，此项出发战区之救护队，是否由钧处直接遣派？抑须由分会就地组织。务望早为示知，俾有所遵循也。"1 月 17 日，总会办事处复函："万一不幸，忽然实现，则救护措手不及，自宜先事筹备，以免临渴掘井，至责任问题，则本处与各分会当共同负担，随时相机进行可耳。"总会的意思是可以先筹备起来，以免被动。

九、江浙战争爆发，做好救援工作

到了 8 月份，战争果然爆发。王完白立刻召集临时会议，做了八项决定：①组织伤兵收容所；②组织妇孺救济院；③筹备出发前线之救护事宜。组织救护队、输送队、调查队、掩埋队，各推定队长，赶紧筹备组织；④宽筹经费；⑤延请临时职员；⑥由王完白派人至上海总会接洽一切，并领取徽章及医药材料等；⑦由分会制定会员门条，专备会员领用；⑧请王完白与本城各医生接洽，分担医务。很快，常州红十字会在福音医院等处，分设妇孺收容所及疗养院多处，并由王完白及地方士绅分别主持。上海总办事处也在常州设立救护总队，负责与吴兴、宜兴、长兴三处联络，常州的调查队提前出发，输送和掩埋两队与总会救护队，同赴宜兴、昆山前线服务。鉴于常州城内外都是士兵，经常擅自闯入各妇孺收容所，王完白又向驻扎军队的长官报告，禁止军士随意出入妇孺收容处所。在目睹了红会的作为后，短短几天之间，新入会的会员就多达二百五十人。随着战争的发展，伤员越来越多，源源不断的送到常州医治。王完白又日夜施手术，钳取子弹，忙碌异常。他总结了一下自己及红会同仁们在应对战争中的服务工作，分为三个时期，"当江浙失和，军事方兴，余以常州红十字分会理事长名义，筹备救护事业，设立伤兵疗养院、妇孺救济院，组织出发之救护、调查、输送、掩埋各队，备极忙碌。此为办理庶务之第一时期也。后昆山、宜兴两方输送伤兵，均以常州为终点，医务骤忙，医学人才顿感缺乏。余即卸去庶务，专心疗伤。此办理医务之第二时期也。迨战事结束，伤兵渐少。适有美国红十字会托办救济事业，遂入办理振务之第三时期。亲往战地调查后，即回常组成救济队陆续出发，并广募棉被棉衣，运送灾地，为数颇巨。”

十、奔赴战场开展救护，撰写《战地闻见录》

1924年八九月间，第一次江浙之战打响。战争结束后，常州分会召开会议，组织救护队到昆山、嘉定一带，准备办理赈济事务。10月20日至10月25日，由王完白理事长率队，坐火车先后赴昆山、安亭、方泰、黄渡、南翔、真茹、上海等地。回常后，王理事长将一周经历如实写出，共计8千多字。同月地先后连载于《商报》《通问报》，次年刊于《中华医学杂志》。同年底又完成《安亭附近被兵情形数则》一篇，1.6万多字，刊载于1925年《孤军》增刊中。这两篇文字从不同的角度反映了第一次江浙战争的残酷性，如实记录了安亭等地居民的不幸遭遇。一篇重视事件的描述，一篇重视人物的访谈，可谓珠联璧合，堪称常州分会的《索尔费里诺回忆录》。他用冷峻的笔锋，记录了齐、卢两军的烧杀淫掠，杀人如麻，记录了老百姓在军阀之间的混战中，妻离子散，家破人亡的悲惨命运。表达了作者的非战思想和对和平的热爱。他悲愤地写道：“我感觉得心头沉沉压着悲伤，啊！这样也是一个人生的结束！她死，不死在新陈代谢的定例的死里；她死，不死在自己很愿意的死里；她死，死在‘生’正在蕴郁的时候；她死，死在挣扎着生存的时候。本来人生已够苦痛了，而又这样的结束！”在文章的最后，他表达了对战争的厌恶和对和平的渴望：“战争已经停了，枪炮声已经息了，毁屋败壁的枪炮痕迹也销去了。但在困苦人们心上留下的创痕，将不能磨灭，永久不会消灭的了。”

1924年底，王完白因为任期超过了三年，遂辞去理事长职务，改任为普通职员，尽管如此，他始终关心着常州红十字事业的发展。1923年底，王完白先生在《兴华》杂志上发表了《十年之回顾》的文章，详细回顾了自己来常十年所做的工作。他说自己做了三件事情，一是创办福音医院，二是创办福音医院医学校，三是创办中国红十字会常州分会。他回忆说：“(1914年)余方主任江阴医院，曾组织红十字医队，参与南京及津浦路线之救护事业。迨来常创办医院后，上海红十字会总会沈仲礼前会长，即以筹备常州分会事相托。开院后，遂以筹备处名义办理红会事业。如乙卯(1915，按：当为 1916 年)江阴炮台发生战祸，炮声相闻。常州大起恐慌，急与地方领袖共谋救济之法，乃组织伤兵留养院于第五中学，妇孺留养院于女子师范。教会西女士五六人，担任义务看护。幸澄台事变不久平复，然中西士女之热心赞助，殊可感佩。后如丙辰(1916，按：当为 1917 年)京直水灾，庚申(1920)北省旱荒，辛酉(1921)本邑沙洲水灾，去年(1922)浙江风灾，或捐募赈款，或出发救护，均曾稍尽绵力。分会正式成立则在十年(1921)之春，因所募会员已满法定人数，即选举职员同理会务，当选者均邑中知名之士，经总会汪伯唐会长呈报陆军、海军、内务各部及本省长官，备案保护，遂成永久之慈善机构。”

100 年来，常州红十字会在人道领域做了大量的工作，深得常州百姓的支持和赞许，已经成了“永久之慈善机构”，王完白先生泉下有知，定当欢笑。他为常州红十字会早期的发展做出了不可磨灭的贡献，值得我们永久怀念。

试述如何加强高校红十字工作

——以常熟理工学院为例

王彬　石玉　潘保秀　常熟理工学院红十字会

摘　要：红十字会是一个从事人道主义救助事业的高尚社会团体，以“人道、博爱、奉献”为核心的红十字精神符合当代人类社会先进文化的主流价值观，是全人类共同的宝贵精神财富。高校红十字会是中国红十字会的重要组成部分，常熟理工学院红十字会作为江苏省红十字示范学校，一直把加强红十字在校大学生工作作为红十字会工作的重要内容，加强学校红十字会建设，开展红十字大学生活动，培育和发扬红十字精神。

关键词：结构管理　急救普及　同伴教育　预防毒品　志愿服务

红十字会是一个从事人道主义救助事业的高尚社会团体，以“人道、博爱、奉献”为核心的红十字精神符合当代人类社会先进文化的主流价值观，是全人类共同的宝贵精神财富。高校红十字会是中国红十字会的重要组成部分，是中国红十字会在高校宣扬红十字精神的重要力量。作为江苏省红十字示范学校，常熟理工学院一直把加强红十字在校大学生工作作为红十字会工作的重要内容，加强学校红十字会建设，开展红十字大学生活动，培育和发扬“人道、博爱、奉献”的红十字精神。本文以常熟理工学院红十字会近几年来建设的经验为基础，积极探索如何加强高校大学生的红十字工作。

常熟理工学院红十字会是群众性组织，接受校党委、校团委和省、市红十字会的双重领导。常熟理工学院红十字会成立于 1998 年 12 月，社团人数累计超过 3 000 人，是常熟理工学院最大的一个社会团体。常熟理工学院红十字会坚持发扬并传承“人道、博爱、奉献”的红十字精神，与市红十字会及市血站密切合作，不定期举办无偿献血、急救培训、同伴教育、志愿服务等活动，在常熟南站、献血屋、老年大学、护理院等地开展义工活动，至今已举办过三届常熟理工学院红十字形象大使比赛、两届急救知识技能操作大赛，深受同学们欢迎。2015年学校成立了常熟理工学院应急救援志愿服务队，这是一支由团委指导、红十字会组织建立的急救小队。红十字会成立以来获奖无数，曾获得无偿献血先进集体、红十字先进集体、江苏省大学生文化艺术节急救知识技能操作大赛二等奖，并且已经连续5年获得江苏省红十字会"博爱·青春"暑期志愿服务资助项目。

一、加强高校红十字会组织结构队伍建设

1. 完善高校红十字会的组织管理

常熟理工学院红十字会作为高校红十字会，其组织架构的建设是由上而下的，接受校党委、校团委和省、市红十字会的双重领导，直接由校团委专职老师分管、指导红十字会的工作，由学生来进行管理。红十字会设置主席团、志愿部、活动部、办公室、宣传部、新闻部一共6个部门以及一支应急救援志愿服务队，并且在两个校区都有设置，红十字会主席团设置会长、副会长、秘书长等职务，每个部门由会员、干事、部长组成。

高校红十字会，应聘请有两年以上红十字工作经验的优秀红十字学生骨干担任会长，定期听取学校红十字会主席团以及指导老师关于红十字学生工作的意见，和上级红十字会保持密切联系，为学校的红十字工作指明方向。另外，要专门设定负责技术培训、红十字文化宣传、对外交流、活动策划与举办的部门，与省、市红十字会的相关部门垂直联系，加强沟通，促进各个部门团结协作，各司其职，使大学生红十字工作能够顺利展开。

2. 建立全方位良性合作

常熟理工学院红十字会坚持"人道、博爱、奉献"的精神，自建立以来一直与省红会、市红会、市血站保持密切的联系。至今已连续5年成功入选江苏省红十字会"博爱·青春"暑期志愿服务项目。我校红十字志愿者多年暑假期间开展与红十字相关的社会实践，把红十字理念传播到千家万户。我校红十字会与市血站保持长期合作，每月都会配合市血站在学校开展献血服务，倡导自愿无偿献血和捐献造血干细胞，获得了全校师生

的支持与肯定。常熟理工学院红十字会还和常熟市的相关社区建立了联系，不定期前往社区开展急救培训、志愿服务等活动，取得了社区居民的好评。此外，我校红十字会还与常熟南站、养老院、福利院、献血屋等机构交流，定期组织学校会员前往开展义工活动。

整合高校资源，定期开展高校红十字工作经验交流会，鼓励学校层面联合举办具有红十字特色的志愿服务活动；注重人才培养，定期对高校红十字会学生和分会学生骨干开展培训工作，加强红十字会学生骨干对红十字组织的归属感，激发他们做好学校红十字各项工作的责任感、使命感，动员更多优秀的大学生积极参加红十字志愿服务活动，争做人道理念的传播者、社会责任的实践者、公益行动的引领者。

3. 强化红十字会的监督职能

注意组织权利的分散化和系统化，保证校红十字会良好的运行。因此，红十字会应致力于构建包括领导、教育教学管理、财务管理等其他在内的制度。同时要科学化、公开化地将红会内部的程序暴晒在阳光之下。实行民主管理，并且加强监察力度，强化纪律检查、审计和各部门的资产管理。

二、在高校开展主题多样的红十字活动

1. 加强高校大学生的急救普及

据有关调查显示，许多大学生缺乏急救知识和在意外事故发生时自救互救的能力。众多高校忽视了这一方面的教育，从而导致在校大学生很少去接触急救方面的东西。对于这种情况，我们高校红十字会应该积极行动起来引导学生学习急救知识。总的来说，高校红十字会可以从以下几个方面来提高大学生急救意识并让他们学习相关急救知识。

首先，学校可以开设急救相关课程，增强在校学生急救意识。高校应该先引起学生的足够重视，定期开展急救知识的相关课程培训。将急救课程纳入入学教育的范畴，让学生接受正规的指导和训练。其次应该加大宣传力度，扩大在校大学生获得急救知识的渠道。社会和学校应该增强重视的程度，在合适的时机以多种形式宣传急救知识。最后应该把学生急救知识的掌握程度纳入考核范围。

2014 年常熟理工学院红十字会获得江苏省急救知识技能操作大赛

二等奖，2015 年学校成立了应急救援志愿服务队。常熟理工学院红十字会一直都将急救普及作为长期的项目在学校持续开展，同时也是为了贯彻落实应急救护百万培训项目，配合实施我省百万大学生应急救护提升行动。我校红十字会将继续开展急救知识宣传和急救操作的演示活动，让更多的人了解急救的重要性，学会自救、互救技能，增强学生的急救知识和技能。这些活动不仅能提高同学们防灾避险意识和自护自救能力，扩大了急救在同学们中的影响，更让学生懂得了生命的脆弱与珍贵，唯有精心呵护，才能让生命之灯长燃，生命之光长明，生命之花长开。

2. 大学生青春健康教育

一组来自中国疾控中心性病艾滋病预防控制中心的数据显示，在青年学生艾滋病疫情当中，2008—2010 年，男性同性传播所占据比例为 59%～67%；2014—2015 年的 1 月到 10 月均为 82%。正如中国疾控中心性病艾滋病防治中心主任吴尊友表示："2011—2015 年，我国 15～24 岁大中学生艾滋病病毒感染者年均净增长率达 35%（扣除检测增加的因素）"，且 65%的学生感染发生在 18～22 岁的大学期间。

我们到底该如何来解决这个棘手的问题，具体的措施还值得商榷。首先，最重要的还是应该建立从小学到高校的一套完备的性教育体系。"小学时，应该开始学习男女性别差异等基本性教育知识；中学时，应该学习男女如何交往以及自我保护等普遍性的教育；大学阶段，从各个方面建立有个体差异的设立完备的咨询体系。"其次，对于大学生这一特殊群体，我们应该充分利用好与"青春　健康"主题相关的社团来进行防艾的活动，比如说这几年兴起的"同伴教育"活动是一个非常不错的教育形式。据了解，苏州市卫计委非常重视"同伴教育"这个活动，因此，常熟理工学院红十字会也成立了大学生青春健康协会，该社团每年都会举办上百场"同伴教育"小活动，且举办的 200 人大型讲座每年也有 10 场左右。参加过"同伴教育"的同学能很好地掌握艾滋病的相关知识及关于性方面的知识。

只要我们给予这个问题足够的重视，每一个人携手同心，真正的开始行动起来，那么，相信终有一天，艾滋病将不再会是困扰我们的问题。

3. 加强大学生防范毒品工作

近年，毒品危害已逐渐渗透到高校及其周边，成为大学生的一大潜在诱源。因此，当代大学生树立防范毒品的观念，有效抵御毒品的侵蚀刻不容缓。

大学生普遍缺乏对毒品的防范意识和防范能力，毒品的相关知识储备还很少。常熟理工学院关于毒品调查问卷显示，87%的学生没见过毒品，甚至8%的学生不知道什么是毒品及中国目前流行哪些毒品，9%的同学不知道毒品对人的危害，对毒品成瘾原因认识不足。知识上的欠缺导致了他们无法做好理智上远离毒品的充分准备。

大学生虽然思想文化水平较高，但他们阅历浅、社会经验不足，个人认知不全面，易受到社会上各种思潮和周边压力的冲击，且处于青春期后期与成年初期阶段，生理和心理上都急剧变化。好奇而尝试禁果、无知被诱、消愁解闷、赌气共吸、显示富有等都可能成为其沾染毒品的诱因。

鉴于毒品泛滥的严峻形势及大学生生理、心理特点，常熟理工学院已将毒品预防教育纳入高校素质教育的轨道中，以开课或讲座等多种形式长期进行，并将理论知识同感性材料结合起来进行，广而深地使学生提高对毒品的鉴别与防范能力，坚决抵制毒品，成为一支强有力的反毒、禁毒力量。在教学实践的过程中，我们将总结编写一部适合大学生应用的禁毒教育读本。常熟理工学院红十字会在学校开展了加强生理卫生与心理卫生的普及教育与咨询活动，适当缓解学生挫折感和压力感，减少吸毒的诱因。家庭、学校、社会都应重视对大学生的毒品预防教育，使大学校园永远保持纯净。

4. 加强大学生志愿服务工作

大学生是国家和民族的希望。在校大学生不仅要学好科学文化知识，练就健康的体魄，更要加强思想道德修养，成为德智体全面发展的人。培养大学生道德理念成为当前高校思想政治工作的重要任务，如何加强当代大学生道德教育是高校教育工作者面临的重要课题。

在当代大学生中，相当一部分学生是，学文科的看重文学历史，学理科的注重数理化，学艺术的在乎美学。对于道德的重要性，许多人不以为然，其实这种观念恰恰是问题的关键所在。高尚的品德才是大学生应具备的基本素质，道德的缺失是一个非常严峻的问题。

思想道德素质主要包括世界观、人生观、价值观等内容。当代大学生的人生观、价值观的主流是积极向上的，他们渴望成才，准备献身事业，报效祖国，积极思考国家的命运和自己的社会角色，其危机感和使命感明显增强。志愿服务能够促进大学生的健康成长，是大学生参与社会生活的一种非常重要的方式，是大学生在实践中锻炼成长的现实途径之一。在志愿服务实践中，大学生丰富了生活体验，培养了公民意识，提高了组织和协调能力，增强了自信心和荣誉感。大学生的身心得到全面健康发展，素质能力得到整体提高，这为社会的良性运行和未来发展打下了良好的基础。我们必须鼓励当代大学生积极参与志愿服务，在服务社会的同时发展完善其自身的思想道德素质。

常熟理工学院校红十字会对红十字会宗旨的理解是："人道"指做人的道理，社会的伦理关系，尊重人类权利，爱护人的生命，关心人性的道德理念。"博爱"是一种特殊的爱，很无私的爱，因为爱的对象是全人类。博爱是要人与人之间有一种互相关心、互相帮助，那么最基本的条件是去帮助所有需要关心的人。"奉献"原指恭敬地交付、呈献，即不求回报地付出。奉献精神是高尚的，是志愿服务精神的精髓。志愿者在不计报酬、不求名利、不要特权的情况下参与推动人类发展、促进社会进步的活动，这些都体现着高尚的奉献精神。

近年来，常熟理工学院校红十字会坚持鼓励、发展在校大学生积极参加志愿服务活动，使他们更多地了解社会，了解国情，增长才干，奉献社会，锻炼毅力，培养品格，增强他们的社会责任感和使命感，让他们在实践中感悟，真正把社会的道德要求转化为自己的行为，实现知行统一，道德素质逐步提升。

5. 提高大学生对无偿献血的认识程度

大学生是国家人才的重要组成部分，献血献爱心，血浓情更浓，为了发扬中国优良的奉献美德，大学生应该带头献血，为营造和谐社会做出贡献。通过无偿献血的活动，让身体条件适合的同学们积极参与到社会医疗救助中，提高同学们的社会责任感，有助于构建和谐校园；献血也有利于血液黏稠度的降低，有利于同学们的身体健康。大学生是社会的新生力量，我们有理想，有抱负，我们对社会和未来充满着疑问与希望。我们大学生要学会将来怎样生活、学会将来怎样生存，令生命充满内涵而富有意义。中国古代的哲学家孟子曾说过："爱人者人恒爱之。"孟子仁爱思想就是在告诉迷茫中的大学生做人的真谛。子曰："仁远乎哉？吾欲仁，斯仁至矣。”作为当代中国的大学生，我们应该要从时代的要求、国家的需要和个人的实际出发，努力塑造健全的人格，培养高度的社会责任感和崇仁重爱、厚德自强道德思想。培养高度的社会责任心、道德责任感，学会做人、学会关爱、学会合作，养成健康品德和高尚人格，这对于我们大学生而言，就是让生命更有意义。

常熟理工学院红十字会与常熟市红十字会和常熟市血站建立联系，多次举办献血活动，平均每个星期都会在学校开展无偿献血的工作。每次，红十字会志愿者们都在学校事先做好宣传工作，通过微信、QQ、海报等形式对献血进行活动预告，并向同学们介绍献血的注意事项。献血当天，提前来到指定地点做好准备工作，向同学们分发无偿献血宣传资料，协助医生为准备献血的同学们送水、发放献血证等。红十字志愿者们工作进行得紧张有序，态度认真。据了解，上学期常熟理工学院红十字会共组织 6 次无偿献血活动，献血人数近 600 人，体现了当代大学生的责任与担当，将真情融于热血，助爱心远航。

三、加强高校红十字软实力的建设

1. 红十字文化对于建设和谐校园的促进作用

中国红十字会 1904 年成立，以发扬人道、博爱、奉献精神，保护人的生命和健康，促进人类和平进步事业为宗旨。目前，红十字会作为高校德育力量的重要组成部分，在我校社团中占据重要地位。常熟理工学院校红十字会作为校最大的一个社团，传承并发扬以“人道、博爱、奉献”为核心的红十字精神，积极配合学校素质教育，将以高度的责任心和使命感建设和谐校园。

常熟理工学院校红十字会每年不定期举办同伴教育、形象大使比赛、无偿献血、急救培训宣讲等志愿活动，这对学生了解红十字会，了解红会精神，加强德育教育，具有良好作用。常熟理工学院校红十字会每次活动都会与建设和谐校园相联系。例如：每月一次献血活动，军训期间带着药箱值班，每月进行关于红会精神宣传，等等。常熟理工学院校红十字会注重实践，每年会固定邀请校内外红会及医院有关负责人对我校学生红会会员进行急救培训，全面提升我校学生的急救实践能力，推动我校的安全教育。

常熟理工学院校红十字会今年新建立的社团大学生青春健康协会，今后将重点关注青春健康教育、艾滋病教育、毒品教育等内容，传播健康知识，提高师生的健康安全意识。常熟理工学院校红十字会也将继续传承和发扬红十字会人道博爱奉献精神，加强我校和谐校园建设。

2. 红十字志愿服务队伍建设与如何在高校开展志愿服务

志愿服务是一项全球性的、高尚的社会公益事业，是人类文明、社会进步的标志。志愿服务是社会多层次服务体系的重要补充，是在全社会营造奉献、友爱、互助、进步的时代新风的客观要求。在这一个大环境下，高校作为社会的一个重要组成部分，在高校建设志愿服务队与开展志愿服务是必不可少的。

首先校领导应该对红十字会志愿服务工作有足够的重视，然后为学校现有的红十字会提供多种服务。例如：有专业的老师来教专业知识，有专门的场地来进行理论和实践学习，有资金上的支持下乡为社区进行服务等有效服务。更重要的是牵头呼吁让更多的同学加入志愿服务行列中，让这个队伍逐渐壮大起来。

由于基层红十字组织人员少、活动经费不足等，在开展志愿服务方面存在着专门工作力量相对缺乏、志愿者队伍不稳定、活动内容相对单一、工作机制尚未健全等问题，影响和制约着红十字志愿服务的深化，还有待于进一步规范化和系统化。

每个学校都有其独特的和传统的校园文化活动。在我校红十字会工作中的无偿献血、义工活动、同伴教育、急救培训等志愿者活动既是对学生开展德育教育的良好形式，同时又具有一定的规模性和感召性。

红十字会可以说是影响范围最广的“志愿者组织”。红十字会组织开展所有人道主义活动，都是以志愿服务为基本原则的。志愿服务是红十字运动的基本价值观和态度，是“人道、博爱、奉献”精神的集中体现。实践证明：开展志愿服务活动，有利于吸引社会各界人士参加红十字运动，使红十字事业植根于广大民众之中；有利于弘扬“人道、博爱、奉献”精神和中华民族的传统美德。更多的人应该积极地加入志愿服务当中，只有这样我们的社会才会更加美好。

3. 扩大高校红十字会的影响力，加强与红十字会相关的宣传

常熟理工学院红十字会成立于 1998 年 12 月，是常熟理工学院最大

的一个社会团体，与常熟市红十字会有着密切的合作，不定期举办无偿献血、急救培训、同伴教育、志愿服务等活动，尤其是无偿献血活动，每一次举办都场面火爆，我们的志愿者们都在马不停蹄地帮忙。同伴教育的现场也是同样，每次举行，大家都积极参与，勇敢说出自己的想法。在2015年，常熟理工学院成立了应急救援志愿服务队，负责教授志愿者急救救援知识，给志愿者们进行急救培训。为了更好地提升校红十字会在学生中的影响力，我校已连续举办三届形象大使比赛。同学们各展才艺，将每一届的形象大使比赛都推向了高潮。同时，每周三、周六，我们都会去常熟南站、方塔街献血屋等地区进行义工活动，每一次志愿者们都积极报名，认真负责地去完成引导。我校红十字会已经连续5年获得江苏省红十字会“博爱　青春”暑期志愿服务资助项目。就我自身而言，我暑期留在常熟参加了我校红十字会“博爱　青春”暑期志愿服务活动，深入到常熟的各个乡镇，进行急救宣传知识普及。另外，我们还获得了“博爱　青春”暑期社会实践项目苏州市优秀项目三等奖。

在每次活动前，我们都会进行相关的活动宣传，最常用的就是纸质海报、电子海报、QQ空间、学校贴吧等传统宣传方法，但随之而来，我们也发现了一些问题，不是每一个同学都能及时地看到海报，或者说，仍然有很多的同学不能及时收到信息。现在的大学生，接收消息的方式更多地来源于网络，随着社交平台的越来越多元化，同学们的思想交流方式也更加活泼，为此，我们今年也开始了微博和微信平台的不定期推送，语言也尽量地贴近同学们的喜好，尽可能地将我校红会的影响力发挥到最大。

由于前几年的“郭美美事件”，有一段时间大众对于红十字会持观望、不信任态度，而我们大学生所能做的就是去认真做好每一次活动，普及相关的知识，严于律己，不因自己的态度、形象而给红十字会抹黑，每一个红会人都该做到这一点。只有这样，我们才能一步一步踏实地走得更远。

4. 加强高校大学生红十字会相关理论精神法律学习

为了加强我校大学生红十字会法律的学习以及红十字会精神的宣扬，我们积极配合学校素质教育和人才培养，组织同学深入街区进行义务服务。常熟理工学院校红十字会组织开展了“援系琴川情，救驻在我心”的暑期志愿活动去往各街道、社区、福利院、养老院等地开展社会实践活动，该活动的受益范围之广、受益对象之多，充分传承、弘扬了红十字精神。

同时，常熟理工学院校红十字会充分利用网络信息的传递速度快的优势，借助微信、微博、红十字会网站、贴吧等大学生常用的获取信息的渠道推送有关近期校红十字会的具体活动情况、普及法律知识以及近期生活的小贴士，将来自红十字会的温暖传递给周围的人们。

加强当代大学生的红十字法律意识，对实现依法治国、建设社会主义法治国家具有十分重要的意义；发扬红十字会精神——“人道、博爱、奉献”，为构建文明和谐社会发挥着至关重要的作用。红十字是一种精神，更是一面旗帜，跨越国界、种族，引领着人道主义运动。

参考文献

[1] 杨君玉. 且议大学生违法犯罪现象及其防控措施[C]. 福建省高校思想政治教育研究会 2007 年年会优秀论文专辑(一)，2007.

[2] 王玥. 直面大学生的禁毒教育[C]. 第七届全国药物依赖性学术会议论文摘要汇编，2003.

[3] 王晓艳. 大学生急救知识现状及减灾教育后效果分析[J]. 齐鲁护理杂志，2014(01).

[4] 刘倩. 普通高校学生安全急救知识与技能的现状调查[J]. 河南教育学院学报(自然科学版)，2010(01).

[5] 张晓红. 高校志愿服务教育课程化路径探索[J]. 思想教育研究，2011(05).

[6] 祝小迁，窦贤琨. 近十年来我国大学生志愿服务研究综述[J]. 当代教育论坛，2012(02).

做精神文明建设的生力军

——浅谈红十字会在精神文明建设中的作用

陶婷婷　南通市红十字会

摘　要：红十字运动从理念精神、宗旨目标到核心业务，无不体现社会主义核心价值，与社会文明进步、公民道德建设、社会责任养成有着密切的关联。本文以南通市红十字会为样本，对红十字会参与精神文明建设的理念实践与思路成效进行了阐述，旨在论证红十字会担当精神文明建设生力军的必然性与实践性。

关键词：人道事业　精神文明　相关性　实践性

前不久，总会根据中央文明办有关文件精神，正在全国开展红十字会参与精神文明建设的专题调研。其实，红十字运动从理念精神、宗旨目标到核心业务，无不体现社会主义核心价值，与社会文明进步、公民道德建设、社会责任养成有着密切的关联。多年来，南通市红十字会立足人道工作职责，主动融入全市精神文明建设的大格局，按照社会所需、百姓所求、红会所能的原则，积极打造凸显红十字组织特色的品牌，努力在政府主导、社会参与的精神文明建设中发挥生力军作用。

一、红十字博爱典型成为南通文明城市创建的亮丽名片

南通市红十字会十分注重挖掘、培育、宣传人道博爱典型，充分发挥典型在倡导人道理念、引领城市文明、激发社会爱心方面的积极作用，不少博爱典型成为南通这座全国文明城市具有标志意义的名片。

（一）博爱典型“磨刀老人”引领全社会微公益行动

由我会发现培育的博爱典型、南通最年长的红十字志愿者“磨刀老人”吴锦泉，2012 年赢得第七届中华慈善奖“最具爱心慈善楷模”，老人以

其凡人善举、质朴本色得到李克强总理的特别关注，亲切接见并三次握手。央视专访宣传，中国红十字报、中国电视报，江苏红十字网站、《红十字》季刊等相继采访报道，南通各媒体持续跟踪宣传。2014 年老人还荣获“中国公益良心奖”。2015 年老人再次登上央视“感动中国”年度人物领奖台。“磨刀老人”一辈子做好事的人道情怀，感动了许许多多的人，老人的故事不仅在南通家喻户晓，而且成为全国有影响的精神文明典型，更是南通创建全国文明城市最亮丽的名片之一。2013 年我会将“磨刀老人”申请注册为全国公益商标，并建立南通市“磨刀老人”微公益基金，旨在以微公益汇聚强大的人道力量，2014—2015 年微公益基金已募集资金 213.35 万元，其中老人个人捐赠微公益基金超过 4 万元。2016 年，我们将以“学习‘磨刀老人’、践行微公益行动”为主题，继续大力倡导力所能及的爱心奉献，举手之劳的文明行动。

“能帮助别人我就开心”，这是老人经常挂在嘴边的一句话，老人每一次捐款，我们总是设法劝说他不捐或少捐一点，留着过好自己的生活。我们在帮助老人实现这份快乐的同时，也从人道组织的职责出发，更多地关心他的生活与健康。市红十字会安排专人正常联系照顾老人，并组织南通大学医学院学生志愿者每月上门为老人服务。逢年过节，市红十字会总要置备适合老人的食品用品，由会领导亲自上门慰问。老人的爱心奉献与社会的反馈关爱，也让博爱精神在这种互动中不断传递、放大与升华。

（二）成功捐献造血干细胞爱心群体讲述最动人故事

成功捐献造血干细胞群体是南通争创全国文明城市的又一张有分量的名片。截至 2016 年 4 月，我市已有 32 名成功捐献造血干细胞志愿者，这个爱心群体成为“江苏省优秀志愿者”代表，也是南通市文明新风典型，全市道德模范百场宣讲典型。这个群体里的每一位志愿者背后都有一曲动人心弦的故事，间蓟敏老师成功捐髓以及捐髓后延续爱心、长期帮助受捐者的故事，在中央电视台《讲述》栏目播出，感动了全国亿万观众。2015 年，成功捐献造血干细胞志愿者群体还自发组建了宣传传播志愿服务队，通过用自己的捐献故事和切身体会，向广大市民宣传造血干细胞捐献工作，引导社会爱心参与。

（三）红十字爱心车队坚守初心积极传播人道正能量

南通红十字阳光爱心车队成立于2003年，由150多名热心公益事业的出租车司机自发组成，2012年荣获第六届中华慈善奖最具爱心慈善楷模。他们以车为载体，乐于助人、恪守诚信、尽己所能、服务社会，每日行走于南通这座文明城市的大街小巷，一路播撒博爱真情。在2008年汶川地震、2010年玉树地震等灾害赈济中，爱心车队全体队员，放弃营运时间，起早贪黑，主动参与红十字会街头募捐，募得善款累计500余万元。每年高考三天，为交通不便的考生提供免费接送服务、关爱空巢老人、接送陪护孤残老人儿童游园等是他们的固定服务项目。更值得一提的是，他们在100多辆出租车上安装红十字募捐箱，在车体上粘贴醒目的红十字志愿者标识，既汇集点滴爱心善款，又传播红十字人道理念，每辆出租车都是一个流动的宣传平台和文明窗口；特别是红十字组织遭受“污名化”炒作的最艰难阶段，他们始终不离不弃，一遍又一遍地向乘客讲述他们所了解的真实的红十字会，传播着红十字正能量。

二、红十字志愿服务发挥文明志愿服务的排头兵作用

志愿服务几乎是每个文明社会不可缺少的一部分，这其中，红十字志愿服务无疑是历史最悠久、制度最完备、活动最正常的一支队伍。全市范围现有11类32支专业志愿者队伍计5.6万人，其中注册志愿者达3 514名。包括大学生红十字志愿者、救护培训师资志愿者、造血干细胞捐献志愿者、知名医疗专家志愿者、新闻工作志愿者、紧急救援志愿者、癌友康复协会志愿者、爱心车队志愿者及南通市红十字博爱艺术团等队伍。充满生机活力的红十字志愿服务，成为南通市文明志愿行动的排头兵。

（一）立足社区平台开展常态化服务

社区是开展红十字志愿服务的重要阵地。南通主城区崇川区是“全国社区红十字服务示范区”。109个社区红十字服务站，27个由各高校和社区共建的红十字服务基地，11个街道红十字博爱超市成为经常性志愿服务平台。2012年由高校、医院、街道社区三方签订的长期志愿服务协议，明确服务项目，制定服务计划，开展考核评比，形成高校、医院、社区“三位一体”的常态化志愿服务模式。由市红十字会与主城区文明办、红

十字会联合开展的每月一次大型志愿服务活动已持续实施四年。

(二) 高校志愿服务发挥主力军作用

南通高校红十字志愿者是一支规模最大、活力最强的队伍,他们志愿服务的身影普及通城。特别是 2009 年在全省率先设立南通市红十字会高校联合会以来,数万名大学生红十字志愿者在联合会的组织协调下,以自己的技能和知识为社会提供富有高校特点的志愿服务,也成为南通市红十字会开展业务的得力助手。他们不仅参加社区志愿服务和"5·8"世界红十字日、世界急救日、世界艾滋病日等重大纪念日的志愿服务,而且立足校园,广泛传播红十字运动的基本知识、开展志愿者骨干培训、艾滋病同伴教育以及红十字知识竞赛、文艺表演等;结合社会实践开展符合红十字宗旨的"博爱青春"系列特色服务,如师范生志愿者为外来务工人员子女义务家教,医学生志愿者定期为老人和残疾儿童进行康复训练、关爱空巢老人等。

(三) 特色志愿服务项目不断创新发展

比如:红十字网络志愿者队伍独具匠心的"心视界"助盲助老志愿服务项目得到中央电视台的关注。志愿者通过绘声绘色的描述,让盲人朋友用心"看"到电影,让他们在黑暗里一样感受到精彩的世界,近年来已为盲人朋友讲解电影近百场;每年至少两次组织盲人和空巢、孤老、残障者走进了城市绿谷,让盲人用心感知美丽的环境,该项目荣获 2015 年首届全国青年志愿服务项目大赛银奖。再比如,由市癌友康复协会癌友志愿者组建的南通市红十字博爱艺术团,他们凭着坚强的毅力走出人生困境,凝聚在人道、博爱、奉献红十字大旗下,力所能及奉献社会,这本身就是一种正能量的传递。自 2009 年起,每年举行"博爱之夜"进社区文艺演出 10 余场,其中"世界急救日"专场更为精彩,深受欢迎。博爱之夜以文艺表演、现场互动等群众喜闻乐见的形式,向社会宣传红十字精神、人道博爱典型,传播应急救护知识,每场演出他们的行动都深深打动观众。

三、红十字各项人道职责都是社会文明进步的重要体现

红十字会"三救三献"核心业务,以及红十字运动传播、青少年工作、志愿服务等几乎所有职能,都与公民道德建设、社会文明倡导密不可分,

在精神文明建设中，或直接、或间接地发挥着独特作用。

（一）筹资募捐活动引导市民爱心责任

南通市红十字会“项目化筹资、品牌化救助”的思路与实践得到省红十字会领导的充分肯定。多年来，坚持以项目为抓手，形成了社会主题活动募集、企业社会责任动员、项目开发、事业增值、政府资助、微公益行动等多管齐下的筹资模式。所有募集资金均纳入人道救助金专户管理，与机关行政账户完全物理隔离。自 2007 年起，每年“5・8”世界红十字日前，南通市红十字会都联合市委宣传部、文明办、机关工委、总工会、团市委、妇联等部门共同倡议开展“博爱在南通　人道万人捐”主题活动，宣传倡导党员干部、爱心企业、社会爱心力量和广大市民从我做起，积极参与到“奉献社会、践行责任、倡导文明”的人道公益行动之中。而且自 2014 年以来，将活动主题进一步深化，以“磨刀老人”吴锦泉“凡人善举、微者博大”的人道情怀与精神境界为引领，并运用互联网技术创新筹资工作，线上与线下联动，探索红十字工作“互联网＋”模式，有效激发了社会爱心力量参与人人可为的微公益行动。去年开展的以“助力微公益　弘扬真善美”为主题的微信助力活动，阅读人数达 23.56 万人。

此外，在历次灾害赈济救援中，乐善好施的南通市民都十分信任并通过红十字会这个爱心平台施以援手，无论是汶川、玉树、芦山地震，还是其他灾害救助，南通红十字系统募集的款物均在全省前茅。

（二）人道救助工作弘扬诚信互助友善精神

南通人道救助资金的使用都是依据捐赠者意愿和社会需求调查，设立明确的救助项目，实行项目化运行。目前在手运行项目有十多个，总规模达 1 000 万元，包括：红十字博爱送万家、生命相“髓”、“暖暖农情”、“613”爱心助老、宝缨爱心接力、“关爱最美环卫人”、“温暖之源”助老、爱心年夜饭、燃眉救急等项目。这样的运作，不仅让爱心款装进了“玻璃鱼缸”，而且做成“格子铺”，每个项目有相应的资金来源和特定的救助对象，清清楚楚地分类、明明白白地使用，传播着人道诚信的力量，互助友善的精神。项目执行严格按照章程或项目协议书，并邀请捐赠企业参与实施，每年年终分项目向定向捐赠企业提交“执行报告书”，以良好的公信力赢得社会各界的支持。

此外，市委宣传部、文明办每年组织开展的“三下乡”活动、“红红火火过大年”主题志愿服务活动等，市红十字会都是重要的参与支持部门，是最有影响的成员单位之一。

（三）应急救护培训提升群众安全感幸福感

南通应急救护培训工作起步较早，特别是2001年以来培训总人数累计达到208万人，占全市总人数的比例已达25%，处于全国领先水平，救护培训“南通模式”也成为全国有影响的品牌，得到全国人大常委会副委员长、中国红十字会会长华建敏等领导的充分肯定。2012年以来，公益性应急救护培训又先后纳入省、市政府为民办实事项目，培训人数超过52万人。2013年应急救护培训社区志愿服务还被纳入全国文明城市测评内容，南通市文明办与市红十字会联合发文加以推动。在这些枯燥的数字背后，不仅是众多的普通百姓掌握了关键时刻救人一命的基本救护技能，而且有力推动了广大市民互帮互助精神的弘扬。

（四）“三献”工作不断超越升华人间大爱

造血干细胞捐献、人体器官与遗体捐献、推动无偿献血也都是红十字会的核心业务。志愿者们用自己的鲜血、骨髓去拯救一个素不相识的生命，身后将器官捐献出去延续他人的生命，将遗体奉献给医学研究，这样的崇高行为是无价的大爱，精神文明的升华。南通在全省率先设立造血干细胞捐献服务中心、红十字眼库，设立“生命相髓”专项基金有效推动“三献”工作，人体器官捐献纳入全国试点城市。

（五）红十字青少年工作有效拓展学生德育

一直以来，南通将学校红十字工作定位为一项“德育拓展工程”，并根据大中专和中小学校学生的年龄特点、知识体能、学业轻重等情况，更务实地定位红十字青少年工作。在中小学，重在拓展德育教育，介绍运动基本知识和传播人道理念，普及健康与救护常识，组织应急逃生演练，开展力所能及的实践活动，让学生感知博爱精神，懂得关心他人。对大中专院校，则更多地强调人道体验、社会实践与社会责任，在普及运动知识、传播人道法的基础上，加大应急救护知识技能的培训和实践，突出红十字志愿服务，深入开展符合红十字宗旨的各种主题实践活动，并鼓励激励探索创新。全市576所各级各类学校红十字组织建设做到全覆盖。南通大学、通州职业高级中学成为全国红十字模范学校和南通精神文明建设品牌，得到华建敏同志的充分肯定。

（六）红十字文化是社会主义核心价值的重要构成

国务院《意见》指出：弘扬人道、博爱、奉献的红十字精神，传播红十字文化，是繁荣和发展社会主义文化、加强社会主义核心价值体系建设的重要内容，是提高中华民族思想道德素质、推动社会主义精神文明建设的必然要求。南通市红十字会始终把红十字文化建设摆在重要位置，并从本地实际出发，通过加强红十字理论研究，培育宣传博爱典型，开展特色文化活动，加强媒体宣传等多种途径，大力传播人道理念，成为精神文明建设的得力的践行者。

南通市红十字会一直注重通过宣传传播促进红十字文化的渗透融合，高度重视媒体作为传播者和引导者的作用，加强红十字运动、红十字文化、人道慈善理念传播，倡导社会诚信与公民社会责任；努力发掘红十字文化的内涵和价值，办好网站内刊；借助重要纪念日、大型活动，依托市、县红十字艺术团，深入开展主题鲜明、贴近群众、形式多样、生动活泼的红十字文化传播活动。南通市红十字会在全省较早设立“南通红十字事业发展研究中心”，围绕红十字事业发展的热点难点和前瞻性问题，开展调查研究，加强理论思考，探索对策措施，以理论创新成果推进工作，破解难题，提升层次。对红十字职能定位的研究，红十字会参与社会管理创新、融入政府应急管理体系、机关效能党建研究等都产生重要影响。将红十字业务与中心大局、社会文明建设融合推进的工作思路，有效地提升了南通红十字工作的层次和水平。

四、红十字会纳入精神文明建设体系是根本性制度保障

南通市红十字会一直是全市精神文明建设指导委员会成员单位，市文明委社会志愿服务协调领导小组成员单位。红十字事业纳入了全市精神文明建设整体规划和公共文明指数测评体系，红十字志愿服务纳入市文明委志愿服务整体规划和志愿服务信息平台。所有这些，都从制度层面为红十字会在精神文明建设中更有作为提供了保障，红十字会也因此成为精神文明建设不可或缺的重要力量。将红十字事业全面融入全市精神文明建设的工作体系之后，一方面，可以保证红十字工作更加贴近中心

大局，并与精神文明建设全局工作一同部署，整体推进；另一方面，红十字工作的开展也更多地得到党委、政府，宣传部、文明委的关心支持与促进保障，产生相得益彰的积极效应。比如，市委宣传部、文明办已连续10年与市红十字会联合倡导开展“博爱在南通、人道万人捐”主题活动；联合推动红十字基层组织建设，推进应急救护培训志愿服务进社区、联合表彰博爱典型；积极协调本级媒体为红十字工作进行常态化宣传，提供舆论支持，等等。

红十字会的宗旨理念、职能业务及具体行动都与精神文明建设密切联系相融贯通，南通市红十字会参与精神文明建设的实践与成效也表明，红十字会完全可以在参与精神文明建设中大有作为。如何保证各级红十字会真正成为精神文明建设的生力军，我们的体会：一是必须不断加强自身能力建设，拓宽工作思路，创新工作方法，提升专业水平，确保接得住、扛得起更多精神文明建设的重任；二是必须主动融入精神文明建设的整体规划，既紧贴中心大局，又彰显组织特点，真正找准红十字工作与精神文明建设和弘扬社会主义核心价值的结合点，发挥独特作用，才能有为有位，也才可能获得更多的外部支持；三是必须高度重视社会面的宣传，探索开放式宣传模式，善于推销自我，传播红十字正能量，不断提升红十字会的社会影响力和公信力，打造红十字品牌形象。

创新基层红十字组织建设激活事业发展"一池春水"

——以盐都区红十字会为例分析

王金海　盐城市盐都区红十字会

摘　要：中央群团工作会议召开、慈善法的出台和红十字会法的修订，使中国红十字会这一百年老店面临新的发展机遇和要求。同时，面对社会整体结构、资源结构以及阶层结构发生着重大转变，人们的利益诉求、价值观念、生活方式等日趋多元化的趋势，在民间公益组织蓬勃兴起、人道资源蛋糕份额愈益缩小的形势下，红十字会如何坚持不忘初心，继续前进，不断提高参与社会管理和公共服务的能力和水平。本文以盐都区红十字会为例，重点分析其创新基层红十字会组织建设的做法，在此基础上，针对我国基层红十字会组织建设中的问题和困难，提出了建议和对策，供基层红十字会参考。

关键词：红十字会　基层组织建设　创新

一、百年人道事业，传承应牢记，创新需主动

红十字会是当今世界历史最悠久、规模最庞大、影响最广泛的国际性人道组织。各国红十字会(红新月会)按照"人道、公正、独立、中立、志愿服务、统一、普遍"七项基本原则开展工作。随着世界政治多极化、经济一体化发展趋势加快，人类共同面对的问题也使得红十字组织派生出更多的工作空间与要求。

中国红十字事业是中国特色社会主义重要组成部分，具有国际化和中国化融合特质。2015 年 5 月 5 日，习近平同志在会见中国红十字会第十次全国会员代表大会代表时明确指出：中国红十字会各级组织应增强

责任意识，真心关爱群众，以开创红十字事业发展新局面。事实上，秉承“保护人的生命和健康，促进文明、和平、进步事业”宗旨，积极弘扬“人道、博爱、奉献”精神，致力于“扶危济困、救死扶伤、敬老助残、助人为乐”的中国各级红十字会组织，都明确依照中央要求和《中国红十字会章程》的规定履行和平时期的十四项职责。如今，基层红十字会组织不仅要依法依章程做好业务工作，还需与地方党政整体工作部署紧密联系在一起，需要在保护自然生态平衡、稳定伦理道德观念、推进城镇协调发展、服务招商引资、化解干群矛盾、维护社会稳定等方面加大投入，贡献力量。因为“政府人道主义领域助手”的界定和创新社会管理要求，需要拥有百年人道历史传承的红十字会各级组织，尤其是基层组织发挥密切联系群众、服务群众的积极作用。同时，社会发展转型升级、服务理念更新、民间公益蓬勃兴起的形势需要红十字会组织更好地学习政策、把握关键、突出重点，准确处理好必修课与附加题的关系，创造性开展工作，否则将很难在供给侧结构性改革发展的大潮中脱颖而出。然而，各地红十字会组织尽管发展程度不一，但大都存在以下不足：

一是救助实力不强。特别是全球公益组织都面临的捐赠市场疲软、机构间竞争激烈等情况导致接受爱心捐赠有限，与党和政府的要求、与各阶层人民群众的需求还存在巨大差距。

二是专业化水平不够，缺乏核心竞争力。各地基层红十字会组织人员偏少，组织形态千差万别，在群团序列显得边缘化。互联网大势下，不少基层红十字会缺少适应和把握新媒体工作要求的人员，工作方式老套，等米下锅的情形比比皆是。依旧以募捐为例，不少地方还依赖于行政动员，不能也不会提供如腾讯微公益、支付宝、轻松筹等平台的筹款便捷通道，捐款捐物还要到红十字会机关，让人感觉十分不便。这样怎么能期待筹款人数与筹款数额有所突破呢?

三是主打品牌不强，对重点部门单位依附过多。如看家本领应急救护培训还需要从教育、卫生等部门选拔人员成为培训师，通过与其他部门的深度联合才能够深入推进；核心业务的造血干细胞捐献和遗体、器官(组织)捐献，对卫计委依赖过大；救灾的作用主要表现在灾害发生后的报灾、疏散与安置，远不及民政的救助力量和辐射力。

四是缺乏更多的资源动员。相对于繁重的工作任务，人员和资金明显不足，红十字组织分身乏术。

五是专业宣传不够。不少地方对红十字会了解不够，包括一些官员也有认识不到位的地方。2016 年盐城阜宁、射阳遭受 17 级龙卷风和冰雹灾害，陈竺会长立即指出“红十字会要按照习近平总书记、李克强总理的重要指示精神，全力以赴做好人道救援，将抢救生命放在首位，要积极配合政府有关部门做好受灾群众的安置工作，根据实际需求努力提供帮助”。盐城地方红十字会第一时间进入受灾现场搭救灾帐篷、疏散安置灾民，全国各地红十字会也及时伸出援手。但地方政府明确由民政部门和慈善会统一扎口、统一支配。这也从一个侧面说明很多领导不了解中国红十字会组织的性质定位和备灾救灾的功能，也与宣传实力、工作架构及专业宣传人才远不及民政部门有关。

中央群团工作会议的召开、《慈善法》的出台和《红十字会法》的修订，客观上让红十字会创造了科学发展的良好环境。“十三五”规划的出台，要求各级红十字会高举人道主义大旗，认真履行好法定职责，做好“规定动作”；要求紧密围绕小康社会建设的目标和人民群众的需求，在补齐短板上多用力，做好“自选动作”，主动作为，发挥红十字会组织不可替代的作用。在新的历史时期，必须以党的十八届五中全会提出的“创新、协调、绿色、开放、共享”的发展理念为引导，以基层群众为中心，精准把握群众需求，进行面对面、手拉手、心贴心的零距离服务，充分发挥好党密切联系人民群众的桥梁和纽带作用。更因为帮扶服务的重点人群在基层，依靠的力量也必须在基层，没有基层组织体系，就难以开展工作；没有一个健全的基层组织体系，开展的就是不健全的工作，所以更加应该在加强基层组织建设、健全组织体系上创新创优。

从红十字会组织担负的人道重任和长远发展来看，由于管理体制还没有完全理顺这一不足的客观存在，导致各地差异性太大，对于整体协调全面进步造成了巨大困难。但在发挥政府人道领域助手职能的进程中，也明确提出：必须依靠政策、加强协调，在理顺体制、建立机制、完善政策、健全制度等方面快速补课。创新工作模式，强化基层组织建设是合乎发展的必然路径，这样，人才培养、核心业务推进、竞争力的提升、品牌的打造才能够水到渠成。

基于这样的认识，盐都区红十字会从 2005 年理顺管理体制以来，始终把强势推进基层组织建设作为关键抓手，通过建立基层组织，完善工作网络，健全运行机制，实施精准服务，推动全区红十字会工作向广度深层次宽领域拓展，保证了工作连续11年位列全市综合考评第一，先后5次获得区委、区政府综合表彰。其主要做法是：围绕人道服务供给侧改革要求，积极适应经济社会结构和社会群体需求变化新情况，着力夯实基层基础，以实施组织覆盖、活动覆盖和工作覆盖为目标，不断探索基层群团组织建设的有效路径，精准化开展特色鲜明的人道活动。

二、基层组织建设，没有一劳永逸，只有与时俱进

盐都区红十字会始建于1915年，1987年复会，2005年理顺管理体制。理顺初期，主要在教育、卫生等系统和少数乡镇有看似庞大实质单一的组织架构，工作开展相对封闭、活力有限，影响力和科学发展更是遇到了瓶颈。针对这个问题，新一届理事会从盐都区经济社会发展的实际出发，深度研究基层群众对红十字会的要求和期盼，把服务群众特别是弱势群体作为主要任务和根本价值取向，工作重心向基层转移，工作方式向服务转型，形成狠抓基层组织建设的鲜明主题。在理清思路，把准目标的基础上，坚持将工作需要与基层建设相结合，创新举措，使红十字工作开展到哪里，基层组织建设就推进到哪里。通过组织向下延伸、队伍向下扎根、工作向下推进的体制机制，强化了基层组织造血功能，深化了红十字服务工作内容，实现了组织“量”的扩大和服务“质”的提升。

（一）“三步走”模式，走出基层组织建设新路子

自2005年理顺管理体制以来，盐都区用“三步走”模式，创新基层组织建设工作，取得可喜成绩。

基础第一步：健全组织体系（2006—2009年）

1. 明确基层组织建设的规划和实施步骤

2006年初，按照“调查借鉴、试点先行、分类指导、整体推进”的思路，盐都区红十字会组织“进机关、进学校、进街镇、进社区、进企业、进军营”的“六进”目标和“先大后小、先主后从”的组织建设路线图出台，明确优先建立镇（区、街道）一级红十字会，然后向村居、企业发展。

2. 明确建会的规范程序

为体现权威性，规范建会程序。以镇级红十字会为例，盐都区明确

了:①学习《红十字会法》和《中国红十字会章程》;②提出理事会、常务理事会人选;③党委、政府联席会议讨论通过;④以党政办名义向区红十字会提出申请;⑤区红十字会批复;⑥召开成立大会并由区红十字会授旗、授牌、授印、授徽;⑦聘请名誉会长等七个不可或缺的步骤。企业、机关红十字会参照执行。

3. 明确工作要求和基本任务

以镇(区、街道)红十字会为责任主体,提出六项基本要求和八大工作任务。六项基本要求即"六个有":①有固定的工作场所和必要的工作设施;②有相对固定的兼职干部和工作人员;③有切合实际的工作制度;④有经费保障(从2007年起,由区红十字会申请,要求镇级财政安排当地红十字会工作经费2万~5万元);⑤有稳固的志愿者和会员队伍;⑥有会牌、会旗、会徽、会印(区红十字会统一制作),会牌和制度必须上墙。八大工作任务:①建立健全台账资料;②传播红十字运动知识;③募捐和救助;④组织无偿献血和招募造血干细胞采样志愿者;⑤开展志愿服务;⑥普及救护培训;⑦发展村居、企业红十字组织;⑧创建工作特色。

与此同时,积极发展村居、企业红十字组织,先后建立村居红十字会132个、企业红十字会87个,创建40个红十字示范村;并在发挥好原有学校、卫生工作委员会作用的基础上,组建新闻与传播工作委员会和募捐筹资工作委员会。

关键第二步:优化组织形式(2010—2012年)

1. 明确标准提升组织建设水平

针对基层组织所在镇(区、街道)、行业、系统经济发展水平存在差距、业务掌握程度不同、工作开展不平衡的状况,从2010年起,在为所有基层组织统一配制了资料柜、血压计、轮椅、募捐箱、急救箱、报刊架,并统一重新制作了会牌的基础上,提出了阵地建设、会务管理、业务工作、基础资料4个大项、82个小项的标准化建设要求,制定了验收标准;设计了20种表格、6种记录簿、15种资料夹,并明确的对应关系,创造性地开展基层组织标准化建设,使基层组织建设水平有了显著的提升。

2. 加强基层组织运行管理和工作质量监控

依照"正常工作固态化、会务管理规范化、热点事项程序化、探索工作项目化、分类指导特色化"的要求,对每项工作出台具体考核标准,将"组织建设重运行、应急反应重迅捷、志愿服务重结对、台账资料重归档、救护培训重普及、宣传活动重传播、社会筹资重透明、生命工程重阳光”的考核形成常规，保证了基层组织运行过程中自我管理和工作质量监控要求的到位。

3. 整合村居、企业红十字组织

针对村居和企业红十字会数量较多、相对分散、工作节点不够得力的状况，按照“重在切合实际、重在发挥作用、重在群众认同”的原则，把132个村居红十字会、40个红十字示范村撤并为113个会员小组、19个志愿服务基地、8个红十字示范村；把87个企业红十字会按照系统整合。同时，明确了村居、行业(系统)红十字会传播博爱文化、发展会员和志愿者、安全和应急救护知识普及、募捐筹资和救助、发挥特色五个方面的基本任务，使村居、企业红十字组织形态更加合理、定位更加准确、管理更加便利、作用发挥更加有效。

特色第三步：精准发挥作用(2013年至今)

1. 明确组织建设提升的目标和实现途径

全面接轨“互联网＋红十字会”，按照“分类指导、提高标准、优化结构、有效运转”的思路，以镇(区、街道)、系统红十字会为主体提出基层组织建设“五化”目标，即办公信息化、资料档案化、运转规范化、救助数字化、发展特色化。目前，已实现OA系统办公、资料纸质档和电子档双重备份、工作运转电子和影像记录、系统内各类组织互联互通。区红十字会在“博爱盐都”微信平台开通募捐筹资、应急救护、志愿服务报名参与通道，建立起应急救护网上报名、学习、训练、考试系统，筹备红十字救助中心网络平台搭建，切实加强与基层红会之间的适时信息互动和工作衔接。

2. 开展基层组织能力建设

把提高基层组织“决策、执行、协调、公关”四大能力作为能力建设的核心内容。在决策能力也就是把握事业发展能力建设上，要求基层红十字组织围绕履行好“五大员”的职责来进行。做好“领航员”，把握事业发展和工作开展的方向；做好“指挥员”，组织区域内红十字工作的开展；做好“教练员”，训练区域内红十字工作人员、会员和志愿者，带好团队；做好“裁判员”，制定工作标准，实施工作监督与评价；做好“服务员”，为区域内各级红十字会组织、会员、志愿者及社会群体开展红十字工作提供服务和保障。在执行能力建设上，要求承担执行职能的组织和个人准确理解规划计划和工作要求、全面把握工作开展的基础、选择正确合适的工作方法、采取认真负责的工作态度，保证各项决策和工作执行到位。在协调能力的建设上，要求基层组织在实际工作中要聚集四个方面的力量：一是领导与强力部门；二是秉承人道理念的志愿工作者；三是有助于提高红十字公信力的审计监督部门和社会监督员；四是有志于红十字事业发展的成功人士和工商企业。在实际工作中，通过这四方面人群的参与和配合，提高协调效果，打造影响力。在公关能力的建设上，主要从加强危机管理、做好应急公关；加强媒体宣传、做好形象公关；联系强力部门，做好法制公关；发挥组织优势，做好群体公关。

3. 强调依法治会和打造公信力

完善制度体系，扩大公众信息量，重塑公信力，而做到这些的关键在于要有完善的监督机制和信息披露平台。盐都区红十字会深知公信力必须植根依法与公开之理，要求基层组织坚持依法和章程开展工作，坚持理事会制度，坚持做到工作程序合法、环节合理。同时，成立法律援助志愿者工作委员会，探索在法律框架内和公序良俗原则的前提下，推进红十字事业发展的有效途径与方法，提高红十字组织在应对危机时采取法律行动的能力，对会员、志愿者提供法律援助和法律保障。在公信力的打造上，一是通过政务信息公开程序和渠道发布募捐、招募、救助程序和标准等信息，并在区红十字会网站和博爱盐都微信平台发布；二是建立与捐款企业和爱心人士的沟通反馈制度，通报捐款用途（含受益人的基本信息）；三是成立以审计、财政、监察为主体，基层红十字会代表、企业家代表和群众代表组成的博爱救助金使用管理监督工作委员会；四是坚持每年请审计部门审计募捐和资金使用情况，并向有关方面通报。

4. 推动特色创新

走“彰显盐都特色、引领区域发展”的路子，创新工作模式。①成立旧衣物接收中心化解市民捐衣难。对接收的旧衣物，由志愿者进行清洗、整理、熨烫、消毒、分类、包装后，再由物流行业红十字会送至有需求的困难地区。②建立共享阳光工作站，发挥基层红十字会地区和行业优势，对特定人群实行就医咨询、康复指导、心理疏导、困难帮扶、就业培训系统服务，大冈镇和精神病防治院成为示范。③突出重点人群建立救护培训长效机制。在对公务员、工厂安全员、乡村医生、老师实行全员培训的基础上，将高一新生纳入初级救护员培训范围，实行高中生“毕业证书”和“初级救护员证书”双证合格制。同时，将小学五年级、初中一年级学生纳入救护知识普及范围，以总会编写的中、小学生“生命安全”读本为基础教材，纳入正常教学内容。④依托乡镇红十字会推进“红十字博爱超市”建设，建有9家博爱超市，进入民众日常生活开展惠民之行，每年循环资助不同类型的困难群众近千人次，建立起服务困难群众的长效机制。⑤加强与红十字运动研究中心协作，设立盐都研究基地，坚持“文化工程”应成为红十字会总体建设目标之一，与救援工程、生命工程、爱心工程齐头并进，形成“硬实力”“软实力”双管齐下的新格局，推动中国红十字事业的持续发展。注重吸纳红十字理论的最新成果指导工作，并依托红十字研究的最优团队，总结全区红十字事业发展中的做法经验，反过来指导工作实践。

（二）“打基础”，基层组织建设骨血丰满

通过有序推进基层组织建设，到2016年10月，盐都区有红十字会基层组织340个，团队会员单位84个，会员61 924人，志愿者6 305人。具体架构如下：

1. 区红十字会

聘请区委书记和区长两人为名誉会长，理事会设理事43人，常务理事17人。会机关设一室三部二中心，即办公室、事业发展部、志愿服务部、宣传筹资部、备灾救灾中心、卫生救护培训中心。

2. 镇(区、街道)红十字会

20个镇(区、街道)中19个建有红十字会，均聘请党委主要负责人为名誉会长。镇(区、街道)红十字会设理事7～25人，3个镇(街道)由行政主要负责人担任会长，其他均由分管负责人担任会长，秘书长由社会事业办公室主任(或社会事业条线助理)兼任，负责日常工作。

3. 专业工作委员会

有学校工作委员会、卫计工作委员会、新闻与传播工作委员会、法律援助工作委员会、工商企业工作委员会、博爱救助金使用管理监督工作委员会6个专业工作委员会。

4. 志愿服务队

有无偿献血、造血干细胞采样与捐献、募捐筹资、社区红十字服务、月光妈妈、爱心暖巢、抢险救援、应急救护、阳光天使等9 支志愿服务队。

5. 系统红十字会

有教育、卫生计生、城市工业、物流等 4 个系统红十字会。

6. 村居红十字组织

有会员小组 113 个,志愿服务基地 19 个,红十字示范村 8 个。

(三)"在基层",基层组织活力助推工作良性循环

通过创新红十字会基层组织建设,盐都区红十字会较好地完成了各项工作任务。突出表现在:

一是募捐筹资在基层。盐都区红十字会的"人道万人捐"工作,11 年累计 2 700 万元,其中 70%通过基层红十字会筹集。

二是人道救助在基层。每年救助人数超过 5 000 人,相关救灾物资、救助款、救助卡的发放,由村(居)红十字会申报,镇(区、街道)、部门、单位红十字会审核,区红十字会会办研究,张榜公示、程序规范,审计评价好。

三是应急救护培训在基层。"十二五"期间群众性应急救护培训进农村、进社区、进机关、进学校、进企业,80%工作量通过基层红十字会组织实施。

四是捐献服务在基层。教育和镇(区、街道)等基层红十字会组织开展无偿献血、造血干细胞捐献工作已经成为主力和支撑。

五是志愿服务在基层。红十字会志愿者申请注册、服务活动都是在基层红十字会指导下开展工作。根据群众实际需求,招募和培育核心志愿者,提供必要保障,落实项目执行人,对重点帮扶对象的情况进行调研,优化志愿服务队伍,完善志愿服务档案,开展丰富多彩的人道活动,打造服务精品,逐步形成"有基地、有队伍、有机制、有行动、有氛围、有保障"的红十字志愿服务体系。

六是人道传播在基层。依托电视、报纸、广播等大众媒介和区红十字会网站、博爱盐都微信公众平台、宣传栏、广告牌,动员基层信息员队伍参与红十字运动知识和活动宣传,形成开放式、透明化的宣传工作格局;广泛传播"人道、博爱、奉献"红十字精神和红十字博爱文化,形成关爱生命、扶危济困、敬老助残、助人为乐的道德风尚;增强群众公益意识,激发民众向善热情，弘扬社会主义核心价值观，推动地方精神文明建设，形成“国民即便是在一种迷信心理支配下，能够发挥出善行，我们就应当予以充分的肯定”的生动局面。

三、未来发展展望，规划引领，继续创新

“历史的价值并不是使我们回到历史中去，而是为新的历史提供资源。”对过去有借鉴意义的举措和工作所形成的规律性的内容予以研究，对于当下红十字会改革与制度发展亦是有启示作用的。“千难万难，重视实践就不难”。从盐都红十字会基层组织建设的不间断过程来看，强化基层组织建设，创新工作模式，引入激励机制，做小家巧妇，找米下锅，可以推动工作上层次、上台阶，实现人道公益事业的社会化、规模化、持久化，为改善民生、构建和谐社会贡献力量。

1. 要认真做好总体规划

①要按照修订好的《红十字会法》和《红十字会章程》的有关规定推行基层组织建设，保证其合法性；②要严格程序和步骤，保证其权威性；③要设置好基层组织与所在系统、区域其他部门、社会组织的关系和相对应的职级，便于其开展工作；要解决好工作经费，保证其正常运转；④要从制度上协调好各级各类红十字组织间的关系，做到互联互通互助。

2. 要切实彰显地方特色

①要与地方经济、社会发展相适应；②要与地方文化传承特征相适应；③要与地方其他部门、社会组织的构成相适应；④要适应并融入地方总体发展规划；⑤要深深扎根群众之中，在服务群众中赢得民心，在服务群众中汲取力量。

3. 要坚持基层组织工作的指导原则

建议以“五个牢记、五个坚持”为指导原则：①始终牢记红十字运动的宗旨，坚持围绕“和平、文明、进步”这个主题；②始终牢记红十字的工作方针，坚持突出“孤、弱、残、老、困”服务主体；③始终牢记博爱文化传播这个关键，坚持以价值认同凝聚发展力量；④始终牢记增强实力这个核心，坚持发展是硬道理的伟大实践；⑤始终牢记有效创新才能引领发展这个理念，坚持推动事业发展的手段与方法与时俱进。

“一石激起千层浪”，百年的中国红十字会已从弱小逐步走向强大。

面对未来，红十字会组织需主动适应人道工作及满足弱势群体的更为广泛的人道需求，科学创新、不断进取，使各项工作创一流、争上游，彰显红十字会工作的活力，形成推动事业健康协调发展的磅礴大势，在实现中华民族伟大复兴的中国梦进程中贡献更大力量。

参考文献

[1] 余建斌.增强责任意识 真心关爱群众 开创红十字事业发展新局面[N].人民日报，2015-05-06(01).

[2] 陈竺率救灾工作组慰问盐城受灾群众[N].中国红十字报，2016-6-28.

[3] 赵庆芳.从制度主义视角探讨“中国红十字会”危机[J].群文天地，2012(4).

[4] 池子华.“文化工程”应成为红十字会总体建设目标之一[N].中国红十字报，2009-12-11.

[5] 周秋光.红十字会在中国(1904—1927)[M].北京：人民出版社，2008：220.

[6] 中国红十字会总会编.中国红十字会历史资料选编(1950—2004)[M].北京：民族出版社，2005.

建设博爱家园　打造和谐社区

——红十字博爱家园项目建设的实践与思考

唐国文　南京市鼓楼区中央门街道

摘　要：本文主要介绍鼓楼区中央门街道劝业路社区，通过引进“两个组织”、打造“三个阵地”，发挥“四个志愿者队伍”的志愿服务精神，积极推进博爱家园项目建设，经过区红十字会及街道半年多的共同努力，结合南洋劝业文化的打造，目前已初步形成了一定的特色社区文化，社区的综合能力、居民素质、特色社区建设、应急救护、防灾减灾等各项工作都取得了较好的成果。下一步将继续发动整合社会资源，围绕应急救护培训基地和博爱慈善超市的建设为重点，积极投入博爱家园项目建设，为社区居民做好“助老、助残、助幼、助餐”等各项志愿者服务。

关键词：博爱家园　培训基地　建设

一、项目开展的背景

博爱家园项目的总体目标是推动社区治理、提升社区能力、促进社区发展。通过在社区建立红十字基层组织和志愿服务队伍，建设防灾减灾基础设施，设立博爱生计发展基金，普及防灾减灾、自救互救、逃生避险、卫生健康等知识，传播“人道、博爱、奉献”的红十字精神，增强社区自我发展的综合实力，使更多群众受益。依据市、区红十字会的精神和要求，中央门街道劝业路社区具备了引进博爱家园项目的优越条件。

1. 群众基础好

劝业路社区位于新模范马路南边，南京工业大学西侧，东至新模范马路5号，南至童家巷，西至司背后、天福园，北至新模范马路9号，总面积约0.31平方公里，共有14个院落，46幢居民楼，常住居民1 731户，人口

6 074 人,60 岁以上老人占总人口 23%。该社区具有悠久的历史文化底蕴,是南洋劝业文化的发源地,为引进博爱家园项目提供了良好的社会环境。

2. 周围环境设施好

劝业路社区邻近的青石村、将军庙两个社区是全国防灾减灾示范社区,将军庙有较好的防灾减灾体验馆硬件设施,模范马路又是省防灾减灾示范社区,有专业的防灾减灾队伍,再加上街道便民服务中心的提升改造,大力引进社会组织进驻便民服务中心,开展养老、助残、培养公益性社会组织,打造公益性的慈善超市:这些条件和基础设施正好为劝业路引进红十字博爱家园项目提供了强有力的保障。

"红十字会博爱家园"项目进驻劝业路社区后,形成了以劝业路社区为核心,向周边青石村、观音里、将军庙、模范马路、三牌楼等社区辐射,从而更好地打造了"最后一公里"博爱家园项目建设。

二、项目的主要做法

(一) 成立"一个班子",搭建博爱家园项目实施平台

在区、街道红十字博爱家园领导小组的指导下,劝业路社区成立了红十字博爱家园项目工作指导小组,社区干部、社区居民及社区单位为小组成员,目前成员有 38 人。社区红十字博爱家园项目工作指导小组具体负责博爱家园项目的宣传、组织、管理等工作,搭建博爱家园项目主体平台,利用社区微信公众号开展红十字宣传,搭建线上平台,做到线上线下互动联通。

(二) 引进"两个组织"、打造"三个阵地",确保博爱家园项目主体的有效实施

一是大力引进南京立和救灾减灾公益发展中心参与其中,发挥专业优势。南京立和救灾减灾公益发展中心是一支专业的救灾减灾社会组织,团队共有专业队员 20 人,该组织定期给志愿者队伍进行备灾、减灾救灾、逃生避险、自救互救、健康卫生等各种培训;定期组织社区居民进行防灾减灾各类演练活动;定期组织志愿者和社区居民到将军庙防灾减灾馆现场进行急救自救训练操作。南京立和救灾减灾公益发展中心的加盟,

极大地提升了社区居民在防灾减灾方面的能力，有效地减少了各类事件的发生。

二是大力引进鹤颜养老中心，积极开展文化健康养老。鹤颜养老中心社会组织，有专业的团队，成员共有 40 人，为辖区居民开设了老年大学，设有舞蹈班、手机班、合唱班等老人喜爱的项目。到目前为止，先后开设舞蹈班、手机班、合唱班共计 5 个班次，参与人员共计 500 多人次，同时组织老年人外出健康游，今年先后组织了 6 次去不同地方的旅游，共计 300 多人次，深受辖区老年朋友的喜爱。

三是打造红十字应急救护培训基地，保障培训质量。开展健康养生、应急救护知识、防灾减灾、公共安全、防盗防诈骗等教育及培训讲座，提高社区居民自救互救的能力。上半年社区利用红十字救护培训中心开展各类健康、应急救护知识、防灾减灾教育等讲座培训共计 20 场，789 人次，取得较好的效果，增强了居民安全防范意识，提高了应急救护、自救互救和防灾减灾的能力。

四是打造博爱慈善超市新阵地，开展爱心救助。在街道便民服务中心打造南京市“慈善超市”运营创新样板点——博爱慈善超市，引进专业的社会组织经营博爱慈善超市，为困难群众公益慈善事业提供利益保障，为街道辖区内的广大市民提供“好品质低价格”的惠民活动，为推动南京“慈善超市”转型为社会化的管理和运营模式提供示范经验。

五是打造将军庙人防减灾馆阵地，提升减灾水平。该社区在建立红十字救护培训阵地的基础上，充分发挥将军庙社区人防减灾馆体验区、观摩区等各个功能区的作用，将体验和培训有机结合，让每位参与者真正有所收获，掌握防灾减灾的技能。将军庙人防减灾馆每周四对辖区居民、单位免费开放，到 2016 年的 9 月份已接待省、市、区及驻区单位和居民共 40 场，1 200 多人次。将军庙人防减灾体验馆阵地的打造，为博爱家园项目的有效实施，提供了基础硬件设施的保障；为提升整个辖区居民和驻区单位的防灾减灾、急救、互救、自救的水平提供了强有力的场地保障。

（三）发挥“四个志愿者队伍”的志愿服务精神，更好地为博爱家园项目开展服务

一是发挥红十字志愿者队伍的人道精神，大力宣传博爱家园的宗旨。

目前该社区红十字应急救护志愿服务队成员有30人，作为社区博爱家园项目的一支突击队和宣传队，为社区红十字应急救护培训基地建立和正常开展发挥了重要的作用，先后参与组织社区应急救护20人次，积极协助社区搞好博爱家园和红十字应急救护宣传30场次，为社区红十字博爱家园项目建设提供了强有力的人力保障。

二是发扬关爱留守儿童志愿服务队的博爱精神，更好体现博爱家园项目的实质。专门成立了关爱留守儿童志愿服务队，目前关爱留守儿童志愿服务队有10人。关爱留守儿童志愿服务队的成立为博爱家园项目的成功实施注入了新的血液，弥补了该社区未成年人保护的空隙，为未成年人提供了更好的服务平台，在关爱留守儿童，关注未成年人健康成长、心理疏导、教育救助、生活救助等方面，得到了社区和驻区单位的高度重视。现在这支志愿服务队的队伍在不断地壮大和发展，今年上半年已先后为6名留守儿童进行了心理疏导，为1名儿童申请了困境儿童救助，给15名中小学生进行了教育救助，并联系驻区单位对困难的学生家庭给予一对一帮扶，通过充分发扬关爱留守儿童志愿服务队的博爱精神，将博爱家园的精神实质得到了更好体现，让留守儿童看到了希望，身心得到了健康的成长。

三是发挥大学生志愿服务队的无私奉献精神，为博爱家园增添活力。南京工业大学是劝业路社区的驻区单位，有着丰富的资源。社区利用工业大学的现有资源，双方协商成立了30人的大学生志愿服务队，加入了博爱家园项目的建设中，定期为社区独居和孤寡老人进行志愿服务，开展老年陪护、人文关怀、精神慰藉等志愿活动，陪独居、孤寡老人聊家常、帮做家务。大学生志愿服务队自成立起已经先后为社区独居和孤寡老人志愿服务120多人次，他们的无私奉献给我们社区独居和孤寡老带来了新的服务模式。他们年轻又充满活力，给独居和孤寡老人的生活增添了新的生机和活力，受到了辖区独居和孤寡老人的喜爱，称赞他们是“我们独居和孤寡老人的开心果”。

四是发扬小雏鹰志愿者服务队的小小家园精神，带动全家参与博爱家园项目的活动。小雏鹰志愿者服务队，现有队员20人，主要是帮助社区做好防灾减灾宣传工作，是社区的小小宣传队，也是社区人防减灾馆的小小讲解员。他们先后为各类人群讲解宣传防灾减灾知识12场次，参加各类防灾减灾演练宣传活动 13 场次，并积极开展各类青少年志愿服务活动。通过小雏鹰志愿者服务队的志愿活动和积极参与，他们充分发挥了小小家园的带动作用，由一个队员带动一个家庭，再由一个家庭带动整个社区，形成了一个良好的循环环境。博爱家园项目从小雏鹰志愿服务队做到了生根发芽，开花结果。

三、项目取得的成效

红十字博爱家园项目从启动建设到现在近半年多的时间里，中央门街道红十字会、劝业路社区做了大量的工作，因地制宜，结合社区特色，整合各方资源，创造性地开展了一系列的工作，使得博爱家园项目建设取得了可喜的成绩。

红十字会博爱家园项目的建设在劝业路社区得到进一步的落实，"人道、博爱、奉献"的红十字精神在劝业路社区得到了进一步的提升和发展。通过博爱家园项目的建设，结合南洋劝业文化的打造，劝业路社区已初步形成了一定的特色社区文化，社区的综合能力、居民素质、特色社区建设、应急救护、防灾减灾等各项工作都取得了较好的成果。截至目前，共组织各类防灾减灾培训和演练计 10 场次，参加人员 500 多人次。博爱资金医疗救助得到了很好的落实，定向救助各类困难居民 37 人，共计 25 900 元，困难家庭大病救助 9 户，市救助 11 000 元，区救助 18 200 元，无偿献血大病救助 1 人，共计 3 000 元。社区的面貌发生了巨大的变化，垃圾分类了、道路干净了、车辆停放有序了、语言文明了、居民自己参加义务奉献的热情高涨了、业余文化生活丰富了、生活更舒适更方便了、幸福指数提高了。社区的防灾减灾和应急救护能力得到了显著提高，"人道、博爱、奉献"的红十字精神在劝业路社区深入人心、遍地开花。

四、思考与展望

"博爱家园"是中国红十字会在城乡社区开展的以"推动社区治理、提升社区能力、促进社区发展"为目标、以"防灾减灾、健康促进、生计发展、人道传播"为主要内容的人道公益项目。劝业路社区将按照市、区红十字会的要求，积极推进"博爱家园"建设，努力将其打造成南京市首家具有人文特色的社区"博爱家园"。

（一）围绕“防灾减灾”，打造品牌红十字应急救护培训阵地

在社区原有红十字培训基地的基础上，将社区150平方米的会议室重新装饰，对照《省红十字会应急救护培训基地》建设标准，将其打造成品牌红十字救护培训基地，选配好师资队伍和管理人员，做到建设标准化、管理规范化、培训制度化，最大限度发挥基地作用，为社区居民提供更多的培训机会。通过培训，使更多的居民切身体会到红十字精神内涵，主动建设友善互助、文明和谐的精神家园。这也是践行社会主义核心价值观的具体体现。

（二）围绕“生计发展”，重点打造博爱慈善超市

目前街道便民服务中心正在进行全新装修改造，大力引进社会组织承接街道慈善超市，前期已经完成了引进社会组织公开招投标工作。博爱慈善超市的打造，将会全方位地辐射到整个中央门街道12个社区，主要开展救助帮扶服务，将惠及中央门街道辖区内的低保户、低保边缘户和因特殊情况造成生活困难的居民。

1. 爱心公益券

每个季度面向街道12个社区的困难居民发放120份爱心公益券，每份面额50元，困难居民可凭券到“中央门街道博爱慈善超市”购物。

2. 慈善优惠

凡街道辖区内的低保户凭有效凭证到超市购物，可享受8.5折优惠（烟酒以及特价商品除外）。

3. 益帮益关爱活动

面向街道12个社区，收集50～100名困难人群的资料，发起在所服务的社区内一对一爱心活动征集，即通过社区内资源征集50～100名爱心业主，与街道低困人群、重点与困境儿童帮扶形成一对一的固定帮扶、关爱关系，并以慈善超市为纽带，实现生活物资、学习用品、慈善款项的捐赠与领用，并接收受助者的信息反馈，实现精准救助、透明救助。

4. 爱心募捐

居民每在慈善超市消费一笔，即有相应金额捐赠给中央门街道慈善部门用于孤寡老人的帮扶。具体标准为：10元以下捐赠1分、11～20元捐赠5分、21元以上捐赠1角。

5. 协助接受慈善捐赠与管理

面向合作单位，协助街道接受辖区内相关企业、居民捐赠的实物如衣物、生活用品等的管理与发放等工作。

6. “慈善大篷车”进社区

面向街道12个社区，定期开展“慈善大篷车”义卖活动，经营品种为慈善商品和惠民特价产品，其中慈善商品所销售金额全部缴纳至街道慈善专用账户。同时，以银城物业服务网络为依托，随大篷车定期为辖区内社区居民提供维修、磨刀等便民服务。

7. 公益服务

开展公益服务和公益募集。慈善超市除进行正常的销售外，还要针对残疾人、困难家庭孩子、困难孤寡老人设置企业爱心柜。

(三) 围绕“健康促进”，积极整合社会资源，共同参与博爱家园项目的建设

为更好地体现红十字“人道、博爱、奉献”精神，进一步为驻区居民做好“助老、助残、助幼、助餐”等各项服务，充分利用鹤颜养老中心、驻区单位南京工业大学、中大医院、长江社区卫生院以及长江医院等资源，开展好各类服务工作，为辖区居民举办免费健康讲座，免费对辖区居民测量血压、血糖，并提供免费上门送医、送药服务；并招募东南大学的大学生志愿者定期对社区独居、孤寡老人上门开展志愿服务。

(四) 围绕“人道传播”，努力营造红十字文化氛围

利用社区办公场所和社会组织活动中心等一切可利用的空间，积极营造“人道、博爱、奉献”的红十字文化氛围，同时制作各种“三献、三救”知识宣传手册向居民群众发放，让人道理念广泛传播。

中山市慈善万人行考察报告

蒋欣春　周平　卢浩初　泰州市红十字会

摘　要：中山市慈善万人行是有民间发起，政府主导的多筹并举的募捐活动，是我国目前持续时间最长的公开募捐盛举，该活动公信至上，善款善用，为志愿者提供服务平台，具有典型的中山特色，为中山市红十字会人道事业作出了重要贡献。

关键词：慈善　募款　志愿服务　人道

一、概　况

1. 考察目的

中山市慈善万人行源于1988年，至今已经举办28届，是中山市红十字会最具影响力的募捐品牌，也是全国目前持续时间最长的公开募捐盛举，全国红十字会会长彭珮云、华建敏曾亲自参与。2010年，中山慈善万人行是唯一以公益慈善主题被上海世博会邀请参展的项目。本次考察活动主要是考察中山市慈善万人行的发展历程、运行机制，探讨中山市慈善万人行如何与当地社会相互影响，从中找出其特点，从而为泰州市红十字会创新筹资工作提供借鉴，促进全市红十字事业的科学发展。

2. 考察过程

从3月4日至6日，泰州市红十字会一行人员，全程参加中山市第28届慈善万人行活动，实地考察中山市红十字会有关场所并进行工作交流。

3月4日下午与全国各地红十字会代表一起参观中山市红十字会，听取广东省红十字会和中山市红十字领导相关情况介绍。3月5日下午参加中山市慈善万人行活动。3月6日上午与中山市红十字会进行工作交流，中山市红十字会常务副会长简海燕、副会长兼秘书长李其炎等领导参加交流。

二、慈善万人行现场情况

3月5日下午，中山市慈善万人行活动在中山市兴中道举行。在巡游启动仪式前，中山市举行了“雷锋精神代代相传”接力传递和“十佳市民”授牌仪式。下午3点慈善万人行正式开始，包括中山市各镇区、各单位、各行业组成的180多支巡游队伍2万余人列阵前行。中山市党政领导、广东省政府和中国红十字会相关领导以及红十字国际委员会东亚地区代表处、红十字会与红新月会国际联合会东亚地区代表处的代表出席活动。本届慈善万人行活动截至3月5日已收到认捐款9 035.28万元，其中中山市红十字会860.8万元，24个镇区红十字会8 174.48万元。

三、考察体会

1988年以“敬老”为目的，由社会爱心人士自发组织的慈善万人行，经过27年的发展，以传统节日巡游为形式，以当地民间艺术为载体，在活动内容和形式上不断丰富和创新，具有典型的中山特色，为中山市红十字人道事业做出了重要贡献，为我们提供了很多参考和借鉴。

1. 民间发起，政府主导

慈善万人行兴起的直接起因可以说：一次敬老，催生慈善筹款创意。1988年，中山市几位社会公益人士发起了以“敬老”为宗旨的“88敬老万人行”。同年，中山市红十字成立，接手开展民间敬老的慈善活动和宣扬人道主义精神。在1989年，正式将这项活动定名为“慈善万人行”。作为全国红十字人道领域一朵绚丽的花朵，慈善万人行的萌芽、成长都离不开中山市政府的辛勤哺育。从1989年开始，政府成为慈善万人行的主要推动力量。首先市领导高度重视并亲力亲为参加活动。在每届慈善万人行巡游仪式上，市委书记、市长总是盛装出席并走在游行队伍的最前列，用实际行动支持这一活动。今年，因为参加“两会”等原因，市委书记和市长专程通过在北京采访的中山媒体向活动表达美好的祝愿。市领导用自己的社会影响力，既募集了慈善资金，也对倡导和培养人道价值观起到了积极作用。其次，中山市政府与市红十字的合作推动了活动的发展。从1989年中山市红十字会接手慈善万人行开始，整个活动指挥部的总指挥都是由中山市副市长担任。同时,市政府统筹协调整个活动的安全、环卫、交通等后勤保障,确保活动的顺利开展。最后,政府对慈善万人行舆论宣传给予大力支持。考察期间,中山市主要的街头广告屏全部播放慈善万人行相关报道,城区的孙文路、博爱路和兴中道等主干道悬挂和张贴万人行和红十字知识的宣传画及标语口号。《中山日报》开辟了《万人行特刊》,及时报道市、镇万人行活动情况,为全市上下营造活动的浓厚宣传氛围,确保活动圆满成功发挥积极作用。

2. 多筹并举、做强品牌

中山慈善万人行持续27年经久不衰,与当地红十字的不懈努力是密不可分的。一是加强组织管理,每次慈善万人行,市及各镇区都成立万人行活动指挥部这一临时性指挥机构,下辖宣传、游行、义演、志愿者等工作部门,分别负责活动策划、宣传、表演、志愿者服务等工作职责,大家分工明确又相互协作,保障了慈善万人行的有序进行,是活动举办的重要组织基础。二是传承与传播特色文化。中山春节期间就有巡街舞狮的习俗。中山市红十字会因势利导,在万人行活动中引入舞龙舞狮、秧歌武术等民间传统艺术,使万人行活动变成巡游"嘉年华",成为中山市的新民俗,提高市民的参与度。三是充分发挥侨乡的资源优势。中山市自古就是侨乡的聚集地,近代以来就一直有侨胞义捐的传统。中山市红十字会将"人道、博爱、奉献"的红十字精神与中山传统文化相结合,与新时期中山人精神相结合,秉承孙中山先生"天下为公"思想,以慈善万人行为载体,发挥侨乡资源优势,号召海外侨胞支持家乡慈善事业。四是积极引入商企参加。中山经济发达,商贸繁荣、企业众多。中山市红十字会因势利导,充分发挥商企在慈善万人行的主力军作用。企业通过活动,既彰显了企业社会责任,又无形中宣传企业形象,所以参与积极性很高。在整个活动方阵,我们注意到企业与商家占据半壁江山,同时活动道路两侧也都张贴企业的祝贺广告。五是创新活动品牌。中山市红十字会注重品牌保护,2010年注册"中山慈善万人行"标志,使之规范保护。同时挖掘品牌魅力,2010年5月,中山慈善万人行成为唯一以公益慈善主题被上海世博会邀请参展的项目,并获组委会颁发银质奖章。2015年,市红十字会结合慈善万人行,开展了"雷锋精神接力"活动和"十佳市民"的评选。同时还开展了历时3个月的义卖、义赛、义演等多种方式的慈善系列活动,拓展品牌内涵。

3. 公信至上、善款善用

公信力是红十字会事业的生命线。为树立慈善万人行品牌的公信力和影响力，中山市政府和红十字会加强对筹集资金的管用和监督。首先是资金的管理，中山市红十字会开设专门的银行户头接受善款，同时设立慈善万人行财政账簿，建立总账、明细账和银行账，实行专项管理。其次是资金的使用。善款的使用由中山市红十字会向市红十字常务理事会提出申请报告和可行性论证报告，获得批准后由市红十字会具体使用。对区镇红十字会筹集的善款实行层级化管理，由当地红十字会自行使用，接受审计和社会监督，市红十字会进行督查和指导。最后是资金的监督。市红十字会每年筹集的资金均接受市审计局及第三方会计师事务所的专项审计，并通过中山市各大媒体和网站向社会公布审计结果。市红十字会还建立资金网络查询平台，充分保障捐赠人的知情权和监督权。

4. 志愿服务、社会参与

因为中山市红十字会人手较少，慈善万人行活动的接待、筹款和服务均由红十字志愿者自行组织安排。整个志愿服务井然有序、热情周到，让我们感受到中山市志愿服务的规范化、专业化和常态化。中山市红十字志愿服务有以下几大特点：一是组织架构严密。由中山市文明办牵头，组建成立中山市志愿者联合会。中山市红十字会常务副会长简海燕任副会长，市红十字会成立了红十字会志愿服务总队，各区镇红十字会也成立相应的服务队。二是社会各界大力支持。慈善万人行活动期间，很多志愿者来自政府和企业。但是只要市红十字会出具公函，这些部门和企业都大力支持，为志愿服务提供切实保障。三是社会化运作、资源共享。中山市现有 48 支服务总队，12 万注册志愿者，全部是从社会各行各业者招募，隶属于不同的政府机构和社会团体。所有志愿者资源实行共享，实现了志愿服务的全覆盖。四是充分发挥志愿者主观能动性。市红十字会侧重于发挥志愿者的主观能动性，避免行政性指令，让“要我做”转变成“我要做”，让志愿者在救难扶危中找到了感觉，在积德行善中体验了快乐，在创造“我为人人，人人为我”的氛围中陶冶了情操。五是传统文化熏陶。中山毗邻港澳，“义工”服务理念深入人心，其志愿服务有一定的群众基础，社会大众从事志愿服务的意愿很高。

四、考察思考

在中山市考察的短短3天内，我们通过实地参加中山市慈善万人行活动、与中山市红十字会交流座谈，目睹中山市独特的人文传统和慈善文化，感受到中山市委、市政府对红十字事业的关心与支持，体会到中山市红十字会在筹资与志愿服务工作上的创新与行之有效的做法和实践。对比中山市红十字工作，我们还有一些工作需要加强和改进。

1. 人道救助金尚未建立

当今社会，自然灾害、突发事件频发，社会保障体系尚未完全建立，因病致贫的家庭很多。作为政府人道领域助手的红十字会，应当在人道救助领域发挥重要作用。中山市红十字会通过在市、镇(区)设立两级救助资金，近5年来共发放扶助资金1.71亿元，帮扶困难群体20多万人次，这其中政府发挥了至关重要的作用。中山市制定了《中山市红十字会救助金管理办法》，以文件的形式明确了红十字在人道救助金管理和使用上的主体作用。在人道救助金的筹集上，以“政府搭台、红会唱戏”的模式，通过组织每年一届的“慈善万人捐”等活动，为人道救助金提供源源不断的资金来源。泰州市红十字系统每年接到的人道求助达数百人之多，因为救助能力和救助资金不够，已经远远不能满足我市困难群众和社会弱势群体的需求。下一步，我们将积极争取政府政策和资金的支持，努力拓宽社会筹资渠道，积极募集资金建立人道救助基金。

2. 筹资机制尚不成熟

筹资工作是红十字会各项工作的基础。我市目前的筹资机制尚不成熟，一是筹资渠道局限。全市红十字会筹资方式目前主要依靠机关事业单位，在企业和社会爱心人士等方面开发不够，而中山市筹资的半壁江山来源于企业和个人；二是筹资方式单一。目前我市筹资的方式主要通过发文件动员的模式，基本上是红十字会唱独角戏，捐赠方参与渠道不畅。中山市则是采取“全民参与、大家快乐”的模式，将筹资活动变成了一场巡游“嘉年华”，方式新颖独特。三是筹资品牌缺乏。中山市红十字会27年持之以恒，终于将原本是民间自发的万人捐活动打造成闻名全国的筹资品牌。泰州市红十字会这些年开展的“博爱万人捐”“为孤寡老人送年夜饭”等活动，因为开展时间短、开展方式单一、参与人数不多等原因，其社会上影响力与中山市慈善万人行不可同语。下一步，我们将拓展筹资渠道、创新筹资方式，打造出具有泰州特色的筹资品牌。

3. 志愿服务尚显缺位

中山市成熟规范的志愿服务是我们此行感受最深的亮点之一。对比中山市，泰州市红十字会志愿服务尚显缺位：一是红十字会管理能力不足。全市各级红十字会志愿服务管理粗放，存在着志愿者招募随意，培训力度不够，活动安排简单，监督考核不力等问题。二是志愿者服务意识不强。我们志愿者普遍主动服务意识不够，更多的是红十字会让干什么就干什么，虽然也很认真很辛苦，但是服务效果、服务质量欠佳。三是专业化水平不高。中山市红十字会下辖义演志愿队、无偿献血志愿队、"连心桥"志愿队，志愿者分工明确、专业化程度较高。而我市红十字会系统虽然志愿者众多，但是来源较为单一，培训力度不够，所以专业化水平不足。下一步，我们将强化志愿服务管理水平，加强志愿者组织与培训，丰富志愿活动内容，促进全市志愿服务长期化、规范化和科学化。

如东县实现群众性应急救护培训可持续发展的调查与思考

许志红　周嫒　袁经天　如东县红十字会

摘　要：如东县群众性应急救护培训工作起步于2002年，目前已营造出关心红会、支持培训工作的良好氛围，群众性初级应急救护网正逐步形成，群众性应急救护培训工作取得了一些成绩。但同时也存在着诸多困难与不足，与我县经济社会的发展水平、人民群众的生活水平不相适应。要实现实现我县群众性应急救护培训工作的可持续发展，就必须加大培训宣传力度，不断扩大社会影响；强化师资队伍建设，不断提高培训质量；灵活采取培训方式，不断拓宽培训领域。

关键词：应急救护　培训　对策

近年来，随着自然环境的变化和人们生产生活方式的改变，各类自然灾害、生产交通事故以及个人心脑血管意外等突发事件迅速上升。在突发事件现场，有效地开展救护，挽救生命，不仅是医护人员的职责，也是在现场的每个人的重要使命。然而受条件所限，很多时候专业医务人员难以在救援"黄金时刻"内赶到现场，现场急救只能靠伤病员自己、家人及目击者来实现。因此，在提高相关从业人员的急救能力，降低事故风险和伤亡率的同时，开展群众性应急救护培训，提高广大群众对健康知识和救护技能的掌握十分迫切。

开展群众性应急救护培训是红十字会应该承担的一项重要职责，为了深入了解我县应急救护培训工作的现状和存在的问题，进一步规范和完善我县救护培训工作，我会联合如东县委党校，走访了县卫计委、县文明办、县教育局、县安监局等县级机关，与中天集团股份有限公司、沿海经济开发区相关企业、部分镇区红十字会，以及培训教师、受训学员代表进行了深度座谈，开展了专题调研。在认真分析我县应急救护培训工作存在问题的基础上，我会对如何实现我县群众性应急救护培训工作的可持续发展，进行了积极的思考。

一、我县群众性应急救护培训的基本情况

如东县群众性应急救护培训工作起步于2002年。在如东县委、县政府的重视和支持下，我县的群众性救护知识普及和培训工作得到有效开展。

从2003年开始，县红十字会常年开展卫生救护培训，当时的培训对象是机动车驾驶人——救护培训被作为申领驾证必学的技能之一。2015年6月，根据国家发改委通知精神，将培训项目走向市场化，实现社会化，自此机动车驾驶人培训工作告一段落。近13年来，县红十字会平均每年培训10 000人次，迄今培训人次已超过10万。与此同时，江苏省人民政府从2012年起开展公益性应急救护培训项目，并把此项培训项目列入"十二五"期间十件为民办实事工程之一。2012—2016年实施公益性培训项目期间，我县每年培训任务10 000余人，五年任务合计54 050人。截至2016年8月全县共培训救护师资33人、应急救护员6 749人，普及培训人数近48 289人，累计培训55 038人次。

2014年11月，我县出台了《中共如东县委、县政府关于进一步促进红十字事业发展的意见》(简称《意见》)。《意见》强调：充分发挥红十字会在公众参与的意见救护培训中的主体作用，支持红十字会开展公益性应急救护培训，推广普及应急救护知识与技能，力争到2020年全县接受红十字应急救护培训的人员占总人口的比例达到25%以上。为此，我县成立了由红十字会领导任组长，红十字会和各相关行业主管部门分管领导任副组长，受训各单位负责人为成员的群众性应急救护培训协调领导小组，为培训工作提供了坚实的组织保障。

2014年以来，如东县政府每年都下发《关于印发如东县开展公益性应急救护培训工作方案的通知》，对我县群众性应急救护培训工作，在组织运行、行政推动和活动经费等方面给予了保障。各镇(区)也将应急救护培训工作纳入当地应急工作体系，对社区居民、在校师生、机关干部、医院职工和特殊行业从业人员等对象进行培训，在全县范围内形成政府重视、部门配合、群众参与的初级应急救护培训新格局。

在培训工作中，县红十字会每年年初向各镇（区）、县级机关单位、教育、安监重点行业下发通知征集培训需求，制订年度计划，按照计划组织培训；同时，也通过网络、电话等方式接受企业、个人的培训报名，根据需求不定期开班。在培训方式上，我们采取集中办班和送教上门的形式进行，同时还依托南通市青少年教育实践基地这个平台，扩大培训范围，把全市的中小学生吸纳入培训。

因此，从总体上来说，目前如东已营造出关心红十字会、支持培训工作的良好氛围，群众性初级应急救护网正逐步形成。

二、我县群众性应急救护培训存在的问题

通过走访与调研，我们认识到，目前我县的群众性应急救护培训工作虽然取得了一些成绩，但也存在着诸多困难与不足，与我县经济社会的发展水平、人民群众的生活水平不相适应。

1. 群众认识不足，参与度不高

在调查中，我们发现，一些群众急救意识缺乏，对救护工作知晓率低，对现场急救重要性认识不足。从走访的结果看，大多数群众不知道什么是救护培训，认为“救护”是医院、医生的事，与自己无关。有的人认为突发事件离自己很远，参加培训没有意义；有的人认为如果发生突发事件可以完全依赖医务人员；许多企业员工认为自己不是医疗专业人员，无须掌握急救技术，灾难发生时只需拨打“120”急救电话即可，对救护培训学习的积极性不高。

2. 授课形式单一，针对性不强

目前救护培训多以课堂教学、理论灌输为主，主要采取理论讲解、播放视频、实操练习等方式授课，教学内容特色不明显，缺少必要的案例剖析和师生互动。在调查中，部分学员反映，授课形式枯燥单一，课件千篇一律，不看对象、不管实际需求，只是“一刀切”地灌输培训，缺乏针对性，而且内容较多，很难在较短的时间掌握。还有部分学员认为授课内容太专业，难以理解，在日常生活中不懂如何运用，可操作性不强，实用性不高。

3. 培训氛围不浓，主动性不足

在调查中，我们发现，大多数学员参加培训并非自愿，而是单位安排，所以学习积极性不高，主动性不足。究其原因，一是应急救护培训的宣传

深度和广度不够，没有充分运用各种有效的媒体很好地向社会各界宣传开展这项工作的重要意义。宣传工作不到位，部分部门、企业和广大群众对应急救护培训工作的必要性，特别是对高危从业人员进行应急救护培训的必要性认识不明，配合的积极性不高，即使参与也常常表现出不合作的态度，甚至带有抵触情绪。多数企业对员工救护技能不重视，红十字工作人员上门协调救护培训事宜时，许多企业也不重视，常以生产任务重、耽误工期等理由拒绝参加；有些企业勉强答应，参加培训的员工也是人到心不到，学习听课不积极，还有很多人只是签个名，中途退场，培训效果可想而知。二是应急救护工作没有与救援活动很好地结合在一起，未形成互动效应。没有把应急救护演练与公安、消防、地震等部门组织的应急救援演练结合起来，示范效应没有得到彰显。

4. 师资力量不强，认可度不高

俗话说，“名师出高徒”。培训教师的专业理论、操作技能、授课艺术的程度，直接影响学员的接受程度，所以培训教师的素质直接关系到应急救护培训效果的落实。目前我县培训教师存在以下问题：一是缺乏综合素质过硬的师资队伍，师资专业性有待提高。从目前救护师资的来源渠道上看，主要来自医疗系统和教育系统，其中医疗系统师资占师资总数的33%，教育系统占62%，机关单位占5%。通过调查和参与授课活动发现：医疗系统的师资医学专业精，但善于授课的人不多，调动课堂气氛不够，对学员不具吸引力；教育系统的师资善于授课，但医学知识不够丰富，影响教学的专业性。二是师资队伍新老交替，有青黄不接的问题。很多老教师离开原来的工作岗位，不再适合担任教学工作，占师资队伍的15%；新教师刚刚完成培训，对教学工作还不熟悉，占师资队伍的33%，真正能从事教学工作的只有52%左右，难以满足培训任务需要。三是缺乏把主要精力投入教学工作的师资，特别是缺乏专职师资人员。我县培训教师是来自于各行各业热心慈善事业的人，他们以志愿者身份参与培训工作，对普及现场救护知识和技能、提高全民自救、互救能力起到了积极的推动作用。但是，他们任教的代表性不强，不能得到政府和群众的完全认可，同时由于他们自身工作较忙，很少有时间去专心研究和提高救护培训的授课质量。从调查情况来看，大部分培训教师是从在职普通教师中产生的，经验丰富的急救医学专家极少，相当一部分人没有接受过系统的急救医学教育，虽然经过专业培训，获得应急救护培训师资证书，但应急救护理论只是简单学习了救护概念、心肺复苏、创伤救护、常见急症、意外伤害、灾害事故等现场救护知识，缺少实际工作经验和授课技巧，教学效果得不到有效保证。

三、我县群众性应急救护培训的对策措施

1. 加大培训宣传力度，不断扩大社会影响

红十字会作为应急救护培训的牵头单位，要主动作为，加大对救护培训工作重要性的宣传力度，扩大社会影响力。

一要拓展宣传途径。利用红十字会网站、政府宣传窗口、县"两台一报"、微信等平台加大宣传，提高户外大型广告宣传力度，利用好公交站台的广告宣传形式，适当增加宣传投入，扩大宣传范围，提高社会各界对应急救护培训工作的认知度。

二要抓住有利时机。一方面，红十字会要主动与公安、消防、安监、地震等部门协同，联合组织应急救援演练活动，展示应急救护培训成果，让领导和群众直接感受到应急救护培训的重要性，激发群体参与意识。另一方面，抓住各类运动会、庆典、主题周等大型活动的有利时机，利用发放宣传品、设置救护常识宣传板、组织志愿者培训并参与服务等方式，调动广大群众参与紧急救护培训的积极性。

三要选择适当方式。利用"世界红十字日""世界急救日"等纪念日开展集中宣传活动，通过群众易于接受、喜闻乐见的方式方法，如发放针对特定人群的免费体检、公益性质的演出、符合各类人群特点的折页等，走上街头、走入家庭和单位传播应急救护常识，说明参加培训的重要意义，使群众由"要我培训"转变为"我要培训"。

2. 强化师资队伍建设，不断提高培训质量

一要选择能够忠诚于红十字教育事业、遵纪守法、作风正派、身体健康、具备履行岗位职责能力并通过业务知识考核和任职资格审核的人员担任救护师资。

二要逐步建立以专职教师为主导，专兼职教师共同发展的专业化师资队伍。探索在专职师资方面给予人员编制上的支持，可以选聘少量事业编制的优秀教师作为红十字会专职救护师资，充实救护师资队伍。

三要定期组织师资队伍集训或轮训。专职救护教师人员同兼职教师相比，有了时间和精力的优势，可以自我充电，及时更新救护知识，并与国际最新操作规范接轨，让现场应急救护技能更加专业化、科学化和国际化。

四要是制定《师资管理办法》，建立应急救护工作表彰、奖励机制，调动救护师资人员的工作积极性。每 3 年举行救护培训工作表彰大会，设置相应的奖项，给予积极分子一定的物质和精神奖励，让他们和全社会感受到参与应急救护工作的光荣。

五要建立培训教学质量评估机制，定期举办公开课，让群众对教师授课质量进行点评。加强培训全过程控制，建立培训过程与效果评价的信息反馈机制，使培训工作达到预期的效果。

3. 灵活采取培训方式，不断拓宽培训领域

红十字会应急救护教学不同于学校教学，是一种具有感受、体验、参与、应用等特征的实践教学。

一要创新教学方式，采取自主培训与协作培训相结合、课堂培训与课外复训相结合、理论讲解与实践操作相结合的培训方式。

二要针对不同的培训对象，因地制宜、因材施教，开展有针对性的应急救护培训；授课时适当增加设定情景或演练等互动性教学方式。探索菜单定制式培训，根据不同的群体、行业确定不同的培训内容，也可由接受培训方自行根据菜单选择自己需要的内容。

三要充分利用南通市青少年教育实践基地“生命体验馆”这一平台，让更多的人通过自己的亲身体验和感受，掌握急救技术。

四要把学校作为的救护培训普及的主战场。加强与教育局沟通，争取将救护培训工作纳入学校的“第二课堂”学习中，另外结合高一新生军训的特点，将救护培训工作引列入军训培训教育中。同时，针对幼儿园应急救护工作，在幼儿园老师及家长中开展广泛的普及工作。

五要继续拓宽培训领域，与县委组织部、县委党校、县妇联、县团委等部门加强沟通，将救护培训工作纳入县级机关和镇村干部以及公安、交通、家政、保安、企业安全等人员的岗前教育中，让这些容易成为意外伤害的“第一目击者”人群，掌握急救技术，成为“第一救护者”。

总之，只要我们提高思想认识，强化组织领导，从严规范教学，注重培训质量，加强通力协作，就能够实现我县群众性应急救护培训工作的可持续发展。

浅析我国遗体捐献的立法现况

刘文华　南京市红十字会

摘　要：从20世纪80年代开始，我国部分省市红十字会陆续启动遗体捐献管理工作。为了规范捐献流程，保护捐献者权益，各地人大也陆续出台了遗体捐献条例。由于各地的条例在遗体捐献主管部门确定、遗体捐献自主决定权保障、遗体捐献具体流程设置等方面存在较大的差异，因此会对全国统一立法带来一定的困难。本文旨在将这些差异进行梳理，并结合南京市在遗体捐献条例制定过程中的一些做法予以比较分析，希望能为统一立法提供参考。

关键词：遗体捐献　立法　现况

遗体是指自然人死亡后的躯体，是人在失去生理属性和社会属性以后的物质存在形式。自然人生前自愿表示在身故后由其执行人将遗体的全部或者部分捐献给医学科学事业，或者由其亲属决定将遗体的全部或部分捐献给医学科学事业的行为被称作遗体捐献。

20世纪80年代，我国部分民间人士开始倡导遗体捐献，为医学院校进行人体解剖学习和病理研究提供材料。这是一种推动人类医学科学发展的无私奉献之举，在很短的时间内得到很多有识之士的积极响应。然而，随之而来的一系列问题摆在了人们面前：且不说几千年传统文化中关于“死后留全尸”观念对民众根深蒂固的影响，即使大家能冲破他人非议而勇敢地站出来愿意捐献，那么，到哪里去捐献？登记捐献时要不要征得亲属同意？捐献的流程是什么？谁来保障捐献顺利实现？……所有这一系列的疑问最终将公众和社会管理者的目光同时指向一个重要的解决途径：为遗体捐献立法！

笔者详细查阅了有关遗体捐献立法方面的资料，对目前全国各地的立法进程进行了较为详细的梳理。总体情况是：目前在国家层面尚未对遗体捐献统一立法，但已有两个直辖市、三个省、四个市先后出台了遗体捐献条例，分别是：上海市、重庆市；山东省、福建省、江西省；贵阳市、武汉市、宁波市和南京市。笔者曾全程参与了《南京市遗体和器官捐献条例》的制定颁布过程，此间，除详细学习和研究现有的遗体捐献地方条例外，还多方听取了部分立法相对人、法律学和社会学专家、立法机构代表、医学专家们的观点和意见。现将所学所闻予以归纳总结，并结合自己近十年从事遗体捐献管理工作的心得体会对我国遗体捐献的立法现况做一些粗浅分析。

一、关于确定遗体捐献主管部门的问题

我国部分地方从 20 世纪 80 年代起就已逐步启动遗体捐献工作，而且无一例外都是由各地的红十字会具体负责管理。究其原因：一方面，遗体捐献是一种无私奉献行为，与红十字会所倡导的“人道、博爱、奉献”精神完全契合；另一方面，遗体捐献可以直接推动人类医学事业的发展，属于医疗卫生事业范畴，而当时各级红十字会均属于卫生行政部门的组成部分，因此由红十字会来负责管理也就顺理成章。然而，随着国家理顺管理体制进程的推进，各级红十字会相继从卫生行政部门中脱离出来，成为独立的群团机构。这样一来，按照立法的基本原则，一项社会事业的主管部门不仅要负责日常工作，还要对违反规定的单位和个人予以惩处，但红十字会作为群团组织不再具备行政执法权，因此无法成为遗体捐献的法定主管部门。那么地方政府是否可以特别授予红十字会这一执法权呢?但截至目前全国尚未有此先例。由此可见：基于历史的原因，虽然红十字会是遗体捐献事业最初的推动者和管理者，但如果现在立法时将其确定为主管部门，那么立法严谨性和科学性就会出现不可回避的“硬伤”。于是便出现了各地方遗体捐献条例中“卫生行政部门是遗体捐献工作的行政主管部门；红十字会承担遗体捐献的日常工作”这一特殊规定。此种表述，内含了红十字会隶属于卫生行政部门的历史痕迹，但在实际施行过程中必然会存在一定的弊端，也就是法律主体权责不相一致的问题。那么如何才能更科学地解决这一难题呢？笔者想以《南京市遗体和器官捐献条例》为例予以建议：1996 年，南京市民自发倡导遗体捐献，此后这项工

作在市委市政府的高度重视和大力推动下得以健康持续发展。同年，成立了“南京市红十字会捐献遗体志愿者之友”组织。20年来，该组织已发展遗体捐献志愿者7 700多人，实现捐献1 500余人，为医学事业发展做出了积极的贡献，也获得了很多荣誉。2004年，南京市红十字会从南京市卫生局独立出来，此后市卫生局基本不再参与遗体捐献工作。在2015年市人大制定出台《南京市遗体和器官捐献条例》时，也遇到了如何确定遗体捐献主管部门的困难。经过多次的专题研讨，最终以“市、区卫生计生行政主管部门负责本市遗体和器官捐献相关工作的监督管理。市、区红十字会具体负责遗体捐献的宣传动员、登记、协调、见证、颁证、缅怀纪念等日常工作。”进行了技术处理。此条款既没有明确表明“主管部门”是谁，但又对卫生行政部门和红十字会的分工进行了具体规定，既落实了责任主体又指明了执法主体。同时，其在确定遗体接受单位资格问题上又赋予了红十字会更大的权利，其表述为“高等院校、医学科研单位以及医疗机构符合下列条件的，经市红十字会确认，可以成为遗体接受单位”。虽然“确认”没有“批准”的提法更具权威性，但相较其他地方条例，这两个条款的出台，是在遗体捐献立法中迈出的更为科学和积极的一步。其对未来国家层面或其他地方遗体捐献立法时，在如何确定遗体捐献主管部门上提供了可供借鉴的尝试。

二、关于公民遗体捐献自主决定权的问题

目前大多数地方条例中对遗体捐献的登记内容都不约而同地做了大篇幅的表述，究其原因，笔者认为主要有以下三点：一是作为自然人在生前登记遗体捐献时，是否必须征得亲属的同意？这些亲属包括哪些人？二是自然人生前未登记遗体捐献但又没有明确表示不愿意遗体捐献时，其亲属是否有权代为捐献？这些亲属又包括哪些人？三是由于遗体捐献是本人身故后的行为，该由谁来通知遗体接受机构完成遗体接收工作？即“委托执行人”的设定问题。那么“委托执行人”应该是哪些人？是否只能是亲属？如果没有亲属怎么办？……所有这些问题必须在登记时予以明确，否则会对实现捐献造成不可避免的障碍。从已出台的地方条例里，我们不难看出对以上这些问题的解决大致可分为两种方案：一种是严格规定自然人在登记遗体捐献时必须征得其直系亲属的同意并签字确认，

而且将直系亲属范围框定为"配偶、子女、父母"这三类;同时,其"委托执行人"也只能从这三类人中选择产生。另一种方案则步子迈得更大一些,没有硬性规定在登记时必须由亲属签字认可,而"委托执行人"可以是亲属,也可以是所在单位、社区居委会、养老机构等以及由本人指定的机构或者个人。显而易见,第二种方案更充分体现了对公民遗体捐献自主决定权的保护和尊重,更对"委托执行人"的选择范围做了最大限度的扩展。《南京市遗体和器官捐献条例》对于遗体捐献登记的规定便属于第二种方案。笔者认为两种方案各有其利弊。第一种看似对于登记提出了非常严格的限制,甚至有些省市还要求进行司法公证。其实,这种严苛的要求背后是对顺利实现捐献的可靠保障,如果事先没有得到其亲属尤其是直系亲属的充分支持,那么能否顺利实现捐献则将变得难以预测。但这种方案也有其弊端,因为它会将没有直系亲属的自然人排除在可捐献之外。第二种方案最大限度地降低了遗体捐献登记的"准入门槛",充分尊重了个人的自主选择权,也为倡导遗体捐献新风尚提供了积极的社会氛围。当然,随着社会精神文明建设的发展,会有更多的人接受和参与这种高尚的奉献行为,在登记后可以慢慢做亲属的工作,从而得到他们的同意,最终实现捐献的可能性也是很大的。而其弊端则如前所述,能否最终顺利实现捐献还是要依据亲属的态度。

至此,不难得出一个结论:遗体捐献虽然可以看作是公民的一种"赠予行为",但又不同于普通的货币或者物质赠予,其亲属的意见在某种意义上起着关键的决定作用。两种方案的区别仅仅是登记形式上的差异,遗体捐献的最终实现还是必须征得亲属尤其是直系亲属的同意,可谓"殊途同归"。笔者建议:要解决以上两种方案所产生的种种弊端,唯有通过国家立法,确立公民享有自主捐献遗体的个人权利,即"公民有自主选择身故后捐献遗体的权利,任何人不得干涉或阻拦"。如果这一建议能够实现,那么对遗体捐献立法的诸多问题将会得到最大限度的解决。

三、对于遗体捐献进行全国立法的思考

遗体捐献的高尚之举越来越多地受到民众的关注,因此各地陆续开始启动这项工作。笔者近几年也多次参加了全国性的遗体捐献专项工作研讨会,其中"对遗体捐献进行全国立法"一直是关注度最高的议题。虽

然目前全国已有多个省市出台了遗体捐献地方条例，但大多数省市还没有出台或者正在筹划中。随着2015年3月15日《中华人民共和国立法法（修正案）》的发布，地方法规的制定受到了更为严格的限制，立法领域进一步紧缩。因此，各地对全国统一出台遗体捐献法规就有了更高的期待。中国红十字会总会也一直在积极努力推进此项工作，但进展比较缓慢。究其原因，笔者认为可能有以下几点：

（一）各地遗体捐献工作的基础条件和发展现况差异较大

目前，全国几乎所有的省市红十字会都已陆续开展了遗体捐献工作，但发展状况差异很大。例如：上海市是我国开展此项工作最早的城市之一，目前累计登记人数近3万人，每年的捐献人数接近1 000人，并且在2001年就颁布了《上海市遗体捐献条例》。除此外，上海市有十几所医学类大专院校和医疗机构可以接受捐献的遗体，市民的捐献意愿的实现能够得到有效保障。而在有些地方，此项工作才刚刚起步，相关的人员培训、机构设置、流程建立等重要环节还需要逐步完善，有些地方甚至还没有医学院校或者开展科研的医疗机构，不具备接受遗体的客观条件。

（二）各地业已建立的遗体捐献流程差异较大

分析比较各地遗体捐献的工作流程，笔者找到了诸多不同点，主要集中在以下几个方面：一是在登记时是否需要亲属签字认可或者进行司法公证。二是遗体利用完毕后是否归还骨灰。此环节的不同处理方式争议较大：支持不归还骨灰的一方认为，既然是遗体捐献了就应最大化利用，为医学研究做彻底奉献，同时也是推动殡葬改革的重要举措。如果若干年后将骨灰再交还给亲属，家人还要购买墓地安葬，势必要占用有限的土地资源。而支持归还骨灰的一方则认为，遗体利用完毕后，应给亲属一个交代，这样更符合人性化原则。三是遗体捐献前是否安排悼念仪式。目前各地做法不一，南京市遗体捐献工作在起步时就倡导"三不、两献、一育"的原则，即"去世后不开追悼会、不接受花圈挽联、不用骨灰建墓土葬；捐遗体供解剖、献器官供移植；骨灰用于植树造林"。20年来，对捐献者均没有安排专门的悼念仪式（特殊情况除外），骨灰也由相关部门统一处理。而在一些地方，对每一位捐献者都要举行悼念仪式，有的还比较隆重。当然这是对捐献者无私奉献精神的尊重和颂扬，同样值得推广和借鉴。

基于以上所陈述的种种差异，在进行遗体捐献全国立法时，必须要充分调研，全盘考虑各地现况，充分听取各方意见，科学民主、统筹兼顾，既不能因为上位法的出台阻碍了各地的发展，同时也要为开展此项工作有困难的地方提供尽可能的支持。

四、结 论

遗体捐献是一项朝阳事业，在过去的几十年时间里，全国各地依据本地实情和人文特点先后启动并积极促进该项事业的发展，为祖国医学事业发展做出了巨大贡献。同时，为了保障捐献人的权益，规范捐受行为，各地积极推动遗体捐献立法工作，先后出台遗体捐献地方法规。这些法规一方面对遗体捐献登记、接受、利用及保存管理等工作予以了集中规范，同时又存在着比较明显的差异。目前，推动全国遗体捐献立法已经是广泛的共识。通过立法，大家希望解决：如何更科学合理地落实遗体捐献的主管部门；如何切实保障公民遗体捐献的自主决定权；如何统筹兼顾各地发展现况，促进全国的遗体捐献工作协调、平稳、持续健康发展；同时，需要明确民政、公安、交通、司法、财政等相关部门的具体职责，建立协作机制，为遗体捐献提供有力保障，以适应广大人民群众日益增长的捐献需求。相信随着我国"依法治国"理念的深入推进，这一利国利民的事业必将在法治化进程中迎来新的更加健康的发展。

儿童意外伤害急救与预防培训效果评价

高月霞　杨柳　朱煜　李伊婷　南通大学公共卫生学院

宗蕾　南通市崇川区红十字会

摘　要：于2015年7月在南通市8个社区开展意外伤害急救与预防的培训，以培训组的200名作为干预组，以所在社区未参与培训的200名为对照组。南通市儿童意外伤害的发生率较高，在交通安全事故处理、外伤包扎、心肺复苏、溺水的处理方面方面，干预组的儿童意外伤害知识知晓水平高于对照组。针对家长和儿童的意外伤害的培训干预项目，提高了儿童意外伤害防范与应急处理的知识和能力。政府应采取多种形式的健康教育，提高家长和儿童的安全意识。

关键词：儿童　意外伤害　健康教育　效果评价

一、前　言

意外伤害是指突然发生的各种事件或事故对人体所造成的损伤，包括各种物理、化学和生物因素。参照国际疾病分类标准ICD-10，可将意外伤害分为道路交通伤、跌伤、烫烧伤、锐器伤、碰撞伤、砸伤、挤压伤、爆炸伤、动物咬伤、电击伤、中毒、溺水12种不同类型。意外伤害不单是一种躯体伤害，而且是一个严重的经济及社会问题。广东池头对7～16岁2 553名儿童和青少年的调查显示，伤害在7～16岁儿童中发生率为37.96%，并且随着年龄的增长而增长，38.10%儿童有两次以上的伤害发生。广东省广州市、江门市、汕头市、茂名市和珠海市进行多中心研究，共调查15 244名7～8岁儿童，意外伤害年发生率为46.45%(37.96%～50.55%)。流行病学调查发现儿童意外伤害存在年龄、性别、城乡、地区分布及时间分布差异，父母职业、社会经济水平以及环境因素均可影响儿童意外伤害的发生率。随着城镇化、工业化的发展，道路、交通等设施的改变，儿童生活环境中出现了更多的意外伤害危险因素，儿童死于意外伤害的问题日益严重。儿童意外伤害已经成为儿童的第一位死因，日益增加的儿童意外伤害已经对儿童的生命安全和生存质量产生严重威胁。发达国家的经验表明，如果合理开展科学的干预措施，儿童的意外伤害是可以预防的。通过健康教育等干预措施可降低儿童意外伤害的发生率，同时提高意外发生后的及时救治率，从而降低儿童意外伤害死亡率并提高儿童的生存质量。为了降低儿童意外伤害的发生率，南通市崇川区红十字会组织了对儿童意外伤害预防与急救的现场培训，本研究将对接受培训的 10 个社区的 200 名儿童作为干预组，以该社区未接受培训的 200 名儿童作为对照组，评价培训效果为儿童意外伤害的预防与控制提供依据。

二、对象和方法

1. 研究对象

2015 年 7 月，南通市崇川区红十字会在 10 个社区开展了“小手拉大手，救护培训进社区”培训项目，对 7～15 岁儿童及其监护人进行现场的儿童意外伤害预防与急救培训。以参加项目培训的 200 名儿童作为干预组，以其所在社区没有参加培训的 200 名儿童作为对照组。

2. 调查内容

根据培训内容，设计调查问卷，调查前对问卷进行预调查，修改设计完善问卷内容。由统一培训的南通大学公共卫生学院的本科生作为调查员，对儿童进行面对面访谈。调查问卷主要内容包括：① 儿童的个体特征，如年龄、性别、学校、年级、父母的监护模式等；② 意外伤害发生现状，如过去一年发生意外伤害的次数，伤害发生的地点和伤害的类型；③ 意外伤害预防与急救培训内容知识行为评价，主要包括交通事故、外伤急救、心肺复苏、呼吸心跳骤停、严重失血、表皮擦伤等内容；④ 意外伤害预防与急救培训的需求意愿调查；⑤ 意外伤害预防与急救培训活动的满意度等。

3. 统计分析

所有的数据采用 Epidata 3.1 双人双份录入，并进行逻辑性核查。统计分析采用Stata12.0软件进行描述性分析，单因素分析采用卡方检验或均数比较，以 $P<0.05$ 表示差异有统计学意义。

三、结 果

1. 样本描述

以所在社区参加项目培训的200名儿童作为干预组，以其所在社区没有参加培训的200名儿童作为对照组。其中男生共216人，占54%；女生184人，占46%。年龄分布主要在9～13岁，具体见表1。

表1　400例儿童基本特征描述

变量	指标	干预组（n=200）	对照组（n=200）	合计
性别	男	114(57.0%)	102(51.0%)	216(54.0%)
	女	86(43.0%)	98(49.0%)	184(46.0%)
年龄（岁）	7	1(0.5%)	0(0.0%)	1(0.3%)
	8	18(9.0%)	1(0.5%)	19(4.8%)
	9	39(19.5%)	21(10.5%)	60(15.0%)
	10	61(30.5%)	46(23.0%)	107(26.8%)
	11	36(18.0%)	39(19.5%)	75(18.8%)
	12	29(14.5%)	46(23.0%)	75(18.8%)
	13	11(5.5%)	37(18.5%)	48(12.0%)
	14	4(2.0%)	9(4.5%)	13(3.3%)
	15	1(0.5%)	1(0.5%)	2(0.5%)

2. 儿童意外伤害现状

对南通市儿童意外伤害调查发现，儿童意外伤害发生率比较高，干预组发生意外人数为103人次，占51.5%；对照组发生意外的人数59人，占29.5%。干预组儿童意外伤害发生的主要地点为家和学校，分别占23.5%和13.5%；对照组儿童意外伤害发生的主要地点也是家和学校，分别占19.0%和18.5%。伤害类型主要是摔伤，干预组达到22.5%，对照组35.5%，详见表2。

表 2　400 例儿童意外伤害发生率及发生地点

变量	分组	干预组	对照组	χ^2	*P*
意外发生人数		103(51.5%)	59(29.5%)	20.08	<0.001
意外发生地点	家	47(23.5%)	38(19.0%)	1.21	0.328
	学校	27(13.5%)	37(18.5%)	1.86	0.219
	道路	17(8.5%)	19(9.5%)	1.14	0.567
	公共场所	10(5.0%)	18(9.0%)	4.17	0.124
	其他	21(10.5%)	33(16.5%)	3.18	0.203
伤害类型	烧伤	22(11.0%)	35(17.5%)	3.46	0.085
	摔伤	45(22.5%)	71(35.5%)	8.20	0.006
	交通事故	5(2.5%)	5(2.5%)	4.87	0.176
	利器割伤	8(4.0%)	20(10.0%)	5.53	0.029
	异物吸入	2(1.0%)	1(0.5%)	0.34	1.000
	溺水	1(0.5%)	1(0.5%)	4.57	0.179
	触电	2(1.0%)	1(0.5%)	3.49	0.112
	其他	24(12%)	25(12.5%)	4.25	0.246

3. 意外伤害预防与急救培训内容效果评价

在交通安全事故时，应首先拨打“120”或“110”急救电话求救，干预组的回答正确率为 26.0%，高于对照的 13.0%，差异具有统计学意义($P<0.001$)。然而，大部分儿童却错误地认为应先抢救病人。儿童溺水抢救的正确顺序应该是先倒出呼吸道积水然后判断呼吸，干预组回答正确率为 49.0%，高于对照组的 29.5%。差别具有统计学意义($P<0.05$)。平时洗澡的注意事项，正确的方法应该是先热水后冷水，干预组回答正确率为 65.5%，高于对照组的 31.5%，差别具有统计学意义($P<0.05$)。

表 3　400 例儿童意外伤害相关知识及行为回答正确人数及构成

指标	干预组	非干预组	χ^2	P
如何正确过马路	196(98.0%)	191(95.5%)	2.06	0.356
交通安全事故首先要做的	52(26.0%)	26(13.0%)	10.76	0.001
呼吸心跳骤停首先应该做的	114(57.0%)	102(51.0%)	20.36	0.561
严重出血应该如何急救	179(89.5%)	151(75.5%)	13.56	0.100
儿童溺水抢救的正确顺序	98(49.0%)	59(29.5%)	28.48	0.397
倒出呼吸道积水的正确做法	134(67.0%)	106(53.0%)	4.11	0.025
平时洗澡该注意的事项	131(65.5%)	63(31.5%)	7.88	0.005
正确的烫伤急救	185(86.5%)	173(86.5%)	1.39	0.500
儿童骨折后正确的处理方式	103(51.5%)	67(33.5%)	3.84	0.050
触电的首要措施	168(84.0%)	141(70.5%)	5.39	0.500

4. 儿童意外伤害预防与急救培训参与意愿需求调查

(1) 参加培训意愿：干预组和对照组大部分家长和儿童都愿意主动参与培训，干预组达 94.0%，对照组达 88.5%。由此可见家长对培训的认可度都很高，家长很乐意去参加儿童意外伤害的预防与急救培训。

(2) 意外伤害预防与急救知识获取途径：通过对干预组和对照组总共 400 名家长和儿童过去意外伤害预防与急救知识获取途径的调查，发现无论是干预组还是对照组，学校老师的宣传教育、父母家长的教育是过去儿童意外伤害预防与急救知识获取的两种最主要途径。过去干预组儿童意外伤害预防与急救知识获取途径中，学校老师宣传教育占 56.0%，父母家长教育占 53.0%，社区宣传占 47.5%，书籍杂志占 33.0%，广播电视占 33.5%；对照组儿童意外伤害预防与急救知识获取途径中，学校老师宣传教育占 67.5%，父母家长教育占 55.0%，社区宣传占 23.0%，书籍杂志占 25.0%，具体见表 4。

表 4　400 例儿童过去意外伤害预防与急救知识获取途径

主要途径	干预组	对照组
学校老师宣传教育	112(56.0%)	135(67.5%)
父母家长教育	106(53.0%)	110(55.0%)
社区的宣传	95(47.5%)	46(23.0%)

续表

主要途径	干预组	对照组
书籍杂志	66(33.0%)	50(25.0%)
广播电视	67(33.5%)	62(31.0%)
同学朋友	17(8.5%)	27(13.5%)
其他	19(9.5%)	18(9.0%)

(3) 意外伤害预防与急救知识最希望的获取途径：家长和儿童意外伤害预防与急救知识最希望获取的途径分别是学校老师宣传教育和父母家长教育：干预组所占比例分别是52.0%和48.0%；对照组所占比例分别是46.5%和36.5%。所以以后我们对学校老师和家长的培训需要更加增强，这样才能更好地影响儿童意外伤害的预防和处理，具体见表5。

表5　400例儿童意外伤害预防与急救知识最希望的获取途径

主要途径	干预组	对照组
学校老师宣传教育	104(52.0%)	93(46.5%)
父母家长教育	96(48.0%)	73(36.5%)
社区的宣传	86(43.0%)	33(16.5%)
书籍杂志	65(32.5%)	69(34.5%)
广播电视	63(31.5%)	48(24.0%)
同学朋友	27(13.5%)	25(12.5%)
其他	27(13.5%)	17(8.5%)

5. 社区急救培训内容的评价

(1) 培训内容生动有趣：在对200名干预组的调查问卷中得出结论，儿童认为最有趣的培训内容是心肺复苏，所占比例达63.5%；培训收获最大的内容也是心肺复苏，达59.5%，具体见表6。

表6　200例干预组儿童认为最有趣和收获最大的培训内容

变量	最有趣内容	培训收获最大内容
骨折包扎处理	13(6.5%)	26(13.0%)
心肺复苏	127(63.5%)	119(59.5%)

续表

变量	最有趣内容	培训收获最大内容
车祸预防处理	16(8.0%)	22(11.0%)
溺水处理	34(17.0%)	26(13.0%)
烧伤灼伤处理	7(3.5%)	12(6.0%)
摔落	2(1.0%)	6(3.0%)
中毒	9(4.5%)	12(6.0%)
其他	18(9.0%)	15(7.5%)

(2) 最希望的培训方式：干预组最喜欢的培训方式是现场亲自操作，占 43.5%，其次是观看视频，占 33.5%；对照组最喜欢的培训方式是观看视频，占 38.5%，其次是现场亲自操作，占 36.0%。所以以后举办儿童意外伤害培训可以采取更多的让家长和儿童现场亲自操作的方式，同时制作更加有趣的视频给家长和儿童进行儿童意外伤害的预防和急救学习。

四、讨　论

随机抽取南通市崇川区实施了“小手拉大手，救护培训进社区”培训项目的 10 个社区 7～15 岁儿童、父母及其监护人。以参加项目培训的 200 名儿童作为干预组，以其所在社区没有参加培训的 200 名儿童作为对照组。发现干预组家长和儿童对意外伤害的预防和处理明显优于对照组。实施儿童教育和家长教育相结合的干预措施，是儿童的伤害干预的有效手段。

1. 意外伤害发生率及发生地点

本次研究南通市儿童意外伤害发生率为 29.5%，高于贵阳的 24.76%、成都的 29.28%，低于武汉的 46.10%。意外伤害发生地主要是家 23.5%和学校 13.5%，所以儿童意外伤害主要防治重点是家和学校。

2. 意外伤害预防与急救知识知晓

本次研究发现干预组和对照组大部分都愿意主动参与培训，干预组达 94.0%，对照组达 88.5%，与临安学龄前儿童意外伤害现状及相关因素研究结果相似，其在调查中得到有 94.2%的家长愿意主动接受意外伤害预防与急救的健康教育的结论。这说明大部分家长还是愿意接受儿童意外伤害预防和处理的培训的。儿童意外伤害知识最希望获取的途径分别是学校老师宣传教育和父母家长教育，干预组分别为 52.0%和 48.0%，对照组分别为 48.0%和 36.5%。这与临安学龄前儿童意外伤害现状及相关因素研究结果不同，该地家长最希望获得相关知识的途径最多的是医院宣传 67.5%，其次是社区宣传 65.5%。

3. 干预培训效果

国内外研究一致认为，为了孩子的健康成长，家长应该掌握更多的意外伤害预防与急救相关知识与技能，通过对家长和儿童进行健康教育、对社区设施的干预，可以有效地提高儿童的安全意识，减少儿童意外伤害的发生。本次研究中对干预组和对照组的培训效果进行评价表明，干预培训的效果较好，能提高儿童意外伤害知识的知晓率。对于交通安全事故首先要做的知识回答正确率，干预组 26.0%，高于对照组的 13.0%，差异有统计学意义（$P<0.05$）。对于平时洗澡的注意事项正确率，干预组 65.5%，对照组 31.5%，差别具有统计学意义（$P<0.05$）。

五、结论和建议

本研究发现儿童意外伤害发生最多的地点是学校和家，儿童意外发生的最主要形式是摔伤和烧伤，家长和儿童在培训中收获最大和最感兴趣的都是心肺复苏。学校和家防止儿童意外伤害发生的措施还不完善，比如儿童防护栏等硬件配套设施还没有完全覆盖。同时软件的宣传教育还不够，学生和家长都缺乏儿童意外伤害预防与急救的相关专业知识。根据研究结果，本文提出以下建议：

针对研究对象特点，开展儿童教育和家长教育相结合的干预措施，除了对有认知能力的儿童进行教育外，还应对家长进行健康教育，提高家长对伤害的认知水平，认真落实有关防范措施，消除存在着安全隐患。还可以通过家长来教育儿童，改变儿童的危险行为，以减低儿童意外伤害的发生率，同时使家长能够用正确的方法处理出现的儿童意外伤害问题。通过儿童意外伤害的健康教育能够提高家长和儿童的安全意识，可减少儿童意外伤害的发生，对发生的儿童意外伤害能够及时有效处理。

针对本次现场培训的效果反馈，特提出以下两点建议：①以后可以举办儿童意外伤害预防与急救培训时，可更多地让家长和儿童现场亲自操作，同时制作更加有趣的视频给家长和儿童学习儿童意外伤害的预防和处理。②家长和儿童意外伤害知识最希望获取的途径分别是学校老师宣传教育和父母家长教育，所以以后我们对学校老师和家长的培训需要进一步增强，这样才能更好地进行儿童意外伤害的预防和处理。

参考文献

[1] 向兵，刘筱娴. 儿童意外伤害及影响因素[J]. 国外医学(社会医学分册)，2003，20(3)：104-108.

[2] Li LP，Wang S，Huang G，et al. A survey on injury incidence in school children in Shantou City[J]. Bionmedical and Environmental Sciences，2003，16(2)：180-186.

[3] 李丽萍，黄革，马小红，等. 2553 名 7～16 岁儿童意外伤害的现况分析[J]. 中华流行病学杂志，1999，20(1)：27-31.

[4] 李杨，魏珉. 儿童期意外伤害的研究现状[J]. 中华护理杂志，2006，41(12)：1136-1138.

[5] 宋文珍. 预防和控制儿童意外伤害的基本对策[J]. 中国儿童保健杂志，2006，14(4)：325-327.

[6] 梁维君，龚萍，杨学文. 湖南农村中小学生伤害流行特征与疾病负担研究[J]. 中国学校卫生，2012，33(5)：635-637.

[7] Gagné M，Hamel D. Deprivation and unintentional injury hospitalization in Quebec children[J]. Chronic Disease Canada，2009，29(2)：57-69.

[8] Pressley JC，Barlow B. Preventing injury and injury-related disability in children and adolescents [J]. Seminars Pediatric Surgery，2004，13(2)：133-140.

[9] 梁友芳，朱丹. 社区学龄前儿童意外伤害状况及母亲认知水平的调查[J]. 广西医学，2009，31(3)：423-425.

[10] 刘玲，刘筱娴，文秋生，等. 贵阳市城区 2193 例学龄前儿事意外伤害及影响因素的研究[J]. 中国儿童保健杂志，2001，9(2)：91-92.

[11] 吴敏康，徐泳华，李丽，等. 成都市市区学龄前期儿童伤害发生现状及其危险因素[J]. 中华预防医学杂志，2001，35(3)：181.

[12] 向兵，刘筱娴，孙凌毅，等. 武汉市武昌区 3～6 岁儿童意外伤害现况研究[J]. 中国健康教育，2002，18(6)：340.

[13] 王敏. 临安市学龄前儿童意外伤害现状及相关因素研究[D]. 上海：复旦大学，2012：26-19.

[14] Roberts MC，Fanurik D，Layfield DA. Behavioral approaches to prevention of childhood injuries[J]. Journal of Social Issues，1987，43(2)：105-118.

[15] 余红平，程光文. 学龄儿童行为问题与家庭环境因素对照研究[J]. 中国公共卫生，2001，17(8)：765-766.

关于降低志愿者反悔率与提高捐献成功率的调研报告

——基于启东市为主要样本的调研与思考

施正辉　启东市红十字会

摘　要：红会与造血干细胞志愿者之间的沟通重要又必要。有效的沟通有利于增进互信。沟通是门艺术，形式与内容均需具有针对性，唯有如此才能确保沟通的有效性。有效的社会支撑系统是做好造血干细胞工作的基本条件，诚信社会建设有利于增强红会与志愿者之间的互信。

关键词：有效沟通　增进互信　社会诚信　互信基础

做好无偿捐献造血干细胞工作是红十字会的核心业务之一，是红十字会的法定职能，具有鲜明的红十字特色。许许多多国民就是通过无偿捐献造血干细胞工作了解红十字会、走近红十字会、走进红十字会。随着血液疾病的增多，受配对概率甚低制约，医学科技尚无可替代的突破性进展，做好无偿捐献造血干细胞工作更显重要与紧迫。

怎样提高全社会对捐献造血干细胞的认同度？怎样壮大捐献造血干细胞志愿者队伍？怎样降低无偿捐献造血干细胞志愿者的反悔率？这三个问题是红十字会开展无偿捐献造血干细胞工作所面临的永恒课题。有效增进与造血干细胞志愿者的沟通与互信，是顺利解决这些问题的唯一途径。同时，建立有效的社会支撑系统，是更好地做好造血干细胞捐献工作的基本条件。

实例一：

某市红十字会接到通知，该市女市民小张与一位患者初配成功。当联系上小张时，小张说："我什么时候抽过血成为捐献造血干细胞志愿者的？我忘记了。"

思考：

《现代汉语词典》(商务印书馆 1995 年版)只将“沟通”解释为“使双方能通连”，没有收录“互信”词条。在百度百科中，“沟通”解释为“人与人之间、人与群体之间思想与感情的传递和反馈的过程，以求思想达成一致和感情的通畅。”“互信”解释为：“两个国家，两个人，两个独立体相互信任。比如两个政党互信，两国互信，两军互信，甚至夫妻互信等等。”由此可见，沟通是有目的的，互信是相互的。

现代管理学之父、著名世界级管理大师、美国学者彼得·德鲁克说过：“沟通不是万能的，没有沟通是万万不能的。”人的社会属性决定了人需要通过沟通达到心理满足、情感交流、生存及协作等目的。在管理学上有个“双 70 定律”，即管理者 70%的时间用于沟通，70%的出错是由于沟通失误引起的。没有沟通或缺少沟通，就难以达成共识、就难以形成合力、就难以实现目标。有人说：“沟是方式，通是目的。”沟通的指向就是有效、就是互信。在造血干细胞志愿者中鲜有不愿沟通者。与志愿者沟通是红十字会常态化的工作，学会有效沟通是红十字会永续性的课题。要使得志愿者增进对红十字会的信任，以“不忘初心、时刻准备着”的心态投身志愿捐献，红十字会就该主动、真诚、策略、连续、及时、有效地，用心、用情、用力、用术地与志愿者沟通。做好这项工作相当重要，十分必要。红十字会组织需要追求沟通效果的最大化，并衍生良性效应，力戒无效沟通或因沟通产生负面影响。此外，也需要鼓励志愿者积极与红十字会沟通，从而在诸多方面增进共识、良性互动，增强互信。

但是，有些红十字会在招募捐献造血干细胞志愿者时，更多地注重数量上的递增，没有及时做好后续沟通。这种希望一劳永逸的幻想，很难构筑起相互的信任。所以，红十字会组织需要牢固树立公关观念、确立沟通意识。本实例中某市红十字会将采样成功视作一劳永逸，没有做好采样后的后续工作，未能下功夫写好沟通这篇“大文章”，在初配合格后才临时抱佛脚，丧失了主动权，工作陷入被动局面。

实例二：

某乡镇医院外科医生小宋，工作不久就加入了捐献造血干细胞志愿者队伍。他由于一天到晚忙忙碌碌，所以红十字会的有些活动不能抽身参加，因而红十字会对其有些看法。

思考：

“一根绳子可以打出许多不同的结，但同时也有许多相应的解开方式；人生没有解不开的结，关键是你要去找到合适的解开方式”(《阿什利绳结大全》)。沟通也是如此，需要载体，是门艺术。红十字会组织需要提高沟通的有效度以不断增进互信度。沟通需要心贴心，讲关心的事，说爱听的话，用愉悦的方式。

沟通方式可以是现代与传统融合、群体与个体兼容、普适与定制并存、日常与节日结合、直接与间接并用、物质与精神兼顾。沟通讲究的是针对性、适时性、有效性，注重的是多样性、个性化。

对不同的志愿者切忌采用完全相同的沟通方式。否则，就会对牛弹琴、事倍功半，乃至产生负面效果。志愿者的身份比较特殊，以尊重其意愿为根本原则；要通过沟通使志愿者获得认同感、安全感、获得感、愉悦感、成就感。

培育和增强沟通的欲望，提高沟通的顺畅程度和实效。红十字会组织是群团组织，不能带有行政强制色彩，避免因为沟通不妥而干扰志愿者的正常工作生活，从而使得志愿者觉得沟通是一种负担而惹人讨厌、使人反感。

与志愿者的沟通始于采样，然后永远在路上。对特定的个体而言，不同时期在沟通内容、方式上可以改变，一切以效果为前提，可以贴心定制，创新路子，以求实效。在采样时，侧重相关科学知识的宣传、个人意愿的初步确认；在志愿者填表留样后的“静思期”，进行回访沟通，再次确认其意愿；在志愿捐献者信息入库后，建立与志愿者的日常联系机制，并积极招募其为服务类志愿者，充分发挥其在宣传招募入库志愿捐献者环节中的助手作用及在其他红十字会工作中的志愿服务作用；在初配成功后的再动员阶段，更要加强对志愿者及其家属等亲人的有效沟通，帮助其全面了解流程，解除畏惧感，坚定意愿，防止意愿反复或颠覆；在正式捐献前后，红十字会更需做足沟通文章，欢送、迎接、关注、关怀等无不周全到位；在成功捐献后的跟踪体检阶段，继续进行有效沟通。

启东市红十字会自 2003 年起开始招募无偿捐献造血干细胞志愿者，截至 2016 年 10 月 28 日，1 299 人成为入库志愿者，其中 4 人成功捐献。志愿者主要是医务工作者、教育工作者和公务员。针对不同的职业群体、不同的对象、同一对象的不同时间，我们既有通用的基本沟通方式，又有归类和个案性的沟通。红十字会分别将志愿者情况先后与市卫计委、市教育局交流，请他们以适当的会议、培训等渠道转达红十字会对志愿者的问候并给予适度关心。通过网站，在重大节日向志愿者致以崇高敬意和真诚祝愿。2017 年通过撰写并专送感谢信，到启东姚记公司向 10 名志愿者和公司表达谢意。通过《启东日报》等本地媒体，及时宣传自愿加盟的江苏省神通阀门职工小黄的善举，大力弘扬“人道、博爱、奉献”的红十字精神。我们以同理心换位思考，充分理解并尊重志愿者的意愿，避免不当沟通引起的负面影响。在 2016 年 10 月启东全市集中采样时，红十字会邀请 4 位志愿者到现场提供服务，其中 2 位因为客观原因未能参与，红十字会未有丝毫不满与责备。

沟通方式的多样性以有效作为前提，提高沟通的实效性以针对性为基础。对于大多数年轻志愿者而言，喜欢互联网新媒体传播，碎片化与图像化，比较青睐使用微信与 QQ 进行沟通，红十字会就应与时俱进，提供平台，满足所需。但是，对不喜欢这些技术手段的志愿者，红十字会就只能使用其他渠道。研究表明：肢体语言占沟通效果的 55%，语音语调占 38%，内容占 7%，所以，面对面的沟通依然是首选方式，在沟通效果上，怎么说比说什么更重要。定期回访、电话联系、信函往来、节日问候、赠阅报刊等都是可行的方式，对具体的志愿者而言，可以多种方式同时或交错进行沟通。

无偿捐献造血干细胞志愿者这一群体总体素质较高，乐善好施、助人为乐，志愿者之间的沟通有利于产生正能量几何级增长效应。由于县级志愿者队伍比较庞大，在利用 QQ 群或微信群进行沟通时，需要选择合适对象担任群主，必要时应分为不同群进行管理。管理好一个群是很辛苦的。如何确保群内保持正能量、保证群规落实到位？一旦出现不良倾向，如何纠偏入轨？诸如这些问题群主都得劳心劳力。

没有调查研究就没有发言权。在具体的沟通中，红十字组织务必征求志愿者的意见，改进沟通方式，更新沟通内容。可通过征求意见函、茶话会、个别征求建议、座谈会、联谊会等各种方式征求意见，重视吸纳并反馈。启东市在今年进行集中采样时，成功捐献者小宋就担任了服务志愿者。他建议明年在位于启东北部吕四的启东第二人民医院设集中采样点，并做好前延后伸的宣传工作。这一建议很有针对性和可操作性，市红十字会当即采纳。这种广开言路、虚心纳言的沟通方法成为志愿者不断为红十字会发展出谋划策的催化剂。

实例三：

某校女教师小施，今年32岁，自幼丧父，家境贫苦，成长路上曾获多方帮助。她出于感恩，成为无偿捐献造血干细胞志愿者。初配成功后，所在地红十字会工作人员前往其工作单位进行沟通，她满口认捐，并表态即使亲人有不满，也一定做通工作。但是，后因体检不合格而未能如愿，深感遗憾。

思考：

良好的沟通是要说对方想听的，听对方想说的。既要说清又要听明，更要会说又要悦听。管理学认为，沟通的主导责任是管理者自己。推及红十字会与志愿者之间的沟通，主导责任就在红十字会。任何埋怨志愿者在沟通方面的言行都是推卸责任，换句话说就是红十字会的失职或无能。

与志愿者的沟通内容是多方面的，可以包括目前无偿捐献造血干细胞有关政策、实际进展、感人事迹、技术手段更新等情况，红十字会总体工作情况，以及澄清网络媒体不实报道等。但是，沟通过程中往往忽略了关注志愿者的身心健康并给予必要提醒与有益建议。目前，我国规定18～40周岁符合条件的公民可入库成为志愿者。有的志愿者在取样之初，年轻健康，但是随着岁月渐增，状况有变，不知不觉中丧失了能够捐献造血干细胞的身体条件。所以，在与志愿者沟通时，要倡导养生意识和健身知识，以使其保持良好的身体状态，利己利人，一举多得。本案例中的小施，随着家庭经济条件的改善，又历经生儿育女，心宽体胖，但是体质下降，面对捐献机会，心有余而力不足，大家都感到非常遗憾！

实际上，沟通内容应当是多维、全景、开放的，因人而异，按需而为，有效即可。沟通内容还可涉及了解志愿者工作状况，尽可能帮助其解决面临的工作困难和压力。及时全面掌握其家庭生活情况，有必要时适当与其家人进行沟通。所有这些均有利于提高志愿者认知度与认同度，增强其归属感与荣誉感；有利于提高库存有效使用率，更有利于营造更好地开展红十字会工作的社会大环境。

诚然,任何沟通都比不上红十字组织自身的公信力,公信力具有"此时无声胜有声""于无声处听惊雷"之神效。所以,公信力对互信而言是一种软沟通中的硬实力。缺少了公信力,再多的沟通也都是苍白无力的。因此,红十字会组织整体的公信力提升,是与志愿者之间增进互信的基本条件。2011 年 6 月的郭美美事件至今贻害红十字会,就是明证。

实例四:

某事业单位中层干部小袁,较早成为捐献造血干细胞志愿者。但是,初配成功后,妻子有顾虑,父母强烈反对,都称如他去捐献则断绝关系。最后,小袁反悔弃捐。

思考:

从法律意义上说,任何一个具有完全民事行为能力的公民,有权决定是否捐献自身的造血干细胞。但是,现实生活中,需要足够的社会支持系统,才能使得行为人做出相应的决断。为了规避不必要的麻烦,红十字会也从中国国情出发,规定了有些捐献行为须征求一定范围内的亲属许可才能正式实施。启东市近年来无偿捐献造血干细胞志愿者在初配成功后反悔率徘徊在 50%,其中多半属于因至亲反对,最终导致志愿者被迫弃捐。

当然,反悔尚有其他一些原因所致。某地,在一次集中采样后的第二天,有个单位全员反悔,声称单位诱导他们参加采样。当地红十字会了解情况后,逐一核实意愿,及时剔除非志愿人员。红十字会组织及时妥善解决"志愿者不志愿"问题,获得了当事者的普遍认同。也有少数志愿者在采样时认为,反正配对概率低至 1/100 万～1/10 万,先抽血送样了再说,导致真正到了初配成功进入下一环节,实打实走向无偿捐献之门时动摇、退缩、反悔。为了更好地减低反悔率,红十字会既要在招募前宣传到位、确认到位,更要注重与志愿者之间进行有效沟通,有时还需适当将沟通范围扩大至其有关家属、亲人。

社会支持系统包括成功捐献造血干细胞志愿者的现身说法。红十字会务必将这一群体建设好,发挥好应有的作用。上海市成立红十字造血干细胞捐赠志愿者俱乐部为志愿者搭建平台,南通市成立成功捐献造血干细胞志愿者服务队并开展活动的做法值得推广。启东市人民医院青年医生小严初配成功后尚存顾虑,他的同事钱浩是我市第 3 位成功捐献造血干细胞志愿者，钱医生说："绝对不用担心！不可能以损害一个人的生命健康去救助另外一个人可能拥有的生命健康。看看我身体多棒，你还担心什么?"这句话就像定心丸，使得小严信心倍增。2016 年 10 月，女市民小王主动前往启东市红十字会要求成为无偿捐献造血干细胞志愿者，她是我市第 4 位成功捐献造血干细胞志愿者宋海兵的同学，在获知宋海兵事迹后，毅然成为坚定的志愿者。

正确的社会评价也是社会支持系统之一。近 14 年来，启东市招募造血干细胞志愿者，基本以集中为主，在媒体上集中宣传、正确导向，这样就在一定时段形成比较浓烈的同向同力氛围。例如：2013 年 3 月，启东市红十字会在本市人民公园广场举行造血干细胞集中采样活动，当日共有 129 名志愿者加盟，社会效果良好。对志愿者的交流与关怀，志愿者对红十字会的充分信任，可以激励志愿者成为义务宣传员，红十字会影响力由此得以扩大，吸引力由此得以增强，有利于引导更多国民加盟造血干细胞捐赠志愿者队伍，形成持续发展的良性循环机制。

就社会支持系统而言，可喜的是，诚信社会建设正在如火如荼地进行。这必将有利于增强红十字会组织与志愿者之间的互信。正如南通市红十字会秘书长孟纬鸿发表在 2016 年 8 月 9 日《中国红十字报》的《换个角度谈公信力建设》中所言："红十字会作为党和政府领导下的群团组织，不仅是社会诚信体系建设的践行者、推动者，更是社会诚信红利的分享者、受益者。当社会诚信、人人互信成为共同价值时，红十字会公信力建设的进程必然加快，红十字事业发展就能顺风顺水。"

如何发挥高校红十字会在红十字青少年工作中的作用

沈雪婷　苏州市红十字会

摘　要：人数庞大、资源丰富、创意无限的高校大学生是红十字青少年工作中的一支重要队伍，也是红十字运动深入青少年的重要力量，他们为红十字青少年工作的创新提供了丰富的源泉。高校红十字会作为红十字青少年工作在高校的主要基地起着不容忽视的作用，本文结合大学生人群的特点、新媒体时代的宣传模式、目前高校红十字会工作上的不足，从建立管理体系、拓宽宣传方式、创新工作内容三方面进行具体论述。

关键词：红十字青少年　高校红十字会　大学生

《中华人民共和国红十字会法》在红十字会职责中明确规定，开展红十字青少年活动是红十字会的七大职责之一。红十字青少年是红十字运动的主力军，是红十字事业发展的后备力量，是中国红十字事业的基础。而高校红十字会更是沟通大学生和红十字会之间的桥梁，它教育、引导广大红十字青少年热心于红十字会的各项活动。要使红十字青少年工作在高校发展得如鱼得水，就必须抓好高校红十字会的建设和管理。目前红十字青少年工作在高校开展得并不理想，如救护知识普及、同伴教育、红十字精神的传播等很多方面还有较大的发展空间，高校红十字会的组织管理体系也存在着不少漏洞，这其中的原因和解决途径值得我们探究。

一、在高校大学生中开展红十字青少年工作的重要意义

（一）培养高校大学生的社会责任感

培养大学生的社会责任感是一项具有战略意义的人才工程。大学生肩负着国家富强与民族振兴的重任，而在他们步入社会之前，高校就是育

人的主要阵地。从当前的社会形势来看，培养大学生的社会责任感是现实的迫切需求，社会责任感也是新型人才的评价标准之一，是一种被国际认可的良好品质。而在红十字会开展的志愿服务活动中，大学生在参与的同时既可以培养他们的社会责任感，也能让他们学习和实践无私奉献的精神，为他们今后走向社会提供了强大的道德支撑和精神动力。

（二）提高高校大学生的综合素质

以江苏省红十字会在江苏省高校开展的"博爱青春"暑期志愿服务活动为例，自 2011 年启动以来，每年都有大约 50 个项目在江苏省红十字会等单位的大力支持下进行。每个项目的高校大学生作为项目设计、策划、组织、实施、宣传的执行主体，在整个过程中不断碰撞出思维的火花，在一次次实践中提高了组织领导能力和团队协作能力，综合素质得到显著提高。每次的志愿服务活动都是对大学生的一次历练，也是针对他们的一次"考试"，检验他们是否能真正运用所学知识为社会服务、为群众服务，实现自我价值。

（三）广泛弘扬"人道、博爱、奉献"的红十字精神

红十字青少年工作远不只是高校德育的一个容器。高校大学生数量巨大，对新鲜事物的接受和适应能力都很强，在校园中不管是开展应急救护培训、艾滋病预防知识普及还是红十字精神的宣传，都容易得到广泛的传播。除了学生之间的同伴教育之外，学生也会将自己学到的知识、技能传播给身边的家人、朋友。更重要的一点是，高校大学生作为传播的桥梁，是不含任何利益成分的，这比其他单位或个人的宣传更容易让大众认可和信服。让越来越多的人了解红十字会的工作内容、精神内涵，有利于缓解负面新闻事件带来的冲击，也有利于更大程度地弘扬"人道、博爱、奉献"的红十字精神。

二、红十字青少年工作在高校面临的困境

（一）组织体系过于分散，红十字会会员的集体归属感不强

从外部原因来看，很多高校红十字会的机构组织还不健全，一般挂靠在校团委下面，这样一来学生如果要举办活动，既要得到团委的批准，又要争取地方红十字会的支持，有的甚至要和团委下属的青协合作，导致高

校红十字会的行政性过强。学生们对于红十字会这个大家庭没有归属感,也没有得到红十字志愿者应得的尊重,并且开展活动的时候束手束脚。工作机制的不顺,导致红十字社团缺乏独立性和组织特色,在工作能力和效率上大为减弱。

从内部原因来看,高校红十字会内部的责任分配和日常管理制度不健全,这样就容易造成校红会成员各自的优势得不到充分发挥,组织的活力得不到充分调动。以 2016 年苏州市红十字会获得省级支持的 6 个"博爱青春"项目为例,据统计,6 个项目在实施完毕后,从总结材料的汇报、经费的统计到微信展示文章的编辑等各方面的工作均是由项目负责人一人完成。工作的积压势必导致工作效率的低下,同时也大大减弱了项目其他成员的参与感。

(二) 缺少评估体系,高校红十字会良莠不齐

从大学生个人来说,由于加入高校红十字会的门槛不高,又缺少相应的志愿者评估体系,因此高校红十字会成员的素质和能力良莠不齐。有的人加入了高校红十字会但从不参加组织的活动或者从未为红十字运动在校园的宣传出过一份力,但没有相关的机制可以约束他们。尤其是作为决策人、领导人的高校红十字会负责人的选拔,随意性过大。激励机制的空缺也使得那些"能者"没有感受到充分的个人存在感。

从高校红十字会组织来说,各高校红十字会对地方红十字会的配合度之间的差别较大,在校园的宣传能力和组织能力也良莠不齐。然而交流和评估的缺乏导致做得相对差的学校没有受到批评,做得相对好的学校也没有得到表扬,内在的动力和要求没有被激发出来。同时,高校红十字会的运行和管理也缺少外部的监督,地方红十字会难以分出精力去调研高校红十字会的现状和问题。

(三) 宣传方式单一,传播力度不够

目前,在高校大学生中的红十字文化宣传主要停留在传统宣传方式上。高校学生活动的传统宣传模式是指宣传者利用广播、报纸、海报、横幅和宣传单等传统宣传媒介将信息单向传递给宣传对象,在该信息传递过程中,信息呈现单向流通,信息到媒介的过程需要一定的制作时间和制作成本,媒介传递到宣传对象后无法了解宣传对象是否知晓并理解信息以及他们对信息的反应和态度。而在传播工具日新月异的新媒体时代环境下,传统的宣传方式显然不能满足大学生们的感官要求。同时,大学生

常用的微信、微博、论坛等媒体没有被充分利用，传播的力度和范围也就受到了极大的限制。传播的内容也没有结合时代的特点和大学生的需求进行更新换代，单调、枯燥的理论知识很难被大学生吸收，有趣的实践活动很少。高校大学生作为一个自我意识强烈的群体，需要针对他们的特点进行宣传，才能达到事半功倍的传播效果。

三、关于在高校大学生中开展红十字青少年工作的建议

（一）理顺高校红十字会管理体系

地方红十字会和高校都应重视抓好这项工作，并在协商的基础上建立起一套完备的《高校红十字会管理办法》，加强高校红十字会的独立性。通过减少行政管理限制，建立较为分权的决策参与制度，将部分权力下放给高校红十字会，以保证大学生获得渴求的自由、平等、尊重，激发他们的积极性和创造性。更扁平化的组织结构能大幅度地提高管理效率，减少信息对接困难。

（二）建立会员评估和责任分配体系

建立公开、公平、公正的会员评估标准是现实的需求，也是高校红十字会持续健康发展的基础。每位大学生自加入校红会后，都应为其建立会员档案，实现科学、规范、动态管理。档案里面应记录每位会员参加志愿服务活动的时间，以及为红十字运动在校园的宣传做出的特殊贡献，并且定时公开。这样既方便统计分析，又能给每位会员树立一个标杆。

为了让每个高校红十字会形成自己的特色品牌，应根据每位大学生的专业特点和自身优势为其分配明确的任务。例如，会费的收纳和管理、活动的策划和宣传、秩序的维护和监督等工作，都应由专人负责，让每个大学生各司其职。只有这样，每位大学生的自我价值才能得到最大限度地发挥。

（三）打造高校特色品牌

打造高校特色品牌不仅是增加高校红十字会吸引力的重要手段，也是提高红十字会声誉的有效途径。品牌应根据各高校或院校的特点来打造，例如医学院的大学生可以专注造血干细胞捐献、器官遗体捐献方面知识的宣传，心理学院的大学生可以与一家自闭症儿童教育机构寻求长期

的合作，社会教育学院的大学生可以为外来务工子女辅导功课。形成一支特色的专业志愿者队伍，可以帮助高校招录新生，也是红十字青少年工作前进的方向。

（四）创新宣传内容和方式

从宣传内容创新来说，不管是宣传救护培训、造血干细胞捐献还是红十字会的历史，都需要减少枯燥的文字部分，将其改成形象生动的漫画，或做成宣传片在校园内的电子屏滚动播放。从宣传方式创新来说，高校红十字会应用大学生易接受、易接触的形式来呈现，例如利用每位大学生都会用的联络媒体——校园论坛、校园官方微博、微信等等。或是在学校、学院举办的重大活动中表演，例如迎新晚会、新年晚会等，红十字志愿者可以用情景剧或者小品等形式将红十字运动的宣传内容呈现给同学们。

（五）建立项目和活动招标制度

地方红十字会可根据自己的预算决定今年资助多少个活动项目，然后举办项目招标会。如澳大利亚红十字会与广西红十字会合作的 CBDP 项目(农村社区为本备灾项目)就要求项目的规划结果最后主要以项目建议书、项目执行模式、逻辑框架表以及项目计划书来表现。公开招标能促使各高校制定更出色的方案、更严谨的预算，取长补短，良性竞争，不断进步。同时，也可以过滤掉策划力、执行力较差的项目，使他们感受到自己与其他学校的差距，从而激发他们反思总结。在招标时，应邀请独立人士参与评选，确保招标的客观性和公正性。在项目实施过程中，地方红十字会应组织实地调研，严格考核，为下一年的决策提供依据。

参考文献

[1] 李萍. 培养大学生社会责任感的有效途径[J]. 温州职业技术学院学报，2007(7).
[2] 张雪松. 论红十字会工作在大学生德育中的重要作用[J]. 教育与职业，2009(4).
[3] 陈怡欣，相琳. 高校红十字青少年工作开展研究[J]. 科技视界，2016(10).
[4] 陈佳伟，陶蕾，王盼星. 对高校学生活动直销式宣传模式的研究[J]. 青年时代，2015(20).
[5] 何保霞. 国际发展项目管理浅析——以广西红十字会项目为例[J]. 今日南国，2008(10).

弘扬志愿精神　构筑幸福玄武

奚建彬　王丽珍　玄武区红十字会

摘　要：区红十字会在社区积极探索组织建立应急救援、文艺宣传、卫生健康、孤残病弱、老人儿童等不同类型的志愿者队伍，普及红十字特色的防灾减灾、自救互救、逃生避险、卫生健康等知识，开展丰富多彩的红十字志愿服务活动。通过深入街道、社区广泛召开调研座谈会等形式，进行调查研究，全面了解全区志愿服务情况，深入剖析存在的困难和问题，广泛征集意见和建议。

关键词：志愿服务　社区工作　红十字工作

志愿服务是红十字运动七项基本原则之一，是红十字精神的具体体现，也是红十字会依法履行职能，做好红十字工作的重要途径和主要方式。玄武区红十字会通过开展发展志愿服务队伍，加强管理和指导，红十字志愿服务组织不断健全，志愿服务内容不断拓展，为建设和谐社会，构筑幸福玄武起到了积极的推进作用。

一、开展志愿服务的优势

1. 志愿服务是红十字运动七项基本原则之一

志愿服务的定义："本运动是志愿救济运动，绝不期望以任何形式得到好处。"志愿服务：一是人道的行为和象征。是一种无私的表现，它体现人与人之间的一种出于自愿的休戚与共精神；是红十字运动的无私天赋，在许多情况中，它的成员们都隐姓埋名，以人道博爱的精神为他人服务。志愿服务的精髓是对他人服务而不索取报酬，这就是对人道原则的直接表达。二是国家红会独立性的体现。国家红会为了抵御来自外界的众多压力，保持自己的独立性，按照基本原则办事，必须有众多的志愿工作者。

2. 党中央高度重视志愿服务工作

党的十八大对广泛开展志愿服务活动提出了明确要求。党的十八届三中全会指出，要激发社会组织活力，支持和发展志愿服务组织。最近，习近平总书记强调，推进国家治理体系和治理能力现代化，要大力培育和弘扬社会主义核心价值体系和核心价值观，这为开展志愿服务活动提供了广阔空间，提出了新的更高要求。今年中央精神文明建设指导委员会印发了《关于推进志愿服务制度化的意见》，强调开展志愿服务，是创新社会治理的有效途径，是加强新形势下精神文明建设的有力抓手。

二、我区社区红十字志愿服务基本状况

目前我区有红十字志愿服务基地 4 个，志愿服务队 77 支，其中应急救援志愿服务分队 70 支，登记志愿者 1 669 人，注册志愿者 127 人。

（一）红十字志愿者队伍开展志愿服务项目

1. 卫生系统成立多支红十字志愿服务队

一是康定里、仙鹤门社区卫生服务中心志愿队开展“红十字博爱助医，为失地农民送温暖”项目，为社区高血压病人定期监测血压，举行健康教育宣传活动，免费送医送药。仙鹤门、康定里社区的多数居民为城市建设拆迁中的失地农民安置户，多年来社会矛盾一直比较突出，是上访、群访的高发地。为充分发挥红十字会作为政府在人道救助领域的助手作用，把红十字的关爱送到最基层，送到最需要帮助的弱势群体当中，从 2011 年开始区红会在当地社区实施了“红十字博爱助医，为失地农民送温暖”项目，使这部分老人有病可医、有药可用，高血压病得到有效控制，深受群众的欢迎，具有良好的社会影响。二是新街口社区卫生服务中心红十字志愿者定期到市儿童福利院服务，组织 10 名志愿者组成一个服务团队，每周半天前往福利院为孤残儿童提供健康服务及心理疏导，以固定的志愿人员与儿童们建立长期、稳定的感情，有利于打开孤独儿童的心灵之门，让他们更加健康快乐地成长。三是后宰门卫生服务中心红十字志愿者队伍每周定期到鸿福老年公寓为老人测量血压、做医疗康复指导。

2. 大学生红十字志愿服务活动红火开展

一是南林大志愿者与锁金三村空巢老人开展一对一结对服务，每周上门服务至少 2 小时。二是南农大志愿者每周六到小霞癌友康复驿站教

老人学习电脑。

3. 成立了70支应急救援志愿服务分队

应急救援志愿者参加应急救护培训，掌握急救援技能，成为“招之即来，来之能战，战之必胜”的应急救援队伍，为保护人民生命安全，构建平安和谐玄武做出贡献。

（二）红十字志愿服务基地已成为志愿者最大的服务平台

成立玄武门社区老年康复护理院、锁金村护理院、小霞癌友康复驿站、南京鸿福老年公寓等4个红十字志愿服务基地，街道社区组织红十字志愿者到基地定期开展多种形式的志愿服务活动。其中，红十字志愿服务基地小霞癌友康复驿站“小霞驿站”立足社区，面向街道，辐射周边地区的红十字志愿者服务场所，以组织康复学习、交流抗癌经验、探望救助病友等，为癌友创造群体抗癌的环境；举办无喉学习班，情系粉红丝带，环小太湖骑行和“生命绿茶吧”等各项活动，构建起人道传播、爱心救助、志愿服务平台。连续3年开展“爱心一元捐”活动，募集红十字专项救助基金2.5万元，实物价值4.5万多元。看望病友360多人次，看望复发困难癌友，看望鳏寡孤独残家庭147人。

（三）志愿服务取得成效

1. 康定里、仙鹤门社区开展的“红十字博爱助医，为失地农民送温暖”项目成为江苏省优秀博爱项目，2014、2015年共获省17万元项目资金支持。

2. 几年来培育的“小霞驿站红十字志愿者服务基地”已成为全省有影响力的志愿服务品牌。中国红十字会赵白鸽常务副会长、郭长江副会长及台湾高雄市红十字会副会长洪富雄来玄武区视察志愿服务基地调研志愿服务工作；省委政策研究室专题来基地调研，中国红十字总会组织记者团到基地做专题采访。

三、社区红十字志愿服务现状分析

社区红十字志愿者建立不同类型的志愿队伍，依托社区“博爱家园”平台，普及红十字特色的防灾减灾、自救互救、逃生避险、卫生健康等知识，开展丰富多彩的红十字志愿服务活动，弘扬“人道、博爱、奉献”的红十字精神，推动基层红十字会工作。

1. 社区红十字志愿者活动弥补了社区基层红会功能的缺失

在南京市撤销社区红十字组织以来，社区红会工作相对滞后。社区红十字志愿者在应急救援、文艺宣传、卫生健康、法律法规等多个领域开展各项志愿活动，成为构筑和谐社区的生力军。

2. 社区红十字志愿服务填补了社会服务的死角

在对孤、老、残、困等弱势群体进行帮困救助的同时，面向广大群众，开展符合红十字会宗旨的便民、利民、助民活动。集中人力、物力、财力，充实服务设施，把公益性无偿服务、互助性抵偿服务结合起来，形成多层次、多类型、广覆盖的社区红十字服务网络，并且持久、稳定地开展下去。

3. 社区红十字志愿服务完善了社会保障功能的覆盖

通过结对单位、热心志愿者多次开展帮助弱势群体，保障居民安居乐业，广泛与困难家庭、优抚对象、残障人士、孤寡老人结对帮困，积极提供物质和精神支持，有效实现了社会保障功能在社区的延伸，促进了社区的和谐稳定。

四、我区红十字志愿服务存在的主要问题

尽管近年来社区志愿服务活动比较活跃，也取得了一些成绩，但在承担基层红会职责的更高要求还有差距，社区志愿者工作顺应形势的能力尚待提高。从目前来看，制约和影响社区志愿者工作规范化、长效化发展的因素主要有以下几点：

1. 组织网络不健全

志愿工作具有志愿性、无偿性、公益性、组织性四大特征，其中组织性是开展志愿服务的重要保障，它不仅是志愿者们的自愿行为，更需要通过一些专门的组织机构或部门组织开展。但区红会的志愿服务工作没有专职干部，只能兼顾负责，工作处于应付状态，无法有效组织实施，开展活动都是临时抱佛脚，没有建立长效的组织形式来运作。虽然已经初步形成社区志愿服务体系，但在实际工作中，纵向连接不够紧密。

2. 工作经费缺乏

随着志愿服务工作力度逐渐加大，志愿服务工作的成本也开始增加，造成红十字志愿服务工作经费短缺。

3. 志愿服务基地不足

随着志愿者不断增加,现有4个红十字志愿服务基地已不能满足志愿服务的开展,增加志愿服务基地,拓展志愿服务平台已迫在眉睫。

4. 志愿服务队伍发展不平衡

目前,玄武区虽有各类志愿者队伍77支,但应急救援队伍就占了70支,还需在社区建立更多的文艺宣传、卫生健康、关爱孤残病弱、老人儿童等不同类型的志愿者队伍,以此拓展新的服务项目,完善丰富志愿服务内容。

5. 活动创新不足

开展的红十字志愿服务活动虽然日趋丰富,有了一些品牌项目,但由于宣传推广和力量整合不够,至今没有形成多元化、灵活化的局面,其活力和社会影响力有限,很多市民都不了解身边红十字志愿者开展的活动。

6. 培训措施匮乏

志愿者的培训问题一直是整个红十字志愿服务工作的"瓶颈"问题。针对红十字志愿者如何培训,培训哪些内容,如何分层培训等具体内容缺乏指导性意见,如果没有规范性的培训教材,将严重影响红十字志愿服务工作的开展。

五、推进社区红十字志愿服务建设的几点建议

1. 加强志愿服务组织建设

社区红十字志愿服务组织要依托社区服务站开展工作。社区志愿服务组织要按照《玄武区红十字志愿服务管理规定》的要求,进行规范化建设。

2. 壮大志愿者队伍规模

采取有效措施,广泛动员,把身心健康、热心服务、遵纪守法,具有一定优势特长的社区居民集聚到社区志愿者服务中来,形成独具特色的红十字志愿者服务组织,充分发挥志愿者在社区构建和谐社会的积极作用。

3. 不断提高志愿者素质

要强化志愿者服务理念、知识技能、权利义务、风险和安全知识等基础培训,深化志愿者对志愿服务理念的认识和理解,提升志愿者参与服务的技能和水平,增强志愿者团队的组织性和纪律性。

4. 规范社区志愿者队伍的建设和管理

摸清底数，把握情况，建立并完善社区志愿者档案，健全信息沟通渠道，加强志愿服务业务培训，建立相应的激励机制，使志愿服务者的付出有一定的回报(包括精神回报)，吸引更多的志愿者加入公益事业行列中来。

5. 定期召开红十字志愿者联席会议

制定目标任务，通报我区志愿者取得的工作进展，及时通报表彰在志愿者服务中涌现出来的优秀群体和典型人物，并向受表彰的志愿者所在单位进行通报，对突出贡献者，要在新闻媒体上大力宣传，扩大社会影响，最终形成全社会都来关心、支持、帮助志愿者队伍建设的社会氛围，让我区的志愿服务工作再迈上一个更加广阔的舞台。

6. 建立红十字志愿服务大宣传格局

在当前红十字志愿服务交流匮乏与信息化社会发展的矛盾下，要加强利用电视或广播、报纸杂志等传统媒体，大力宣传红十字志愿服务，要充分利用网络快捷、高效、灵活的特点，使志愿服务人员受广泛信息启发而更新服务项目、丰富服务内容。这其中包括运用新技术改革传统志愿服务方式，提高服务效益，也包括开辟新的服务领域，满足不同层次民众的服务需求。

建造“博爱青春”平台 推进人道主义事业

郑雄辉 李淑波 连云港市红十字会

摘 要：“博爱青春”暑期志愿服务活动已连续开展了5年，依托全市高校红十字会，以红十字青年志愿者为主力军，围绕“学习雷锋、关爱生命、传播爱心、服务社会”的志愿服务主题，开展丰富多彩、卓有成效的暑期志愿服务活动。“博爱青春”活动覆盖面更广、受益人多。

关键词：高校 暑期社会实践 博爱青春 志愿服务

暑期社会实践是大学生的重要学习内容，为在高校中弘扬和传承“人道、博爱、奉献”的红十字精神，引导大学生围绕关心社会、服务社会、关爱弱势群体、保护生命爱护健康等方面的社会热点、焦点问题，积极开展红十字志愿服务。连云港市红十字会联合市文明办、市教育局、市卫计委、团市委等部门，连续5年在全市高校中组织大学生志愿者，与我省同步推进“博爱青春”暑期志愿服务项目。2016年，我们通过明确项目目标，划定项目范围，提出项目要求，对项目策划、评选、实施、总结和评估等环节进行干预和指导，实现了预期目标，取得了较好成效。现将相关情况总结如下：

一、成效与做法

2016年，市红十字会高度重视“博爱青春”暑期志愿服务工作，在年初对此项工作进行提前策划、提前部署、提前发动。今年全市高校申报项目数量41个，市级“博爱青春”活动支持项目30个，4个项目入选省“博爱青春”年度支持项目名单，其中两个项目网络评选分别排名第四和第八，参加了省“博爱青春”展示交流，一个项目被评为2016年江苏省“博爱青春”优秀项目。今年我市“博爱青春”暑期志愿服务项目参与志愿者共

589 人，志愿服务总时间 57 016 小时，受益人数 55 155 人，宣传报道次数 917 次，电视台播报 7 次，报纸报道 14 次，成效显著。

主要做法：

1. 高度重视，将“博爱青春”暑期志愿服务工作纳入市红会年度绩效工作的核心内容

2016 年，市红十字会在研究年度核心工作时，对往年“博爱青春”暑期志愿服务工作投入资源与取得成效进行了评估和分析，决定加大投入，扩大“博爱青春”暑期志愿服务工作规模，并将“博爱青春”暑期志愿服务工作纳入市红十字会 2016 年度绩效工作的核心内容。事业发展部在年初与各高校进行了座谈，对此项工作提前进行了布局、启动。

2. 整合资源，多部门联合开展“博爱青春”项目

为扩大“博爱青春”项目活动影响，解决省级支持项目数量过少、高校志愿者参与人数有限的问题，市红十字会参照省红十字会的做法，联合市文明办、市教育局、市卫计委、团市委、市报业传媒、市广电局等部门联合下发文件，共同开展“博爱青春”暑期志愿服务活动，将符合红十字运动宗旨、积极传播红十字文化，但由于数量原因不能获得省级支持的项目，纳入市级“博爱青春”项目支持名单，把更多高校学生志愿者聚集到“博爱青春”暑期志愿服务项目中来，扩大了“博爱青春”项目的范围、规模和社会影响。

3. 适应高校需求，大幅增加市级“博爱青春”支持项目数量

由于几年来“博爱青春”暑期志愿服务活动在全市高校连续开展，今年市红十字会又对此项工作提前布局、启动，各高校参与“博爱青春”暑期志愿服务活动的积极性大幅提升，今年各高校申报项目数量剧增，达到 41 个。为应对这个新情况，市红会领导高度重视，在办公会上对此项工作进行了专题研究和讨论，会上明确要求：申报项目大幅增加，说明“博爱青春”项目适应了社会需要，得到了高校师生的参与和欢迎，这是好现象，是对我们“博爱青春”项目工作很好的肯定，我们应该支持更多的符合红十字运动宗旨的项目加入“博爱青春”暑期志愿服务活动，动员和吸引更多学生参与红十字志愿服务、了解红十字运动、服务社会弱势群体，扩大“博爱青春”项目的社会影响，推进红十字会的各项工作。2016 年，市级“博爱青春”活动支持项目达 30 个，支持项目的数量和增量都大幅超过

往年。

4. 听取项目阐述,对项目策划与实施提出具体修改意见

为吸引、鼓励更多志愿者加入“博爱青春”暑期志愿服务,支持更多符合红十字运动宗旨的申报项目加入市级“博爱青春”支持项目名单,市红十字会与各高校联合举办了“博爱青春”申报项目阐述会。5 月 12 日、13 日下午,市红十字会分别在淮海工学院和康达学院听取了所有申报项目负责人对项目背景、预期效应、可行性分析、社会影响和实施方案等方面的详细阐述,初步确定入选项目 19 个,需要进一步修改项目 11 个,淘汰与红十字运动宗旨关联不密切的项目 7 个,并对每一个入选项目和修改项目提出了具体修改意见。通过严格入选审核,提出修改意见,完善实施方案,入选项目质量明显提高。

5. 明确注意事项,加强对项目实施过程的指导

因为考试临近,参加市级项目的学生不能集中培训,为确保项目实施过程的安全,规范项目管理,市红十字会事业发展部建立了专项工作 QQ 群:一方面通过 QQ 群密切与各项目志愿者们的联系,促进各项目志愿者之间的相互了解,及时掌握各项目进展情况,解答志愿者们在项目实施过程中存在的疑问,另一方面市红十字会通过 QQ 群将项目实施过程中需要注意的安全问题、红十字标志问题、宣传报道问题、资料收集问题和项目实施过程中可能遇到的其他问题,一一进行明确,避免一些共性问题重复发生,提高本年度“博爱青春”项目的总体质量。

6. 进行实地调研,了解项目实施与进展情况

为掌握第一手材料,了解项目实施的实际情况,市红十字会事业发展部先后对 9 个实施项目进行实地走访调研。7 月 15 日,市红十字会常务副会长胡英浦、副会长张六林亲赴赣榆区黑林镇和塔山镇走访、调研“博爱青春”项目实施情况,看望慰问了大学生志愿者们,并对他们开展的志愿服务给予了充分肯定和高度评价。通过到多个项目实施现场调研,我们对项目现场的实际效果、项目实施进展情况、志愿者的精神面貌与项目实施过程遇到的困难问题,有了更直观的了解。同时,现场调研肯定了志愿者们的奉献精神和所做工作,激发了大学生志愿者们的工作热情,坚定了他们做精品项目、优秀项目的信心。

7. 注重项目宣传，加强各项目宣传报道工作的跟踪与指导

为扩大项目影响，宣传红十字运动宗旨，市红十字会鼓励志愿者多形式、多渠道、多角度地报道项目的进展和取得成果，让更多的社会人士了解项目的背景，了解社会弱势群体的生存境况，了解志愿者开展志愿服务过程中的体验与感受，引发公众的关注与思考，吸引更多社会人士对社会弱势群体的关注，使更多需要帮助的人得到社会帮助，不断扩大"博爱青春"项目的影响，促进红十字事业快速发展。

二、经验与体会

随着"博爱青春"项目连续5年的实施，我们越来越深刻地体会到此项工作的积极作用和重大意义：一是投入少、收效高，是运用小资金撬动大项目的运作典范。二是项目社会影响逐年扩大，申报项目数量逐年增多，"博爱青春"项目越来越受到高校大学生志愿者的欢迎。三是红十字运动知识得到广泛宣传，"三救三献"工作得到有力推进，红十字会影响得到不断提升。"博爱青春"项目之所以能取得如此成效，我们主要体会有以下几点：

1. 适应需求，整合资源

一方面，"博爱青春"暑期志愿服务项目将红十字志愿服务与高校学生暑期社会实践有机结合，适应和满足了高校的实际需求；另一方面红十字会联合文明(委)办、教育厅(局)、卫计委、团省(市)委等多部门，共同组织开展活动。"博爱青春"项目能够借助这些部门的宣传网络、服务基地、活动平台等资源，扩大项目的范围和影响，为广大高校学生志愿者提供了更大、更优质的志愿服务平台，充分调动了高校广大志愿者参与"博爱青春"暑期志愿服务项目的积极性。

2. 突出特色，开展红十字志愿服务

红十字的人道主义宗旨，是人类文明进步的标志，源自人类内在的对人世苦难关切、同情的精神力量，它的号召力和凝聚力是毋庸置疑的。一方面"博爱青春"活动要求入选项目要符合红十字运动宗旨，突出红十字特色，可以将高校学生的社会实践需求引导至红十字志愿服务中来，另一方面，体现和传播"人道、博爱、奉献"红十字精神的志愿服务，更能适应社会的实际需求，使参与项目的学生在实施项目过程中更能得到社会与弱

势群体的认同，增强了志愿者成就感与责任感。突出红十字特色，使项目的生命力和凝聚力得到增强。

3. 密切联系，推动组织建设

通过开展“博爱青春”项目开展，市红十字会与高校之间的联系更加密切，与高校红十字会相关的工作指导和各类培训显著增强，高校红十字会的工作得到重视，高校红十字会职责履行与作用发挥日愈明显，高校红十字会的组织建设得到加强。

4. 注重宣传，扩大项目影响

一方面，在项目策划、实施过程中，大学生志愿者们充分发挥自身优势，多形式、多渠道地宣传项目的背景、进展和取得成果，他们向公众展示项目实施过程中遇到的困难、问题和自己的思考和对策。另一方面，让更多的社会人士了解项目的背景，了解我们的体验和感受，了解志愿服务带给我们的感悟与快乐，引起他们的思考和关注，使更多社会人士了解“博爱青春”项目，关注并支持“博爱青春”项目，广泛传播人道、博爱、奉献的红十字精神，扩大红十字会的影响。

三、困难与问题

虽然随着“博爱青春”项目的连续实施，品牌效应日益显现，项目申报数量逐年增加，项目质量明显提高，但我们也发现不少问题，其中主要有以下几个：

一是项目经费募集渠道不畅、模式单一，导致项目可以使用的经费有限，不少项目的规模、时间因此受到制约。我们有不少项目在实施过程中有募捐环节，但效果并不明显。

二是部分志愿者与指导老师对红十字运动知识知之甚少，对红十字运动文化的理解不够，不能将红十字精神传播与开展的志愿服务有机结合，造成宣传红十字运动宗旨时注重表象、缺乏实质内容，而志愿服务活动开展过程中又缺乏红十字元素。

三是不少项目志愿者缺乏宣传报道和影像拍摄方面的技巧，在宣传报道和图片拍摄过程中，对核心要素的融入与体现方面缺乏经验，撰写的通讯报道、拍摄的照片表现力和感染力不够，使项目宣传效果欠佳。

这些问题需要我们在下一步项目实施过程逐步加以克服解决。

四、思考与探索

“博爱青春”暑期志愿服务项目用较少的资源投入，组织了大量高校学生志愿者，发挥他们的所学特长，同时开展了诸多的红十字志愿服务项目，并取得了显著成效。这种项目运作模式引发了我们的深思。通过对“博爱青春”项目中的各种因素的分析研究，对如何复制、运用“博爱青春”活动的成功经验，我们进行了思考和探索，主要有以下几点：

1. 要紧扣人道主义宗旨

红十字运动历史悠久，文化根基深远，是世界不同文化中伦理道德观念的结晶。它传承的理念跨种族、跨民族、跨国界、跨时空，是人类文明进步的重要标志之一。人类内在的对人世苦难关切、同情的精神力量，是推动红十字事业发展、使红十字运动遍及全世界的根源，红十字的号召力和凝聚力是毋庸置疑的。“博爱青春”项目将关爱社会弱势群体、推动“三救三献”工作作为活动主要内容，紧扣人道主义宗旨，得到社会的广泛认同和高校志愿者的积极参与，所以能够卓有成效。

2. 要适应需求、引导需求

“博爱青春”项目针对高校每年在暑期都要进行各类社会实践的实际情况，设计开发出满足大学生暑期社会实践需求的红十字志愿服务项目和平台，将高校大学生的社会实践与红十字志愿服务统一起来，充分调动了高校大学生参加“博爱青春”项目活动的积极性、能动性，这是“博爱青春”项目取得显著成效的必要条件。

3. 要项目化运作，规范管理

红十字会的人力、物力、财力是有限的，“博爱青春”活动的项目化运作，使红十字会投入的各类资源的利用率得到巨大提高。“博爱青春”项目组通过事前、事中、事后的引导、干预，整合资源、建造平台、规范管理，有效地发挥了高校红十字会和大学生志愿者主观能动性。“博爱青春”活动以高校学生志愿者为主体，依靠高校学生志愿者人道、博爱、奉献的情怀和无穷的智慧和创造力，在投入较少资源的条件下，较好地实现了项目的预期目标。“博爱青春”项目是红会工作项目化运作的一个成功典范。

公信力建设的另一个视角

孟纬鸿　南通市红十字会

摘　要：今年初，中国红十字会总会在《中国红十字报》开设“公信力建设在路上·笔谈”专栏，业内外有识之士在此提出很多真知灼见，但大多是从红十字会内部管理与自身建设展开的，这无疑是十分重要的基础性工作。但笔者以为，公信力作为一种“使公众信任”的力量，它是红十字组织与公众之间的双向或多向的互动关系，在公信力建设的漫漫征程上，仅做一方面的努力还远远不够，红十字会还要做很多“使信任”的工夫外工作，并从组织定位、公共关系构建、开放式宣传格局，以及社会诚信体系建设等视角，提出了独到的见解，得到总会高层的关注采纳[①]。

关键词：职能定位　公共关系　新媒体时代　社会诚信体系

公信力是红十字事业赖以生存和发展的基础。自“公信力建设在路上·笔谈”专栏开设以来，全国专家学者、业内有识之士，围绕公信力建设提出很多真知灼见，尤其是立足红十字会自身的反思极其深刻，剖析近乎严苛，想让其浴火重生的信心、决心、恒心跃然纸上，令人感动。这无疑是公信力建设的根本，因为从唯物辩证法的视角看，内因是事物发展变化的根据。当然，公信力作为一种“使公众信任”的力量，绝不是单向的、孤立的，而是红十字组织与公众之间的互动关系，这种来自公众的外部影响也会对红十字公信力建设起到加速或延缓的作用。在推进红十字组织公信力建设的征途上，外因的作用力不可小觑，我们既要苦练内功，又要善借外力，做好必要的“功夫外”工作，让社会各个层面看见和认同我们的努力，进而获取更多的信任和支持，以缩短公信力重构的周期，而不要让“持

① 此文全文刊载于《中国红十字报》第1784期。

久战”演化为“疲劳战”，耗散了我们的斗志。本文就是想从这样一个视角谈谈公信力建设问题。

一、坚定群团组织定位，在服务中心中增强公信力

在中国红十字会性质定位上的游移不定和脱离实际一度曾带来了红十字职能运行的混乱，乃至全行业的迷惘。去年中央群团工作会议的召开终于为我们指明了方向，红十字会作为群团组织的一员，必须全面贯彻落实《中共中央关于加强和改进党的群团工作的意见》，坚持党对红十字事业的领导，坚持围绕中心、服务大局开展工作，走中国特色群团发展道路，切实担当党和政府人道工作领域的助手，有效发挥党和政府联系群众的桥梁和纽带作用。对此，十三届全国人大常委会副委员长、中国红十字会会长陈竺在红十字会第十届理事会第二次会议更是作了深刻的阐述。

事实上，中国红十字会就是党和政府领导下的群团组织之一，它的法律地位和授权依据是《中华人民共和国红十字会法》，无论是国内职责，还是国际工作都来源于中国政府的国内需要和国际承诺，是政府依法赋予的。这种体制内的优势为红十字会有效履行职责，发挥党和政府人道工作领域的助手作用提供了重要保障，人员参照公务员法管理保证了各级红十字会更加专注于人道事业；将红十字会的经费保障、干部管理纳入体制内，使红十字会的社会公信力更强。这些个性特征是我国各类群团组织中唯一的，红十字会一定要坚守群团组织定位，原则问题上不犯糊涂，要准确把握群团组织“政治性、先进性、群众性”要求，多讲中国特色、助手作用，少提多重赋权，慎提“合作关系”，充分发挥体制内优势，按照体制内规矩做好工作。红十字会既要服务好党委政府工作中心大局，又要立足自身职责定位和所联系的群体切实履职。红十字会只有在服务中心大局中有所作为，才能得到党委和政府更多的关心支持，这种认可就是最权威的公信力。

二、重视公共关系构建，从更多层面获取公众信任

公共关系是组织机构与相关的公众之间通过双向交流，达到相互了解和相互适应的管理活动，它是市场经济、民主法制、信息技术不断发展的社会环境下衍生出来的一种特殊的管理职能。在现代社会，任何组织

都处在一定的公共关系状态之中，红十字组织更不例外。在红十字组织的公共关系中，公关主体无疑是各级红十字会；公关客体是就是红十字组织的“公众”，不仅包括接受人道援助的最易受损害群体、以各种方式参与人道服务（远不只是款物捐赠）的集体与个人，还包括各级领导机关、职能部门，更有广泛的外部公众；公关中介，即传播媒介，是连接红十字组织和公众的桥梁，也是实现公共关系目标的唯一手段。公共关系的传播媒介既有大众媒介、网络媒介，又有群体媒介和人际媒介；既有符号媒介，也有实体媒介：这就决定了传播方式与手段的多样性。很显然，红十字会公共关系构建活动就是一个通过社会交往、沟通信息、广结良缘、树立自身良好形象的过程，包括日常公共关系活动和专项公共关系活动两大类，绝不是遇到问题时的“危机攻关”。它既是一种常态，又是一种活动，更是一种观念和职业。

传播力决定影响力，透明度决定公信度。各级红十字会组织在公共关系构建中：一要强化公共关系意识，拉长公关职能短腿，走出自我封闭状态，变被动式危机公关为常态化的公共关系构建，并使之成为打造软实力，优化软环境的重要手段；二要将公共关系纳入职能工作；公共关系除了向公众解释、说服的工作外，还有一项很重要的职能就在于向组织的决策层提供信息和咨询，因而公共关系应成为红十字会的常态职能，有条件的可设立“公共关系部”这类职能机构或专职部门，让公共关系职业化成为一种创造美好形象的艺术，以更有效地协调组织与公众的关系，促进组织不断发展和完善；三是要加强公共关系业务培训，红十字会的每项业务、每个岗位都可能涉及公共关系，人人都需要学一点公共关系理论，懂一些公共关系技巧，在做好全员公共关系普及培训的同时，适当引进本学科专业人才，以提升红十字会公共关系工作水平。

此外，要高度重视传统媒介在专项公共关系活动，特别是危机公关中的权威作用。虽然传统媒介的传播速度与覆盖面远不及新媒体，往往都是滞后发声，但无论证伪与纠偏，传统媒介往往都有“终审判决”的效果。比如红十字会“网络事件”中各种谣言最初在网上发酵时，很多人是将信将疑的，而一旦报纸、电视等传统媒介转载发布了，则可能放大“失真”，人们对谣言会变得“坚信不疑”。同样，当三大媒体起底郭美美事件后，尽管网民一时并不认同，但终究还是让“网络事件”慢慢平息下来，这种权威性是强有力的。尤其当一个组织跌入自身怎么说、怎么做都不讨好的“塔西佗陷阱”时,能拯救我们的还是最具权威的传统媒介的发声,因为这背后是党和政府强大的公信力,因此任何时候都要高度重视传统媒介的权威力量。当然,在公信力建设中,善用新媒体更是我们迫切需要提升的能力,既要充分利用其传播力优势,也要防止正面事件被负面解读、负面信息过度解读的现象:要时刻保持高度的敏锐性和准备好应对策略。

三、推进开放式宣传,在拓展受众中提升形象

构建开放式红十字宣传格局是一个老话题,行业内也一直在努力,但宣传的方式方法、内容技巧等仍有待探索提高,特别是开放式宣传的制度机制尚未形成。行业内为数不多的几份报刊也只是业内人自己阅读为主,“两微一端”等线上宣传平台尚未在行业内普及。这种以体内循环为主的宣传,对红十字会这样的以社会动员、服务公众为主要工作方式的组织来说,是远远不够,需要不断向行业外拓展,这是一项长期的任务。如何突破常规宣传,让红十字好声音更响亮,让愿意聆听红十字好故事的受众更广泛,我们要善于借势借力、借脑借智、借船出海。

一是主动“贴”,融入大局。“千难万难,一把手重视就不难”,红十字宣传能不能贴近领导机关和主要领导,围绕中心履行职责是基础,只要红十字工作真正融入了党委政府工作大局,红十字宣传的主题自然会紧贴领导机关,成为关注点。如南通市应急救护培训纳入政府办实事工程、与组织部门联合设立“暖暖农情”救助项目、融入“万名人大代表小康行”主题活动实施精准救助等都是直达中心的人道服务。将这些贴近中心的人道工作加载到各种宣传载体,并反复“推送”,必然会强化领导机关和主要领导对红十字会的印象和关注,进而得到更多的关心重视。

二是善于“借”,扩大受众。借平台,与媒体构建良好的职业关系,特别是公共媒体宣传和专业媒体人的深度介入;借活动,通过各种宣传纪念、演练和志愿服务活动展示红十字风采;借外脑,设立南通红十字事业发展研究中心,通过课题招标让更多专家教授参与研究红十字工作,并权威发声;借典型,培育打造了全国慈善楷模、“感动中国”年度人物“磨刀老人”,全国慈善楷模“南通红十字阳光爱心车队”,捐献造血干细胞爱心群体等,依靠这些典型的力量为红十字加分添彩;借网络,激发最活跃最庞

大的网络受众对红十字工作的关注，南通红十字会从开发官网、QQ平台到开通“两微一端”和支付宝、微信捐赠通道，并通过各种线上线下推广活动，不断用“互联网＋”思维推进红十字工作和宣传。

三是努力“融”，建立机制。就是将红十字宣传融入宣传舆论主阵地，争取宣传文化部门的支持，构建大宣传格局，形成开放式宣传的协同机制。南通市红十字会一直是全市精神文明建设指导委员会成员单位、市文明委社会志愿服务协调领导小组成员单位；红十字事业纳入了全市精神文明建设整体规划和公共文明指数测评体系；红十字志愿服务纳入市文明委志愿服务整体规划和志愿服务信息平台；2009年即联合宣传部门印发了加强红十字事业宣传的意见；市委宣传部副部长、文明办主任一直是市红十字会兼职副会长：这些都是南通红十字宣传有效开展的制度性机制性保障。

四、借力社会诚信共振效应，缩短公信力重构的进程

诚信是公正、公信之源，红十字会公信力建设离不开全社会诚信水平的整体提高。人无信不立，业无信不兴，国无信不宁。不少社会学家对当前社会诚信缺失引发的普遍社会怀疑表示出极大的担忧，将社会诚信问题上升到冲击人类基本道德信念、瓦解社会信任心理、扰乱人们心灵秩序、妨碍社会健康发展的高度。社会诚信体系建设已成为社会治理的一项战略性任务。党的十八大明确提出加强政务诚信、商务诚信、社会诚信和司法公信建设的目标任务，要求我们每个公民都要以建设者的姿态参与到诚信社会建设之中。

红十字会作为党和政府领导下的群团组织，不仅是社会诚信体系建设的践行者、推动者，更是社会诚信红利的分享者、受益者。当社会诚信、人人互信成为共同价值时，红十字会公信力建设的进程必然加快，红十字事业发展就能顺风顺水；反之，当“怀疑一切”成为普遍社会心态时，红十字会的公信力必将倍受质疑，再真诚、再努力、再自律，也可能被负面解读或视而不见。我们期待社会诚信体系建设进程的提速，当然在这个过程中，红十字会必须以更高的热情、更大的力度加入社会诚信建设的大军，努力做好自己的事，忠实践行并全力推进行业诚信，进而影响甚至引领社会诚信。近年来，各级红十字会围绕“两公开两透明”承诺，从舆论引导、

修法建章，到完善运行机制、优化工作流程，一直在致力打造诚信阳光的人道组织，并取得阶段性成效。

当然，重构红十字会公信力一定是一个漫长的过程，需要全体红十字人坚持不懈、滴水穿石的毅力和耐心，而加快红十字会公信力建设进程，并维护红十字会持久的公信力，更要仰仗优良的社会诚信环境，发挥同频共振的效应。期待着全社会诚信水平的整体提升，当诚信成为每一个社会成员的价值取向和行为规范时，社会发展与文明进步必将达到一个新的高度，红十字事业的发展环境必将更加优化。

参考资料

[1] 中共中央关于加强和改进党的群团工作的意见. 2015-07.

[2] 居延安. 公共关系学[M]. 5 版. 上海：复旦大学出版社，2013.

[3] 王海京. 公信力——红十字会的生命线[J]. 中国红十字报，1726 期.

[4] 池子华. 提振公信力要有信心耐心恒心[J]. 中国红十字报，1718 期.

[5] 社会信用体系建设规划纲要（2014—2020 年）. 2014-06.

积极应对网络舆情的几点思考

尤婧茜　郑所勤　句容市红十字会

摘　要：随着社会的发展、经济条件的不断改善，人们不再只关注于自己的私事，而是将目光逐渐转向了公共事务，因此造成了网络舆论的兴起。同时因为正处于社会经济体制改革期，矛盾多发，多元化的生活方式和价值理念加剧了社会冲突，加速了网络舆论的爆发。面对这种情况，作为公共服务部门，我们要积极提高网络互动、民意沟通和舆论引导的能力。

关键词：网络舆情　公共危机　发言人　舆情引导

一、提高应对网络舆情的目的与意义

据中国互联网络信息中心于2016年1月22日发布的第37次《中国互联网络发展状况统计报告》显示，截至2015年12月，中国网民规模达6.88亿，互联网普及率达到50.3%，半数中国人已接入互联网。传统媒体的某些优势，如掌握绝对话语权、传播范围广等已逐渐消失，网络已经无可争议地拥有了自己的坚实地位。面对网络如此全面而深刻地渗入到人们的政治、经济、文化生活等各个方面的情况，我们若不加以重视，想要“独善其身”便是无稽之谈。

近几年来，国内外的每一个重大事件，几乎都会在网络媒体引发强烈的反响和激烈的辩论，随着评论人数的不断上升与思想的不断深入，便形成了强大的舆论影响，甚至会对有关部门的决策和施政产生影响，如网约车政策从征求意见到正式出台、《刑法》有关嫖宿幼女罪的修订等。若我们对网络舆情坐视不理、消极应对或根本没有能力应对，将严重损害当事人权利，减少政府公信力。2016年8月，国务院办公厅印发《关于在政务公开工作中进一步做好政务舆情回应的通知》，对各地区各部门政务舆情回应工作做出部署，把“舆情回应”明确列为政府工作的组成部分，要求建立健全“政务舆情的监测、研判、回应机制”，体现了从“管制型政府”到“回应型政府”的转变。在经历了“郭美美事件”，遭受了巨大损失之后的红十字会，更应该做好政务舆情回应工作，达成建设回应型政府的要求。这便要求红十字会及时了解民众的意见、诉求，提高应对网络舆情能力，与社会合作，与媒体互动，对公共事务进行“共治”。

二、应对网络舆情时存在的问题

2011 年 6 月，郭美美假称“中国红十字会商业总经理”并在微博炫富，使红会陷入信任危机。时任红十字会常务副会长的赵白鸽曾形容说，“郭美美事件”三天毁了红会的一百年。面对凶猛的网络舆情，红十字会当时的应对表现出许多不足。虽已时隔 5 年，但不少问题依旧存在，不容忽视。结合近几年来红十字会应对网络舆情时的表现，我们认为主要问题为：

（一）时间上缺乏连续性

2011 年 6 月 20 日，郭美美在网上公然炫耀其奢华生活，并称自己是中国红十字会商业总经理而在网络上引起轩然大波。6 月 22 日中国红十字会称“郭美美”与红十字会无关，新浪也对实名认证有误一事而致歉。之后红十字会也陆续采取了多项措施，如到公安局报案等，从相隔两天到接下来的处理时间，虽没有非常迟缓，却有一个明显缺点，那就是时间上缺乏连续性。人们对事件的关注度是随着时间逐渐减少的，即便澄清事实，如果不能在前期强有力的一次性澄清，而是拉成了一条射线，在质疑信息经过多日发酵后才澄清说明，效果便会大打折扣，大部分网民只会记住丑闻，而不会注意或想起后期的澄清。

（二）主体上缺乏全面性

红十字会对少数群体的权利维护仍较少，尤其是在中国这个人口众多的国家，照顾到每个人的确有非常大的困难。但移动互联网和社会化媒体的时代已经到来，2005 年的博客热，2009 年的微博热和 2012 年的微信热向广大民众提供了便捷的新闻发布平台，让“自媒体”进入大众视线，成为一股不可忽视的公众力量。每个人拿起手机，就成了新闻的发布者，如果被转发或被赞的次数多了，那这个人的声音甚至会被全世界听到。这时，这个人的赞美便成了最好的宣传广告，而他的不满也会引起轩然大波。北京医院黄牛事件、女生颐和酒店遭袭事件等皆通过网媒传播引发了巨大的社会关注与批判。虽然我们是心有余而力不足，无法回应所有人，但这可能会成为以后网络舆情爆发的“导火索”。

（三）措辞上缺乏科学性

2014 年 7 月下旬，红十字会、网民、媒体就“盛夏送灾民棉被”风波展开激烈论战。红十字会腾讯微博在此次事件中存在三次“失言”情况。以第一次为例，在红十字会澄清发霉面包并非红十字会物资后，有网民评论：“小编，吃一堑长一智，要改进的东西太多了！再被骂三五年，怎么办?”红十字会官微回应称：“被骂，那是我们有做得不对的地方，我们认，但不是我们做的，不能扣我们头上!”此种“理直气壮”式回应措辞十分不适宜，态度激烈且没有针对网友的具体疑问给出解释，在评论里与网友进行无谓的争论和斗嘴，极易引起网友的负面评价。

（四）力度上缺乏主动性

“郭美美事件”后，红十字会的部分回应可说是被网友推着走，让人不得不回应，这便落了下乘。红十字会应该在众人责问前，主动将来龙去脉解释清楚。直到 2016 年 7 月 2 日《红十字会法(修订草案)》才增设了法律责任专章，明确自然人、法人或者其他组织制造、发布、传播虚假信息，损害红十字会名誉将被追究相应法律责任。因此，对郭美美或其他污蔑红十字会的人或组织，红十字会主动出击、追究造谣者责任的情况之前甚少发生。这在不了解法律具体条例的普通民众中，就成了包庇造谣者的形象，使事件更加恶化。

（五）影响上缺乏范围性

“郭美美事件”产生这么大的影响，与少数网络和媒体大“V”在背后的推波助澜有着极大关系。郭美美发布谣言第二天，中国红十字会就报案了，而她也马上向红会认错了，有关网站也认错了。但几天后，少数网络和媒体大“V”又发动了对红十字会的猛烈攻击，这完全是有蓄谋的，可以说背后有更大的推手。但这也侧面反映了红十字会在影响力上的缺乏，说的话、干的事没人知道，网民被拥有话语权和大量粉丝的网络和媒体大“V”故意诱导后，就忽视了红十字会的存在，看不到事情的真相。

三、提高应对网络舆情能力的对策和建议

（一）注意突发舆情，提升应急管理能力

在众多网络舆情中，又以突发的性质严重的事件最能吸引眼球，也最易演变为公共危机，而建立并完善应急管理系统能极大地帮助解决突发公共危机。应急管理主要包括四方面：预防、准备、响应、恢复。处理事情，最好的时机是在发生前，次好是在刚发生时，更次是在事情发展过程中，最差的就是什么也不做，只等着它自己过去。等待着事情自己过去，期待着人们逐渐忘记，“郭美美事件”恰恰印证了这种想法是自欺欺人。时隔5年，该事件的负面影响依旧，当红十字会组织募捐时，不少市民总会用打趣的口吻询问我们“郭美美事件”的真假，不少企业也更倾向于选择其他慈善组织合作。以预防为根本，可直接消除突发公共危机隐患。预防即红十字会平时的工作都要做好，在保证现有工作越做越好的情况下，不能忽视少数群体的需求与利益，注重每一个人的口碑，尽力维护自身形象。但人无完人，预防不能保证完全没有事情发生，同时红会要做好应对突发公共危机的充足准备，考虑到各种可能情况，建立并通过反复演练去不断完善各项应急措施。文学作品中有个术语为“上帝视角”，指叙述者如同上帝，了解过去、预知未来，了解每一件事的发展走向。但在现实生活中，却没有任何人具有“上帝视角”，无法对公共事务的所有节点走向都有精准判断。当事件发生后，处于响应阶段的红会不能盲目落实应急管理系统中预备的所有应急措施，而应仔细观察形势，选择合适的应急措施，并根据实际情况不断修改完善。在响应阶段要注意时效性、积极性、针对性、科学性，坚持以人为本原则。恢复阶段，主要为跟踪落实之前的各项措施，回答媒体、网民的后续疑问，追究造谣污蔑者的法律责任，力争消灭事件的负面评价，重塑红十字会公信力。值得注意的是，在恢复阶段红会要保持海纳百川，有容乃大的气度，要容得下监督与批评。若之前红会公众形象不佳，会催生诸多网民产生“有罪推定”心理，红会在澄清的同时，要避免和网民“掐架”，造成一部分反效果。红十字会要保持良好心态，视舆论的质疑、呼吁、批评、批判甚至围剿为人们对红会的期许，逐步

走向完善。

（二）针对不同情况，选对官方发言代表

媒体既不是朋友也不是敌人，是第三方是工具，我们要学会使用工具而不是被工具操纵，红会有必要将发言人上升到更加重要的战略位置来看待，将发言人看成一种新型的媒体形态、人格化的红会。

一是日常工作时宜选择青年发言人。日常事务，在传统或新兴媒体上，尤其是微博等新媒体上，红会皆可大胆起用青年发言人。青年人是一座桥梁，他们下能引导晚辈树立正确价值观，上能影响长辈改变老旧观念。据报告显示，我国网民以10～39岁群体为主，占整体的75.1%。且青年也一直是"三救三献"工作中的中坚力量，因此改善网络上青年群体对红十字工作的印象是工作重点。一直以来，红十字会的宣传和工作成果报告，多以官方语言为主，对于青年人而言，形式较为死板无趣，让人没有了解的兴趣。截至2016年10月1日，经过对中国红十字会总会官方微博(微博名：中国红十字会总会)2 640条微博和省市级红十字会官方微博的大致观察，语言诙谐有趣的寥寥无几，微博转发、评论、点赞数常在个位数字，甚至为零。与微博知名公共部门账号"江宁公安在线"等形成鲜明对比。观察人气高的微博账号可以发现，他们的语言都通俗易懂、风趣幽默、紧跟网络潮流，因此紧紧抓住了年轻人的心理，知道他们喜欢什么。要做到这些方面，微博管理人员或团队必定是以青年人为主。对此，我们不妨也大胆创新，引进优秀青年工作人员，在社交媒体上改变语言风格从而吸引人气。当有了高人气、高知名度后，各项活动宣传和工作成果便能广为人知，能更有效解释反驳各类网络流言，甚至会有粉丝无偿帮助红会向他人解释误会。但要注意年轻人年轻气盛的特点，需要经过一定的培训才可上岗，警惕"失言"现象发生。

二是重大事件时宜选择主要负责人。当突发重大事件，对红十字会有重大影响时，与此事件有关的主要负责人要做"第一新闻发言人"，释疑解惑。在天津特大火灾爆炸事故发生后，对于事故责任舆论汹汹，天津市前主要负责人直到第十次新闻发布会才露面，错失了一个表明担当的机会。主要负责人及时出面，既能定住红会自己人的心，也能镇住舆情的浪，让群众不至于对红会产生"缩手缩尾"的不良印象。同时，主要负责人的态度是表明红会价值立场的契机。在万宁校长"开房门"中，《中国妇女报》发声，主要负责人严正表态，彰显了妇联组织的存在感，赢得了民众的信任与好感。“其身正，不令而行；其身不正，虽令不从”，主要负责人对一个突发事件处置的示范效应，超过连篇累牍的政策解读文章，胜过身上无数的学位官衔，好过无数次的宣传报道。

（三）善用名人效应，正确引导网络舆情

现在的网络舆情方向引导已比前几年规范很多，新浪微博经过几年的发展，已经形成良好的生态系统，不再是由超级大“V”的影响力淹没掉其他人的声音，不再是一家独大，而是多元观点在热点问题上在微博形成一个对冲。但网络舆情引导工作不能懈怠，而若善于使用名人效应，将会事半功倍。影响力、感召力及其带动效应，使名人慈善成为推动慈善事业和公益发展的重要力量，而名人的个人魅力也为慈善增添了一道亮丽的风景。具体做法：

可以聘请名人加入红会。聘请知名度高的名人成为各级红会形象代言人，拍摄“三救三献”宣传片，参与红会的公益活动等，再通过名人的微博、微信公共号等进行宣传，达到引人注意、强化印象、扩大影响的效应。甚至可大胆使用直播等新型互动交流形式，让名人粉丝甚至普通网民更加有兴趣、更加深入地参与到红会公益事业中，既能加大慈善影响，也能为红会与普通网民的对话创造良好的沟通平台，促进双方理解。

可以发布名人慈善榜单。现名人慈善榜单多由媒体发布，种类繁多，数据差异现象时有发生。作为政府在人道领域的助手，红会可组织发布具有官方权威性的社会名人、组织、企业等慈善榜单，既能剔除不实榜单的虚假宣传，营造公平公正公开的氛围，也能激励更多名人加入，从而引导更多普通人参与。针对该榜单，我们有两点建议：即使名人不是捐款给红会，而是捐款给其他公立或私立慈善组织，也应将其纳入考量体系，体现出红会包容的品质，且使评选更加公平，更有公信力；榜单不能单纯以名人捐款金额数为唯一标准，参与的公益活动数、慈善影响力等都应成为考核标准，并科学考虑各项权重。妥善使用名人效应，将更易于正确引导网络舆情方向，为各项工作奠定良好基础。

参考文献

[1] 第 37 次中国互联网络发展状况统计报告[R]. 北京:中国互联网络信息中心,2016.

[2] 2014 年中国青少年上网行为研究报告[R]. 北京:中国互联网络信息中心,2015.

[3] 毛维军. 提高政府应对网络舆情的能力:现状与路径[J]. 甘肃理论学刊,2012(17).

[4] 程夏. 网络群体事件的预警机制研究[D]. 沈阳:东北大学,2012.

[5] 郭庆光. 传播学教程[M]. 北京:中国人民大学出版社,2011.

构建平台载体　服务“三最”群体

——红十字服务平台和载体建设之我见

华锡明　无锡市红十字会

摘　要：近年来，无锡市红十字会高度重视服务平台建设，积极为“三最”群体提供人道服务与帮助。无锡红会通过调研了解群众需要，整合社会资源，构建有效的服务平台与载体，加强了红会的自身建设，有效落实核心业务，“十三五”期间，无锡红会继续将服务平台和载体建设作为发展重点，进一步做大做强现有平台，发展新平台，激发红十字会组织活力，提高服务能力。

关键词：服务平台和载体　“三最”群体　人道服务

“十二五”期间，无锡市红十字会党组、执委会高度重视服务平台和载体建设，积极探索提升红十字会综合服务能力的路径和办法，为最困难、最需要帮助、最易受损害群体（以下简称“三最”群体）提供最急需的人道服务和帮助，努力形成服务群众、打造品牌的长效机制，让群众切身体会到红十字会服务理念的新变化、服务成效的新改善。

一、构建服务平台和载体的初步探索与实践

近年来，无锡市红十字会通过调研，了解和掌握群众迫切需要的服务形式和内容，注重在创新工作思路、扩大服务范围上下功夫，构建行之有效的服务平台和载体，把红十字公益项目落到实处，延伸到服务对象上，解决服务群众“最后一公里”的问题。

1. 利用自身优势，打造服务平台，建立服务阵地

一是建设市红十字服务中心。经市编办批准成立了市红十字会直属公益性事业单位的市红十字服务中心，同时挂市红十字备灾救灾中心、市

人体器官捐献管理中心牌子，实行三块牌子一套班子的管理模式，机构编制 10 人，正科级建制，财政差额拨款。办公大楼位于市中心，建筑面积 3 105 平方米。“中心”设有红十字服务大厅、红十字救护培训基地、红十字文化馆、备灾救灾仓库、中华骨髓库江苏分库无锡工作站、城中爱心献血屋等公益服务设施，承担“三救”“三献”日常工作，成为红十字会面向社会公众的窗口。二是建设市红十字志愿者活动基地。面积 350 平方米的基地为志愿者组织开展活动创造了条件。市红十字会通过整合原有志愿服务队伍（市级志愿服务队 11 支，登记志愿者 2 000 人，注册志愿者 500 人），成立市红十字志愿服务总队。广大红十字志愿者以基地和总队为载体和平台，组织学习交流和培训，积极承担市红十字会交办的志愿服务任务。三是建立市红十字物资捐赠中心。成立“无锡市红十字物资捐赠中心”，登记为民办非企业，组织实施“衣物捐赠红十字人道救助项目”（中心日常运作经费由红十字博爱雅迪基金每年定向资助 20 万元），常年接收爱心市民与单位捐赠的衣物，经过整理、消毒等处理后，发放到困难人群手中，在全社会倡导互助友爱、节约资源、低碳环保的良好风尚。2015 年该项目被列入市委市政府为民办实事项目。日前，我市惠山区红十字会建立了衣物捐赠中心，堰桥街道和钱桥街道也分别设立了捐赠点，初步构建了全市衣物捐赠三级网络。四是兴办市红十字会中医医院。中医院位于市中心、建筑面积 1 500 平方米，为市红十字会兴办的直属冠名医疗机构，是关爱群众生命健康的平台，以提供中医医疗服务为特色，同时，面向社会开展红十字志愿服务。

2. 整合社会资源，构建服务载体，延伸服务端口

一是建立市红十字心理援助中心。与市精神卫生中心（冠名团体单位）合作建立无锡市红十字心理援助中心，实施“心理危机干预与援助”项目，开展五项工作：建立 24 小时红十字心理援助热线（88000999），开设心理危机干预门诊，建立心理健康学校，成立红十字心理应急救援队和心理志愿服务队。二是建立市红丝带关爱中心。与市第五人民医院（冠名团体单位）合作成立“无锡市红丝带关爱中心”，实施关爱艾滋病患者救助项目，解决艾滋病弱势群体的实际困难。中心开设心理咨询工作室，开设专线热线电话、QQ 群、微博等多种沟通平台，为艾滋病患者及感染者提供诊疗、咨询、心理疏导、健康教育、人道救助等公益服务。三是建立市红十

字普仁复明中心。与市第二人民医院(冠名团体单位)合作建立“无锡市红十字普仁复明中心”,组织实施“眼库建设和光明复明行动”项目,关爱困难眼疾患者。开展角膜病防治知识的宣教,增强社会角膜捐献的意识,规范开展角膜移植手术;设立爱心病房,实施贫困眼疾患者医疗救助,使众多角膜病患者重见光明。四是建立景区救护站。按照《红十字救护站(旅游景区)标准》,与景区开展合作,先后建立了灵山景区和锡惠景区红十字救护站,为市民和景区游客提供健康咨询、院前紧急救护等特色志愿服务,及时处置突发事件。五是大力支持红十字朗高护理院、红十字爱心护理院。市红十字朗高护理院、红十字爱心护理院,均属非营利性的医养结合的红十字冠名医疗机构。集机构养老、医疗康复和临终关怀为一体,在提供养老和医疗康复服务的同时提供红十字志愿服务。对生活困难人员实施爱心帮困,设置爱心病房,充分体现红十字精神。

3. 创新平台载体,打造公益品牌,拓宽服务范围

依托上述服务平台和载体,以实施项目化管理为手段,大力开展博爱系列救助工程,组织开展了博爱救援、博爱助困、博爱助医、博爱助学、博爱助老活动,初步形成了有红十字特色的公益品牌。同时,充分发挥红十字冠名基金和备灾基金的载体作用,以项目带动筹资,以筹资保障项目的有效开展。市红十字会积极争取福利彩票公益金支持定向开展救助人体器官捐献实现者困难家属项目和百万应急救护培训项目;争取冠名基金的支持开展定向救助项目,红十字博爱雅迪基金定向资助“衣物捐赠接收”红十字人道公益项目;与《无锡日报》《江南晚报》合作搭建“红十字爱心桥”定向救助平台,接受社会爱心人士(单位)定向捐赠。

二、构建红十字服务平台和载体的几点体会

1. 服务平台和载体建设,是红十字会加强自身建设的迫切需要

红十字会的宗旨要求我们认清自身定位,上为政府分忧、下为百姓解愁与解难。建设红十字会服务社会和群众的各种平台和载体,有助于为“三最”群体提供最急需的人道服务和帮助,为无偿捐献、无私奉献、无怨无悔的红十字志愿者和社会爱心人士实现人生价值创造机会,有助于红十字会履行职责,传递社会的温暖,真正成为党和政府人道领域的得力助手,精神文明建设的生力军,建设和谐社会的重要力量。

2. 服务平台和载体建设，是红十字会落实核心业务的有效举措

我们依托各类服务平台和载体，将红十字会最核心的“三救”“三献”等法定职能，以实施项目的形式，落到了实处。同时，围绕实施项目，我们制定和出台了管理办法，规范了管理程序，加强了绩效管理，有效控制了风险，提高了服务质量，使红十字会真正接地气、近民生，在服务平台和载体上促进了红十字业务和红十字服务落地生根、开花结果。

3. 服务平台和载体建设，是红十字会展示形象的重要途径

构建服务平台和载体，通过供给侧的方式，满足老百姓迫切需要而红十字会又能办到的服务和帮助，成为履行红十字会职能、传播红十字文化、展示红十字形象的窗口，使老百姓“开门见红十字”。这些看得见、摸得着的服务，为“三最”群体提供了实惠，是红十字会取信于民、展示自身形象的有效途径，赢得了群众的尊重和赞扬。

我市红十字服务平台和载体建设虽然在探索实践中取得了一些成绩，但是仍然存在困难和问题：一是服务平台和载体建设还处于摸索阶段，没有现成的经验可资借鉴。二是服务平台和载体建设仅属于零敲碎打，未能像其他群团组织那样在质量上数量上形成规模，从条线上形成系列，譬如提到总工会，就能联想到工人文化宫。三是平台和载体的建设、运行、维护需要大量的人财物作为支撑，目前我市红十字会缺乏完善的条件，从一定程度上制约了服务平台和载体的进一步发展。四是服务平台和载体还需更加接地气，使困难群众得到更好的服务、更大的实惠。这有待于我们进一步转变服务理念，拓宽工作思路，改变服务方式，提升服务水平。

三、加强服务平台和载体建设的几点思考

“十三五”期间，我市将把红十字服务平台和载体建设继续作为发展的重点，作为推动无锡红十字事业可持续发展的抓手，统一规划，分步实施。指导思想是：进一步做大做强现有服务平台和载体，不断发展新的平台和载体，整合慈善资源发展社会福利事业，激发红十字组织活力，提高红十字服务能力。

1. 做大做强现有服务平台。一是在市红十字服务中心的基础上，建设江阴市、宜兴市、惠山区红十字服务中心区（县）级分中心（救护培训基

地)，分中心(基地)面积不少于500平方米，履行窗口功能，服务社会、服务群众。二是扩大市红十字衣物捐赠中心规模，拓展捐赠物资接收品种，改变服务方式，扩大受众人群。三是做强市红十字心理援助中心，提升服务能力和应急救援能力，扩大辐射范围，提高知晓度和影响力。四是按照标准在有条件的公共场所新建若干红十字救护站；在车站、机场、体育场馆、行政服务中心等公共场所配置AED(自动体外除颤器)，对相关人员进行培训，宣传红十字知识和“三献三救”知识、传播红十字文化、普及应急救护技能。

2. 构建“互联网+红十字文化传播与公众筹资”平台。适应互联网发展的新形势，将互联网作为促进红十字事业可持续发展的重要支撑。整合现有资源，以门户网站为基础，以项目信息库、捐赠者数据库、受助者数据库、志愿者数据库为支撑，探索全市红十字“一网四库”建设。加强领导，建立工作机构，与相关公司合作开发、共同实施“互联网+红十字文化传播与公众筹资”工程。以业务工作为抓手开展大宣传，宣传红十字知识，宣传核心业务工作取得的成效；把筹资工作与诚信体系建设、企业信用评估体系建设和文明城市创建活动等结合起来。依托“互联网+红十字”这一大平台，促进社会对红十字会的了解，扩大红十字会的影响力。

3. 探索兴办社会福利事业，满足困难群众日益增长的服务需求。一是做优做强无锡市红十字会中医医院，支持其加入无锡市中医医院医疗联合体，促进双方全方位合作，实现互利共赢。二是根据社会需求，动员社会力量，通过冠名或兴办红十字养老服务机构，积极为幸福养老建设而努力。拟建无锡市红十字会护理(康复)院，引导社会资本(资产)投入养老和护理康复事业，按照《红十字冠名医疗机构管理办法》，实行市场化运作，规模床位不低于500张。

红十字会如何提高应对舆情的能力

胡英浦　高建锐　连云港市红十字会

摘　要：红十字事业要想更好的发展、重建公信力，就要加大宣传，互联网则是必然选择之一。了解网络、正确看待网络舆情、掌握网络舆情形成的规律及其危害、分析在应对网络舆情方面存在的问题及原因、做好提高网络舆情应对能力的准备，必将成为我们红十字人的必修课。

关键词：红十字会　互联网　宣传　网络舆情　舆情应对

当前，互联网的迅猛发展，使网络成为继报纸、广播、电视之后的“第四媒体”，也造就了中国庞大的网络群体。据中国互联网络信息中心(CNNIC)发布的《第38次中国互联网络发展状况统计报告》显示，截至2016年6月，中国互联网普及率达到51.7%，网民规模达7.10亿，居世界首位，其中通过手机上网的网民则占92.5%，达6.56亿，网络呈现出了前所未有的活跃程度。

一、正确看待网络监督

2011年6月，微博上一则“郭美美baby”炫富博文，把百年红会卷入了一场声势浩大的网络风波，也引发了中国公益慈善领域前所未有的信任危机。此后，凡是涉及红十字会的话题、舆论，总是能引起网民的热议。2014年9月，红十字会“卖血获利数十亿”事件在微博上被大量转发，中国红十字总会及时据实回应未造成大的影响。两个事件仅仅是从自媒体平台(如博客、微博、微信等)爆发出来的风波，由此也看出了网民对社会、热点、网络事件的关注程度。

红十字事业要向前发展、建立公信力至关重要。虽然说网络风波产生了非常大的负面影响，但是也促进了公益慈善组织的透明度提升，对红十字会也起到了很大的宣传作用，最起码现在大家都知道了红十字会，了解了红十字会是干什么的，这就是网络监督的两面性。如何寻找宣传红十字事业与正常或非正常的网络监督之间的契合点，提高红十字会的知晓度和确保红十字事业快速发展，提高舆情应对能力，已经成为摆在我们面前的现实突出问题。

不可否认，网络本身就是一把“双刃剑”，在扩大影响的同时，也会有很多双眼睛在看着你，这就是网络监督。网上还有很多良莠不齐的信息，可以说大部分人都无法辨别真假，特别是一些思想活跃却又偏激的年轻人（据 CNNIC 统计，我们国家的网民主体就是以 10～39 岁群体为主，占整体的 74.7%），在看到一些带有强烈情绪性和煽动性的言论，往往就是不加辨别后直接跟风，这样就不是网络监督了，而是网络暴力，如果再有别有用心的网络推手在里面蓄意引导，就有可能会引发大的网络风波，甚至会误导整个社会。

二、网络舆情形成规律及其危害

网络作为一个现代化平台，与传统媒体平台相比，“发言门槛低”“传播迅速”“受众面广”“虚拟”和“开放”是它的特点，也是传统媒体平台所不具备的巨大优势。在当今的网络时代，人人皆记者，人人都有发言权，任何人都可以对当前社会所存在的问题来发表看法，导致网络舆情的不可预测。网络舆情表达快捷，互动性强，具备传统媒体无法比拟的优势，逐渐成为社会各阶层利益表达、情感宣泄、思想碰撞的舆论主渠道。据《人民日报》与人民网联合调查统计，有 87.9%的网民非常关注网络监督，当遇到社会不良现象时，93.3%的网民选择网络曝光。据此，《人民日报》评论指出，网络监督已经成为畅达民意、维护权益、鞭挞腐败的便捷而有效的手段。

网络监督对推动、改进我们的工作方式方法有一定的帮助和触动，但我们也必须实事求是地看待网络监督，不能简单地认为网上多数人发出是声音就是大众的声音，就是人民群众的呼声，就是正确的，因为很多带有强烈情绪性和煽动性的言论很容易干扰普通民众的判断，很多群众都有随大流的特性，裹在一起就有可能形成浪潮。因此，提前收集网络舆情，分析研究网络舆情的形成和发展规律，对可能产生的现实危机走向、规模进行判断，进而提出相应的解决策略，对于推动红十字事业发展，为领导进行决策、指导工作提供参考和依据，具有十分重要的现实意义。

我国现正处于发展的重要战略机遇期，同时也处于社会矛盾凸显期，发展不平衡、不协调、不可持续的问题依然突出。虽然红十字会作为从事人道主义工作的社会救助团体，在开展人道救助、反映民生诉求、化解社会矛盾等方面具有独特优势，也发挥了较大的作用，但是在开展工作过程中难免会出现这样或者那样的问题，如果处置不当，就有可能引发大的问题。从郭美美事件和“卖血获利”事件处理上我们就能看出，采取的措施不同，产生的影响和后果也大相径庭。2015 年，郭美美事件的调查结果显示，郭美美与红会毫无关系，其虽被依法处置，但仍未能挽回在群众中的恶劣影响，使红十字会等公益慈善组织的公信力受到了巨大的伤害。而红会“卖血获利数十亿”事件，幸亏总会快速反应：根据《献血法》规定，一直以来，红十字会只参与无偿献血的宣传、动员和表彰工作，并且在参与无偿献血工作中从不收取任何费用，对于血液的采集、化验、保存和使用等工作均不由红十字会负责，全国各级血液中心和血站也均不隶属于红十字会。此次虽说红会是“躺枪”，不过好在回应及时，未引发大的风波。

“好事不出门，坏事传千里”，网络谣言比传统的口耳相传方式更便捷，特别是形成网络热点后，一些境内外分裂、破坏分子本身就时刻在想方设法破坏我们当前的稳定局面，不但自己在里面挑起各种事端，蛊惑不明真相的群众，还买通一些反动网络推手蓄意制造虚假信息，误导普通网民盲从跟进，导致网络谣言呈几何级数爆发式扩散，进而形成危机事件。

三、应对网络舆情方面存在的问题及原因

红十字人在应对网络舆情危机能力和经验方面还显得比较薄弱。首先如果不是“网络风波”的原因，估计大部分群众都不知道红十字会具体是做什么的，有哪些工作职责。不可否认，红十字会在国内的“知名度”还是相对较小。其次就是全国大部分红会干部的年龄都在 40 岁左右，而且部队军转人员比例比较高。相对而言，他们对网络舆情的重要性认识不足，对网络舆情关注不够重视，网络舆情应对的能力和经验不足是明显的。再次就是与相关部门联系合作不够，特别是与新闻媒体、宣传部门、

网监部门沟通交流不够，危机舆情收集和分析工作滞后，缺乏足够的政治敏锐性，对网络舆情的监测管理缺乏行之有效的手段，各项工作正处于起步阶段，没有完善的舆情应对预案，应对突发舆情经验和能力不足；最后，就是对于某些社会现象和热点问题，受各种因素的影响，缺乏理性、负责任的舆论分析和疏导，会动摇更多人对社会公正的信心。

导致这些问题的主要原因：一是民众对政府公权力缺乏信任，不了解红十字会等社会组织的运行机制。随着转型时期社会矛盾不断增多，许多民众通过自身的感受或间接的方式，积累了对一些政府部门的不信任，再加上一些官员不法行为不断曝光，网民利用网络制造舆论，发泄不满，进而形成网络事件。二是随着网络的快速发展与群众权力意识的觉醒，在权力监督不及时、不到位的情形下，群众开始利用网络围绕已发生的事件进行炒作并扩大其影响，尝试以舆情监督公权力。三是信息公开不及时、不全面。由于在采购物资、接收捐赠和救助方面的信息公布不及时，造成红十字会与网民的信息不对称，如再出现个别人中饱私囊的情况，就会引发民众不满。

四、提高网络舆情应对能力的方法探讨

互联网越来越受到人们的重视，甚至可以说我们现在已经离不开网络，很多工作都需要在网络上完成，包括工作中的沟通、协调、交流，上级指示、下级汇报，以及各种数据、文件的上传下达等。假如工作中存在有问题和不足，都有可能被动或主动出现在网络上，也就有可能被炒作、被延伸、被发酵、被放大，甚至可能演变为震动各界的社会热点事件。所以就要求我们必须严格遵守保密规定，要有强烈的危机意识，按要求可以在网上主动公开的一些信息也必须加强审核，落实责任。哪些能通过网络完成的工作、哪些不能，作为工作人员和各级领导一定要心中有数，避免被动流传到网上。

一是自身要过硬。要认真执行信息公开，特别是救助物资采购、接收捐赠与救助信息、审计情况等，凡是不涉及国家秘密、商业秘密和个人隐私的事项都应当及时公开。

二是注重抓好红十字会门户网站建设。把网站建设成为征求意见、网上受理、答疑解惑、网上展示等多功能有序整合的统一平台，使群众通

过网站就能了解红十字会的工作，查找到自己想要关心的问题答案。

三是构建舆情分析研判预警系统。要指派专人担任网络舆情监测员，采取搜索关键字、重要网站和论坛重点关注等方式开展日常监测和实时巡查，发现问题迹象及时组织人员进行分析研判，对网络舆情可能产生的影响进行评估，及时逐级汇报。

四是要及时发声，掌握主动权。在舆情出现先期，要及时介入，对群众反映集中的热点、焦点问题在职权范围内及时调查核实，要改掉“捂”“瞒”“拖”等错误观念。美国社会心理学家奥尔波特和波斯特曼指出谣言的产生与事件的重要性和模糊性成正比的论断，也就是说，事件越重要且越模糊，谣言产生的效应也就越大。所以，我们要通过新闻发言人，直面问题、正视问题、正面回应问题，第一时间向社会发布，让群众了解事实真相。要理性面对媒体和群众质询，不避重就轻、不敷衍塞责。以坦诚而负责的态度，积极回应社会关切，给媒体和群众以踏实感、安全感，切切实实地传递正能量、凝聚民心，真正把公众情绪引导到健康理性的轨道上来。

五是要端正态度，与媒体建立良好关系。坚持正确的宣传舆论导向，增强同媒体打交道的能力，对一些影响较大、群众关注度较高的网络舆情，通过相关新闻媒体进行公布，最起码要求大部分媒体报道涉事事件时务求客观、真实、全面、公允，用正面宣传挤压各种“噪音”“杂音”的生存空间，用正面声音消解各种错误、反面观点的不良影响；对一些经查不实的网络舆情，及时澄清事实，确保引领主流舆论和事态发展，抢占先机，最大限度地保障人民群众的参与权、监督权、知情权和表达权，要善于运用媒体了解社情民意、发现矛盾问题、引导社会情绪、动员人民群众、推动实际工作。

六是加强与网络大“V”的沟通。微博、微信中的网络大“V”因为比较关注公共事件、关心公共利益，经常发表言论进行批判、提出各种建议，因此拥有大量的粉丝，可以说非常活跃、能影响很大一部分人，是网络上的“公众人物”。与网络大“V”的交往，不仅考验我们的政治智慧，还能锻炼我们的应对能力。他们的意见和建议，不管是正面的还是反面的，我们都要积极对待。认真做好与他们的沟通协调工作，对于我们做好网络舆情应对具有极大的推动作用。

关于强化红十字会监督体系建设的思考

邓　单　启东市红十字会

摘　要：在我国，各县(市)都设有相应的红十字会组织，基层组织一直拓延到企业、学校和社区街道，红十字事业得到了长足的发展。有效的监督是红十字事业健康发展的重要保证，组织进行合理、合法、有效的监督才能够保证红十字事业的长久发展。建立社会监督委员会，对捐赠款物的管理、使用情况进行监督，建立和完善法律监督、政府监督、社会监督、自我监督相结合的综合性监督体系，按照规定严格执行信息公开制度，做到资金募集、财务管理、招标采购、分配使用等捐赠信息公开透明，切实保障捐赠人和社会公众的知情权、监督权，建立健全红十字会经费审查监督制度，加强对红十字会的监察、审计，为发展红十字事业保驾护航。

关键词：监督　制度　体系　建设

一、监督内容

从我国现行的法律条款来看，红十字会的监督内容主要包括：对红十字会非营利性的监督、对红十字会财务活动的监督、对红十字会人员的监督。

一是非营利性的监督。红十字会每年都接收到社会各界及个人的捐赠。除了政府对红十字会拨款外，对红十字会接受用于救助和公益事业的捐赠物资，按照国家有关规定实行减税、免税的优惠政策。组织、个人都有在运营中偏离公益轨道向商业化组织演变，开展一些有违组织宗旨的活动的可能。通过对红十字会非营利性性质的监督，保证公益资产的安全性、保证红十字会的公益性，是红十字会监督的重要内容。

二是财务活动监督。对红十字会的财务活动进行监督是红十字会监督内容的核心。通过对红十字会财务收支以及日常财务管理的监督，促使红十字会建立规范的财务管理制度，使得公益资金得到有效利用，充分发挥公益资金使用的社会效益，保证红十字会的廉洁性，提高红十字会的社会公信度，是红十字会监督的重要内容之一。

三是对红会人员监督。红十字会主要有专兼职员工、会员和志愿者三种。红十字会理事、专兼职员工和志愿者各司其职、各尽其能，分别扮演不同的角色。对红十字会的人员的监督主要从人员数量的配置是否合理、人员的素质和行为两个方面进行监督。红十字会是从事人道主义工作的社会救助团体，其成员的行为和素质直接影响着红十字会资源的有效配置和利用。对红十字会工作人员素质和行为的监督也是红十字会监督的重要内容之一。

二、当前红十字会监督中存在的问题

当前我国社会建设和社会组织发展滞后于经济发展，健全和完善相关法律监督体系已经成为包括红十字会在内的社会组织推动发展、反腐倡廉建设的一个至关重要的因素。由于各省、市、县各级红十字会体制和编制数量的限制还没有全部由纪检部门派驻纪检组，一些监督人员仍为兼职，目前大部分各级红十字会没有专职纪检干部，各级红十字会监督委员会还没有全部到位，对于社会组织进行社会监督的机制、内容和方式等，缺乏成熟的、适合我国实际的行之有效的范例，这些都成为制约红会监督体系完善的原因。

三、加强红十字会监督体系建设建议

由于红十字会的特殊性，内外部监督均在其内部控制的运行和反馈中发挥着重要作用。内部监督机制有利于红十字会形成内部控制评价和反馈机制，外部监督则迫使红十字会不断优化内部控制体系，实现可持续发展。

1. 内部监督

内部监督也称自我监督、自律。红十字会自律主要包括制定内部规章制度、建立健全理事会制度、内部民主监督、内部财务监管等形式。

一是制定内部规章制度。以中国红十字会章程、中国红十字会募捐和接受捐赠工作条例、中国红十字会会费管理办法等共同组成了红十字会行为的框架,制定内部规章制度,指导和约束各级红十字会以及组成人员的行为,起到自我监督的作用。

二是健全理事会制度。根据红十字会法及红十字会章程,理事会制定工作计划并监督工作计划的实施情况,审查批准接受损赠款、物使用情况的报告,红十字会经费的来源和使用情况每年向红十字会理事会报告。理事会通过行使章程赋予的职权,实现对组织运作和管理的监督。

三是加强民主监督。红十字会会员是红十字会组织内部民主监督的主体,是红十字会内部监督中最普遍最重要的监督力量,会员通过对红十字会工作提出建议和批评,协助红十字会改进工作,及时纠错,提高工作效率。要会员代表大会上,要就经费状况作为一个程序、一项内容做专题汇报,接受审议。启东市红十字会 2016 年聘请了法律顾问、纪律顾问,对提高自我监督水平发挥了较好的作用。

2. 外部监督

外部监督是来自红十字会以外的监督主体为保证红十字会工作的合法性、合理性和社会效益,对红十字会组织机构及其工作人员实施的监督。红十字会的有效管理,除了要依靠其内部力量以外,还需要强有力的外部力量进行控制和约束,这种外部力量主要来之于政府监督和社会监督两个方面。

一是政府的监督。政府对红十字会的监督并非像对对待行政隶属部门一样,而只能以立法者的身份为红十字会的活动依法制定规范,督促、引导、帮助红十字会朝着法制化的轨道运行。政府的各个相关部门根据法律规定,各司其职,对红十字会的方方面面进行监督。红十字会执行国家规定的财务管理制度,接受财政部门、审计机关的监督。通过执法部门的监督是国家权力的体现,具有强大的威慑力,足以对不法行为起到预警和纠错作用。

二是设立各级派驻红十字会纪检组。派驻纪检组,设立专职纪检人员,可以极大地强化对红十字工作的监督,通过对红十字会整个运作过程的细致梳理,对易出现廉政风险的关键环节加强权力管控和风险防范,防止权力主体越位、缺位或错位。启东市纪委监察局在 2014 年底,专门设立派驻红十字会纪检组,并专门设立纪检组长,明确派驻机构实施监督的主体地位，坚持监督制度与权力运行程序相一致，用制度来规范权力的运行程序，用制度来保障权力的正确行使，确保权力的决策、执行、监督等各环节有序进行，防止权力失控、决策失误和行为失范。实施派驻制度有利于保持派驻机构的独立性，有利于监督职能的充分发挥。通过派驻纪检组，增强监督制度的针对性，对行政审批、项目申报、干部人事、政务公开、民主评议以及“三重一大”等制度的修订和完善，建立健全依制度管权、管事、管人的良性机制。

三是发挥社会监督作用。发挥社会舆论作用，新闻媒介的正面宣传可以扩大红十字会的社会影响，更多的帮助社会弱势群体，实现红十字会的社会功能，同时间接强化了社会公众的监督意识，以及红十字会工作人员的服务意识和自律意识。新闻媒介的负面曝光，对组织的不合法、不合理的活动及行为给予道德上的抨击，引发社会大众的谴责，引起相关监管部门的注意。

四是强化行风监督员聘用管理。各级红十字会根据工作需要，可以在市人大代表、政协委员及政府有关部门、新闻单位、基层工作人员代表、热心群众中聘请的自愿帮助监督政风行风和行政效能的义务兼职人员。启东市红十字会在2016年聘请了行风监督员，宣传红十字的理念和精神，鼓励社会公众更多参与红十字事业，同时对捐赠款物的接受、管理、分配、使用和物资招标采购进行监督，并对红十字会实施的公益项目进行跟踪检查和延伸监督，调查了解社会公众提出的热点问题，回答社会公众的质询，向社会公众通报、发布年度或特定事项的监督工作报告，切实做好政风行风及效能监督工作。

以备案制为抓手
强化对红会权力运行的监督制约

吴素琴　淮安市红十字会

摘　要：为了从源头上预防腐败，使红十字会重点权利的行驶更加规范与公开，自2016年以来，淮安红十字会纪检组探索了一种以“备案制”为抓手，强化对权利运行监督制约的方法，有效的推进了党风廉政建设，并对红会事业的健康发展起到了保驾护航的作用。

关键词：五项重点权力　监督制约　防腐廉政

近些年来，中国红十字会的公信力受到质疑，出现一些违纪违规问题，其中一个重要原因就是缺乏来自各方的监督，以及红十字会重点权力行使的规范运行和公开透明等方面存在制度的缺失。为切实履行好纪检“监督执纪问责”职责，从源头上预防腐败产生，抓住重要环节，聚焦“关键少数”，2016年以来，淮安市红十字会纪检组在规范“一把手”行使“五项重点权力”从政行为方面做了一些实践，贯彻了市纪委关于加强“五项重点权力”监督制约相关文件，探索了以“备案制”为抓手，强化对权力运行监督制约，并从根本上改变红会监督难（无抓手）、难监督（不知情）状况。通过实践，既规范了红会工作行为，又有效地推进了党风廉政建设，同时又为红会事业的健康有序发展，起到了保驾护航的作用，取得了显著成效。

一、指导思想

作为2015年底刚组建到位的淮安市红十字会纪检组，以履行纪检“监督执纪问责”为主业，本着全面清权、规范行为、高效透明、防范风险的原则，以推行权力公开透明运行为目标，以“三重一大”集体决策为重点，抓住“一把手”权力运行容易出问题的重点领域和关键环节，积极探索“五项重点权力”监管工作规律，科学合理制定配套制度，努力实现红会权力运行和纪检监督制度化、规范化、常态化，从源头上规范“一把手”从政行为，将其权力关进制度的“笼子”里，降低其权力乱用、滥用的风险，形成不能腐的防范机制、不易腐的保障机制，使纪检监督责任真正落到实处。

二、工作思路及措施

1. 健全制度体系，规范权力运行

2016 年初，根据市纪委要求，结合市红会纪检组刚组建到位，以及本单位实际情况，纪检组用了 2 个月时间密集起草出台了系列制度文件 16 项。尤其针对权力运行方面：一是根据淮安市委、市纪委有关要求，结合单位实际，制定下发了《加强市红十字会“五项重点权力”监督制约的暂行规定》，对“五项重点权力”行使流程（人事、财务、救助审批、工程建设项目、财政专项经费）进行了明确规定；二是为进一步落实“五项重点权力”监督制约相关要求，制定出台了《“五项重点权力”清单》，梳理了共计 5 大类 34 项；三是为进一步规范财务支出管理，强化审核审批程序，结合单位实际，经过两上两下、广泛征求意见，制定了《规范市红十字会经费支出额度和事全申报管理》规定；四是为确保红会工程项目、物品采购规范公开，防止腐败行为发生，制定了《市红十字会项目（工程、物品采购）管理办法》；五是强化“三公”经费管理，规范工作行为，出台了《公务接待》《外出公务活动》《部门工作职责》《工作报告》等制度；六是为进一步强化党组主体责任、纪检监督责任的落实，梳理了“两个责任”清单 48 项（其中党组主体责任 26 项，纪检监督责任 22 项）；并派发了“季度工单”，（其中：党组主体责任 29 项，党组主要负责人“第一责任人”责任 26 项，副会长“一岗双责”责任 32 项，纪检监督责任 44 项），进一步明确局党组主体责任和纪检组监督责任，以及各个部室主要负责人在具体工作中的职责范围，使“两个责任”“五项重点权力”的落实更加清晰明确、有据可循；七是改进督查方式，采取“按比例电脑摇号法”督查机制，制定了《建立督查考核长效机制》和《落实党风廉政建设责任制和“三述”考核》制度。通过强化制度建设，为保障红会权力运行和规范工作人员行为，建设“阳光红会”提供了制度保障。

2. 构建防腐机制,强抓重点环节

一是强化权力分解。实行"一把手""五不直管",实行分权明责,"一把手"不直接分管人事、财务、救助审批、工程建设项目、财政专项资金五项权力,明确由班子其他成员分管,分级负责,各司其职;二是突出资金使用备案前置环节。对于极为可能出现廉政风险的资金使用环节,采取了备案前置措施,通过纪检组提前介入,有效避免了风险产生。具体操作程序是:首先由各职能处室(单位)填报"三重一大事项备案表",该表必须由经办人、处室(单位)负责人、分管领导签字并附:资金使用实施方案、集体研究会议记录、大额资金使用事前审批表(主要领导同意)、公示等材料,再由纪检组依据"五项重点权力"行使流程要求审核监督其程序,未经备案的事项,财务部门一律不予支付相关费用,违者将追究相关人责任。三是实行备案制。以备案制为抓手,强化对"五项重点权力"运行和领导干部的监管。①对会机关"三重一大"事项,严格按照"五项重点权力"的运行流程要求,实行"三重一大"事项备案。2016 年共计备案 38 项(其中:大额资金使用 28 项,重要项目安排 9 项,重大事项决策 1 项;涵盖赈济救护部 10 项,办公室 18 项,秘书长室 5 项,事业发展部 4 项,纪检组 1 项)。②建立领导干部个人廉政档案。四是实行建档公示制。对在纪检组备案的"三重一大"事项,均分别及时进行登记,定期进行通报公示,并分别为机关各处室"五项重点权力"运行情况建立档案。五是强化监督通道。利用市红十字会官网、局域网、微信群、QQ 群、公示栏等形式,积极推行党务、政务公开;开设了《爱心捐助榜》,在网上公开捐赠接收救助情况;同时,通过公开服务电话、监督电话、走进(社区、机关、学校)服务点、接访和下访等互动交流,及时了解社情民意,热心为红会服务对象办实事、解难题、做好事。六是创新督查方式。年初梳理了 27 项红会工作督查项目,制定并下发了《关于实行"按比例电脑摇号法"督查机制的通知》,一改以往提前打招呼、扰民扰"官"的督查方式,从制度上保证了红会专项督查工作的客观公正;年中和年底纪检组分别进行再检查和再监督并及时通报。

3. 强化监督检查,严格执纪力度

(1) 成立监督组:强化监督制约,确保权力运行公开透明,纪检组牵头成立的监督组进行全面监督;公示权力运行让全体党员干部群众进行公开监督;纪检组实行程序监督;形成体内监督和体外监督有机结合,强化对权力行使的全过程监管。

(2) 开展重点监督和专项督查:纪检组将落实"两个责任""五项重点权力运行"作为督查重点并进行专项督查,采用"三重一大"事前备案登记等形式,对机关及各部室执行制度情况进行逐一督查指导,全方位了解重点工作落实情况和存在问题并及时进行通报。监督了重大决策、重要项目(救助、救护)项目经费支出、物品采购(博爱送万家粮油、消防器材)、接收人道万人捐款(盐城灾区)网上公示、人员招聘等工作 39 次,全年组织开展了对遵守"八项规定"、机关软环境建设(工作作风)、违规吃请和公款吃喝专项整治等制度执行情况的 5 次督查并通报。另外,还针对红会救护培训服务对象满意度设计了《救护培训评估问卷》,开设了监督电话,畅通了与服务对象的沟通渠道,及时地处理与反馈有关咨询和投诉,有效地解决服务对象的诉求。

(3) 开展专项执法监察:纪检组牵头组织开展了对 2015 年度全市红会专项经费(7 大类 9 个项目计 431.194 2 万元)使用管理情况执法监察,采用"电脑摇号"随机抽查被查对象、当场反馈督查结果的方式,听取工作汇报、查阅财务凭证、会议记录及相关资料、实地察看等形式检查;同时,开展检查的再检查,监督的再监督,组织对 2016 年度 27 项红会工作督查项目完成情况再督查。

(4) 进行考核:年底组织开展对市红会科级领导干部及科员年度落实党风廉政建设责任制和"三述"情况进行考核。

4. 注重廉政教育,坚持挺纪在前

(1) 突出教育引领:坚持德纪并重、教育在先。纪检组结合"两学一做"学习教育,开展廉政教育系列活动。一是加强纪律教育。深入学习《准则》和《条例》等新颁布的党内法规,组织参加党纪条规集中培训和知识测试,学唱《廉洁自律准则之歌》,通过微信、QQ 群发送廉政短信,组织开展"遵纪守规红色教育——参观刘老庄'八十二烈士'""两学一做 成风化人——红会大讲堂"等活动。二是深化"五德"教育。突出家庭美德教育,在全会开展"树立好家风,涵养好党风"立家规活动,组织党员干部观看"五德"话剧《纤夫》和《周恩来的家风家规》电教片,筑牢广大干部职工拒腐防变的思想道德防线。三是强化警示教育。组织开展"三警一线"、庭审旁听——涟水县委原常委杨亚专(副处)涉嫌受贿案、观看反腐败《永远在路上》电教片等警示教育活动。

(2) 坚持挺纪在前:严明党的“六大纪律”,做到逢会必讲常提醒,每周一例会上学习党纪条规为必修课;遇事必提讲规矩,所有权力运行,必须严格按照规范程序、公开透明运行进行,并且实行事前、事中、事后接受全面监督,尤其加强事前监督提醒:一要规范,二要守纪。以纪律为尺子,坚持严管就是厚爱,科学运用监督执纪“四种形态”,准确运用监督执纪“第一种形态”,注重抓早抓小、抓细抓实,让咬耳扯袖、红脸出汗成为常态,尤其对涉及红会重要事项、大额资金使用、捐赠款物接收分配、救助物资采购以及红会业务专项经费等群众关注热点问题及敏感事项,能事前介入;对具有苗头性、倾向性的问题,能及时提醒,防微杜渐,切实做到小过即问,小错即纠,宁愿听一时的抱怨,避免违纪违规行为的发生,杜绝随意性,强调规范性。时刻提醒:“给大家一个明白,还自己一个清白!”告诫大家:“保护自己最好的办法——就是公开、规范!”这也体现组织对党员干部的严格要求和关心爱护。全年共提醒了 39 个项目;同时,针对群众反映的突出问题,及时向会党组书面提出纪检监察建议 4 条。

三、实际成效和社会评价

1. 推进了制度落实,强化了执行力

通过实行“备案制”,进一步加强淮安市红会内部监督,充分发挥集体领导的核心作用,切实将“五项重点权力监督制约”制度在实践中加以贯彻落实,进一步增强了会机关扎实推进“两个责任”、“五项重点权力”及“三重一大”制度的贯彻落实,进一步强化了市红会党员干部责任意识转变和工作效率提高,有效地促进廉政制度建设,加大了对“一把手”权力运行的监管力度。

2. 规范了监督行为,增强了实效性

通过纪检组的提前介入——监督其权力运行程序执行情况并登记建档公示,既强化了纪检监督工作的规范性、实效性和针对性,又突出了从源头上防治腐败,避免纪检组不知情、难监督状况,变事后监督为事前监督,责任追究为预防提醒;既规范了会机关民主管理、集体领导的行为,又提高了会机关党务政务工作的公开透明度,广泛接受群众监督;同时,通过对“一把手”的重点监管,有效规范和制约其权力行使,切实将权力关进制度的“笼子”里，增强监督实效，使权力真正在阳光下运行。

3. 保护了干部成长，提升了公信力

通过对“三重一大”事项以“备案制”为抓手，强化对“五项重点权力”运行监督的实践，进一步规范了“一把手”的权力运行，保障了群众的知情权和参与权，提高了群众的满意度，获得了市委考核组领导的充分肯定和干部职工、服务对象的普遍欢迎；既及时提醒了干部、保护了干部成长，又创建了公开透明的清廉环境、营造了积极向上的勤政氛围；为打造“阳光红会”，建立决策权、执行权、监督权相互制约的权力结构和运行机制进行了有效积极探索。

四、思　考

1. 压实“两个责任”是监督权力的首要条件

规范权力运行的首要条件是会党组和纪检组落实好“两个责任”，会党组必须坚持以落实党风廉政建设主体责任制为主线，以派发的“季度工单”为依据，认真履行主体责任（主要负责人履行“第一责任人”责任，班子其他成员履行“一岗双责”责任）；纪检组必须坚持以维护党的纪律、强化作风建设、加强权力监督制约、严肃执纪为重点，认真履行监督责任；只有会党组和纪检组各负其责、“双力”合一，切实加强党风廉政和作风建设，才能保证红会权力运行使入正轨，才能保证红会干部健康成长，也就才能保障红会各项事业顺利发展。

2. 敢于担当是纪检干部履职的必备素质

纪检干部是党的忠诚卫士，是党的事业发展护航员。在履行“监督执纪问责”职能中，应该坚持原则，秉公执法，一身正气，不怕得罪人，敢于担当。尤其在党纪条规、执行制度、监督权力运行面前，更应坚持原则，不妥协、不让步。同时还要动之以情、晓之以理做好耐心说服教育工作，用身边被查处的人和事提醒被监督对象，从而使被监督对象从不支持、不理解，到理解、配合，再到主动、愿意接受监督，并将接受监督成为新常态。从实行“备案制”以来的变化，就足以证明这一点。这也是及时提醒、保护干部成长，抓早抓小、防微杜渐，使之不犯错误的有效方法之一。

3. 实行备案是行使监督权力的关键抓手

监督责任是《党章》赋予纪检组的专门职责，是党的其他机关和任何行政部门无法替代的职责。在党风廉政建设中，纪检组承担着维护党的肌体健康无恙的清道夫角色。因此，新形势下作为市红十字会纪检组，必须依据新版红十字会法，转变监督理念、找准监督定位、突出监督重点、创新监督方法、把握监督关键环节，把监督责任真正扛起来。在监督“一把手”对“五项重点权力”运行中，只有不断创新监督方式方法，就必须有抓手——实行“备案制”，只有这样，才能达到对权力运行实施有效监督，才能切实提高监督的针对性，也就才能使监督真正落到实处。

4. 监督程序是制约权力运行的重中之重

按照王岐山书记对纪检机构“三转”转方式要求，就是要求纪检组明确“检查的再检查，监督的再监督”这一定位。其基本职能是监督，要把履行监督职能的切入点，从参与、配合甚至替代有关业务部门开展检查，转变到对各部门履行职责情况的监督检查上来，由“被动参与”到“主动监督”转变。据此，我们在监督“五项重点权力”运行中，找准好自己的位置，将精力放在主业主责上来，回归执纪监督上来，不越位、不缺位，认真监督。尤其是在监督“一把手”权力行使中，依据市纪委规定的“五项重点权力”行使流程要求，实行“三重一大”事项备案时，关口前移，严格审核监督其程序，将其作为监督制约权力运行的重中之重。对不符合规定要求，未按程序由业务处室提出方案、经集体研究、公示等环节，一律暂不予备案并不得实施，同时耐心提醒解释宣传，要求其必须按照规定程序进行。通过监督其程序，发现问题，及时纠正，起到了提醒警示作用，有效地保护了干部，从源头上预防腐败问题发生，也是科学运用“四种形态”，突出用好“第一种形态”的最好体现。

苏州市红十字会信息化建设问题与对策研究

李晓玉　苏州市红十字会

摘　要：随着科学技术的迅猛发展，信息化成为红十字会公开透明提升社会公信力的重要手段。苏州市红十字会与时俱进，积极参与信息化建设，提高红十字会的透明度。

关键词：信息化　红十字会　公开透明

一、红十字会信息化建设的必要性

2011年发生的"郭美美事件"，将红十字会推上了风口浪尖。有着百年历史的红十字会因一起未经证实的网络事件陷入了"信任危机"。社会大众对红十字会透明度的质疑，使红十字会信息化建设显得必要和迫切。

公开透明是提升红十字会社会公信力的重要保证，信息化建设是推进公开透明的重要手段。要按照规定严格执行信息公开制度，做到资金募集、财务管理、招标采购、分配使用等捐赠信息公开透明，切实保障捐赠人和社会公众的知情权、监督权。要建立健全新闻发言人制度，及时、全面、真实、准确地向社会发布相关信息，及时回应社会关切。各地要将红十字会的信息化建设纳入当地信息化建设总体规划，提升红十字会的科学管理和信息公开水平。

信息化是提高红十字会工作效率的重要手段。随着科学技术的迅猛发展，特别是互联网+时代的到来，红会的工作面临着新的挑战。红十字会单位遍布全国各个省市地区，通过信息化建设，可以加快各个省分会之间的沟通、信息传输、数据交换以及事件的处理速度，大大提高红十字会的工作效率。同时，信息化手段的使用也能加强对财务的监督管理，尊重捐助人的捐助意向，保证资产捐助的合理、合法使用。

信息化是管理和决策时效性的重要依据。灾区灾民的人身、财产安全事关全局，救灾、救护、救助的管理与决策对时效性要求非常高，突出表现在灾情判断、救灾救助方案迅速准确形成、备灾物资的调度等方面。信息采集、传输和处理手段落后、耗时过多，会造成预见期过短，让救灾物资的调度工作陷入被动。争取主动，增强对灾情情况的掌握以及物资调度的反应能力，第一时间将救灾物资送到需要的人民手中，通过救灾、救护、救助信息资源系统的建设，可以提高信息获取的及时性，增强防灾能力。

信息化是鼓励社会公众积极参与人道救助的重要方法。通过信息化手段，发布募捐信息，进行募捐宣传，扩大募捐群体，为潜在募捐者和实际募捐者提供便捷、低成本的募捐渠道，这在某种程度上也可以激发募捐者的积极性。通过方便、快捷的募捐渠道，还可以大大降低募捐的成本，可以使募捐成为长期行为。红十字会可以以网络为依托，构建网络教育培训系统，通过课件的开发，开展应急救护等方面的培训。与传统的面对面培训方式相比，网络教育培训受众数量巨大、覆盖广、培训成本低、培训时间自由、各地区可以同时进行。

二、苏州市红十字会信息化建设的成果

苏州市红十字会积极适应新时代变化的需要，在信息化建设方面取得了一定的成绩。

苏州市红十字会信息化建设网络分为内网、外网。内网是指苏州市红十字会内部办公网，主要用于红十字会工作人员的日常办公交流以及财务上报；外网是以苏州市红十字会网站为主体的公众网络，主要用来与社会进行沟通交流。随着这几年信息化建设的不断完善，苏州市红会的内外网建设也取得了很大的进展，基本满足了日常工作的需要。

苏州市红十字会信息化建设系统主要分为OA办公系统、业务管理系统、苏州市红十字网站以及微信公共号。

OA办公系统（办公自动化系统）是建立在计算机局部网络基础上的一个分布式信息处理系统，利用现代通信技术、办公自动化设备和电子计算机系统来实现事务处理、信息管理和决策支持的综合自动化。OA办公系统作为苏州市红会日常运作和管理的主要工具之一，有专线网络接

入办公系统，与外网共用交换机使用。自 2012 年推行使用 OA 办公系统以来，苏州市红十字会已经实现日常办公的无纸化模式，大大提高了日常办公的效率与准确性。

业务管理系统是 2012 年启动的项目，于 2013 年正式交付使用，主要用于苏州市红十字会日常业务数据的上报和查询。业务管理系统的主要功能分成两部分——基本情况管理、业务工作管理。基本情况管理将苏州市红十字会的人员、经费物资、会员、志愿者等基本情况进行记录，将电子化的资料档案进行数据化存储，方便随时查询。具体应用包括志愿者管理方面，可以通过业务管理系统选定特定的对象以群发短信的方法来进行联络。业务工作管理将救灾、救助、救护、捐献造血干细胞、遗体捐献等苏州市红十字会的主要业务具体数据进行记录，方便各级管理人员通过不同的权限能够第一时间查看相关内容，提高了工作的效率。

苏州市红十字会网站于 2010 年委托"名城苏州"平台进行筹建，在近六年的时间里不断升级完善，现已成较为完备的门户网站，主要负责提高苏州市红十字会的社会知名度，并且通过互联网让苏州红十字会的组织结构、业务范围等信息发布到全社会。苏州市红十字会网站页面简洁、指向清晰，主要包括机构概况、工作动态、红会业务、政策法规等内容，实时更新红会的最新动态。另一方面，作为苏州红十字会对外宣传的主要平台，其每月会定时更新上月的捐赠与支出，做到公开透明，及时向社会公众发布捐赠信息，让捐赠者了解善款的用途。网站是与时俱进开通了网上捐赠这种方便快捷的捐赠途径。

微信的盛行使微信公众号成为一种新兴媒体，出于微信公众号宣传的及时性和针对性，苏州市红十字会于 2016 年 2 月开通了苏州市红十字会微信公众号平台，与更多关心红十字会发展与活动的人进行沟通。微信公众号不仅能及时提供苏州红十字会最新的动态、宣扬人道精神，同时也紧跟时代步伐，通过微信支付开启了微信捐款快捷服务，成功募集多笔善款，开启了一种新兴的捐款模式。

三、苏州市红十字会信息化建设的问题及建议

苏州市红十字会的信息化建设虽然取得了很大的成果，但在使用过程中仍然发现了一些问题。

一是红十字管理信息系统的建设缺乏统一规划、自成体系，使得功能交叉、信息不能共享。虽然苏州市红十字会的业务管理系统已经比较完备，但部分功能与总会和省会的系统功能有重叠，比如造血干细胞捐献功能模块的登记，由于总会有一个全国通用的造血干细胞骨髓库，因此苏州市红会负责造血干细胞捐献的工作人员必须在两个系统上进行重复的数据录入工作，造成了重复劳动，降低了工作效率。

二是业务管理系统各种数据的及时登记更新问题。业务管理系统主要使数据电子化转化为信息化。而在实际的使用过程中，由于系统部分功能的设计问题，操作员不能方便快捷地进行数据的录入。比如在造血干细胞捐献数据的进行录入过程中，只能一个个数据重新进行输入，无法用已经整理好的 Excel 数据表格导入，增加了操作员的工作量，也不利于帮助养成登记记录的习惯。如果在缺乏监督的情况下，则会导致业务管理系统的部分功能产生利用率低下等问题。

三是微信捐赠平台的负载量。微信公众账号是苏州红十字会今年开启的新媒体，处于成长发展的过程中，也存在一些问题，比如微信服务中的微信捐赠负载量问题。2016 年 8 月初在苏州红十字会形象大使朝晖的节目——《朝晖帮你忙》中报道了一起小明轩烧伤事件，呼吁社会来帮助小明轩。之后苏州红十字会通过微信捐赠平台收到了许多笔善款，但由于捐款数较多，出现了一次捐赠平台崩溃的突发情况，虽然迅速联系了技术人员解决问题，但也暴露出微信公众账号服务中关于负载量检测的问题。

四是信息安全问题。苏州市红会的信息化建设已经比较全面，随着电子化数据的信息化，信息安全也愈发重要。公安部科技信息化委员会专职副主任谢毅平表示："在这样一个网络化、信息化的社会背景下，电子政务数据的安全，是所有搞电子政务的人所必须考虑的问题。"在这种大环境下，虽然现在尚未发生信息安全方面的问题，但仍需重视信息化建设过程中信息安全问题。

苏州市红十字会近五年来信息化建设取得了显著的成就，在建设过程中也伴随着一些问题，针对这些困难问题，本文提出以下几点建议：一是规整信息系统，剔除冗余的系统功能，积极配合上级红十字会部门做好系统间的对接工作，以防止不同系统间功能重复交叉问题；二是升级更新业务管理系统软件，收集操作员使用过程中的一些具体的不便、问题，总结归纳，提出系统升级更新的需求，以提升业务管理系统使用体验，完善系统功能；三是缩短对应急事件的反应时间，要有专人负责系统，及时发现漏洞，与技术人员沟通，保障服务的通畅性，还要与技术人员协商解决捐赠平台技术层面上的负载量问题；四是制定单位信息安全自检计划，详细列出可能的隐患点以及需要检测记录的数据，按照自检计划与相关的软件公司合作，定期开展自检计划，发现信息安全问题后，及时与软件公司沟通解决。

新常态下红十字工作思考与创新实践

花茂波　无锡市惠山区红十字会

摘　要： 近年来，惠山区红十字会积极适应经济社会发展新常态，立足惠山区情实际，以改革创新为动力，以民生福祉为宗旨，崇尚实干，切实扩大红十字组织覆盖面，建立惠山红会施救的特色品牌，成立惠爱基金，切实提高人道救助能力和水平，打造了一批全省率先领先的工作亮点，主动发挥党委政府人道助手作用，探索了一条具有惠山特色的红十字事业发展之路。

关键词： 新常态　创新　实干　人道

无锡市惠山区前身是闻名遐迩的“华夏第一县”无锡县，区域面积325平方公里，下辖一个省级经济开发区、五个街道和两个建制镇，户籍人口42.6万人，常住人口70万人。惠山区红十字会于2011年与原区卫生局分离独立，正科级建制，行政编制4个，下设综合办公室和红十字服务科。近年来，惠山区红十字会在区委、区政府的正确领导下，在社会各界的大力支持下，认真学习贯彻党的十八大和十八届三中、四中、五中全会精神，特别是习近平总书记在中央党的群团工作会议上的重要讲话精神，积极适应经济社会发展新常态，紧紧围绕中心大局，立足惠山区区情实际，自觉以敬业担当为要求，以改革创新为动力，以民生福祉为宗旨，主动发挥党委政府人道助手作用，致力探索了一条具有惠山特色的红十字事业发展之路。

一、创新体系，红会组织广覆盖

新形势下红十字工作面临的困难与挑战也日渐呈新常态：一是各级党委政府、社会各界对红十字工作的认识不够统一，重视程度、支持力度有待提高；二是红十字。服务对照新常态下民生需求在做“优”、做“精”上还有一定差距，老百姓的获得感不强；三是红十字事业发展空间有限，缺乏健康、可持续发展的动力、活力。实践证明，解决这些问题的根本还是要建好、建强各级红十字会组织，让红十字工作开展有保障、广大群众参与有阵地。为健全惠山区红十字组织体系，增强红十字会履职能力，区红十字会不断拓宽思路，创新工作方法，狠抓基层组织建设，切实扩大了红十字组织覆盖面。目前，全区各镇（街道）均建立了红十字会，由分管镇长（主任）任会长，秘书长明确为中层正职，并配备专兼职工作人员；学校、医院建会率达 100％，实现全覆盖目标；村（社区）建会率超 80％。企业建会有了新突破，2016 年长安街道率先成立了 15 家企业红十字会；全区拥有江苏省红十字示范学校 5 家，红十字组织基层覆盖率在全市遥遥领先；全区红十字志愿者、会员队伍不断发展壮大。为了进一步扩大红十字组织的影响和战斗力，区红十字会实施了基层红十字会规范化建设，各镇（街道）红十字会、社区（村）红十字服务站均统一“组织标识”、工作职责公开上墙，标准化的红十字组织就建在老百姓身边。

二、创新施“救”，扶弱助困创品牌

创新呼唤品牌，品牌促进创新。红十字会工作要实现新超越，就必须有品牌作支撑。近年来，惠山区红十字会认真感悟创新的深刻内涵，结合惠山的历史渊源和现实基础，精心选择创新途径，把自身归属感和进取心凝聚在创新创造上，初步形成了惠山红十字会施救的特色品牌，并且走在了全市乃至全省前列。

1. 实施国家级生命教育、省级心理咨询和博爱家园项目

一是2015 年3 月，以承接中国红十字总会生命救护工程项目为契机，区红十字会在藕塘中学、惠山中等专业学校、钱桥东风里社区等地积极开展了安全教育与体验、学校亲子讲座、群众性应急演练、主题宣传以及应急救护员培训等活动，形成具有惠山特色的生命教育品牌，实现了红十字品牌项目建设的重大突破。二是为进一步加强青少年心理辅导与心理健康教育工作，2015 年 4 月，区红十字会实施了“惠爱 · 康心”成长护航工程省级项目。该项目为近千名学生及家长进行了心理 SPA，为 200 余名贫困学生提供了心理咨询服务，受到了广大学生、家长、群众的一致好评。

三是今年我区钱桥街道晴山蓝城社区被列入省级博爱家园项目试点，围绕红十字宣传、人道救助、志愿服务、衣物捐赠、生命安全等开展了一系列活动，取得了显著的成效。

2. 实施应急救护培训"五进"工程

区红十字会积极发挥红十字会在公众参与应急救护培训中的主体作用，结合省政府实事工程——"应急救护百万培训项目"，大力开展应急救护培训"五进"工程，并将其列为 2016 年区委、区政府重点工作之一。在学校、村(社区)、机关、企业、重点行业中持续开展公益性应急救护培训项目，推广普及应急救护知识与技能，每年目标完成初级救护员培训 500 人，普及性救护培训 5 000 人。至 2016 年，全区共有救护培训师资 78 人，初级救护员培训达 4 165 人，普及性救护培训达 22 785 人。区红十字会特别关注校园学生生命安全，为了防止、减少校园意外发生，联合区教育局，对全区近 400 名中小学体育老师进行应急救护培训，力争实现全覆盖目标，为广大中小学生编织一张生命救护的安全网。

3. 实施"红十字博爱救助"行动

红十字救助的主要对象是社会特困群体。近年来，惠山区红十字会大力开展助医、助学、助困、助老、助孤、助残等人道救助活动，实施了"红十字博爱救助"行动，为社会特困群体送上党委政府的关心及社会各界的关爱。2014 年，芦山地震灾害发生后，区红十字会迅速行动，向四川雅安宝兴县援建硗碛藏族乡嘎日村丰收红十字博爱小学，一次性捐赠资金 50 余万元，解决了该地区近 30 名困难孩子的上学问题。区红十字会每年开展"新春送温暖"等慰问活动，近三年累计向我区困难群众发放毛毯等救助物资 1 000 余件，发放慰问金近100 万元，救助困难群众 3 163 人。针对因病、因故导致的重特困对象，积极创造条件，广泛动员社会力量，实施必要的临时救助，帮助他们渡过难关向贫困户发放救助资金额，使受益群众人数逐年增加。

三、创新平台，惠爱基金惠百姓

2016 年 1 月 16 日，惠山区首个上市公司冠名基金——"惠爱 · 瑞贝"红十字助困帮扶基金正式成立。江苏新瑞贝科技股份有限公司年初在新三板挂牌上市，该企业董事会一致决定，将 150 万元政府"上市奖励"

全部捐出，并在此基础上再捐资350万元，与区红十字会合作，设立了总金额达500万元的“惠爱・瑞贝”红十字助困帮扶基金，定向用于对惠山区困难群体的救助。该基金的设立引起了社会广泛关注和强烈反响，《无锡日报》头版、无锡电视台新闻综合频道都进行了专题报道。

为了弘扬“人道、博爱、奉献”的红十字精神，动员汇聚全社会力量，切实提高人道救助能力和水平，2016年惠山区红十字会正式启动了“惠爱”系列红十字助困帮扶基金的运作，全年目标是重点培育10个“惠爱”系列红十字助困帮扶基金项目，力争筹资总额超1 000万元。上半年，惠山区已先后设立了“惠爱・旺绿鸿”“惠爱・瑞贝”“惠爱・国税”“惠爱・康睿宝”“惠爱・堰桥社区”"惠爱・禾健"等6个冠名基金项目，累计筹集社会爱心基金达1 000余万元。“惠爱”基金项目为惠山区老百姓提供了更广、更深的人道救助平台。其中，“惠爱・旺绿鸿”基金已连续3年定向资助惠山中专品学兼优的困难学生近100人；“惠爱・国税”基金定向用于省锡中（包括省锡中实验学校）的助学帮扶，2016年4月20日，成功救助了省锡中实验学校小学部一名身患白血病的困难学生。当孩子家长接过10 000元的救助款时，不禁热泪盈眶，激动地说：“感谢区红十字会、区国税局领导，感谢大家给了我们这个困难家庭战胜病魔、重获新生的希望！谢谢，真的谢谢！”

惠爱基金建立的根本目的就是为广大群众提供更优更精的人道救助，让惠山老百姓充分感受红十字事业发展带来的实惠。在“惠爱・瑞贝”基金的支持下，区红十字会联合区卫计局，实施了“计生特殊困难家庭关怀”项目、“白内障复明”项目，分别为惠山区209户计生失独家庭及近400名白内障患者提供免费生活及医疗服务。

四、创新担当，全省率先有亮点

创新是一个过程，创新是一种接力。近年来，惠山区红十字会以饱满的工作激情，恪尽职守，敬业担当，不断提高工作起点，自觉瞄准省内一流，争先创先，做强做优，打造了一批全省率先领先的工作亮点，推动全区红十字会事业在更宽的空间上争奇斗艳。

1. 建设了全省“首家”区级红十字衣物捐赠中心

2015年5月8日，全省首家区级红十字衣物捐赠中心正式在长安街道华夏清水湾西门南侧挂牌成立。截至当年底，中心共接收了社会捐赠衣物32 030件，其中困难群众及外来务工人员上门免费领取的达1 931件。同年9月，钱桥街道晴山蓝城社区成立了全市首家社区级红十字暖身暖心衣物捐赠中心，使无锡红十字衣物捐赠工作实现市、区、社区三级网络覆盖。为了把社会爱心人士的捐赠及时传递到最需要的人群和地方，区红十字会通过开展“进山区、进工地、进蔬菜基地”衣物捐赠“三进”活动，先后向云南、安徽、新疆等地运送衣物400多箱，共计20 000多件，向区内梦想城工地、太平洋城中城工地、区蔬菜种植基地送去冬衣100箱，共计近6 000件。

2. 建设了全省“首家”区级红十字服务中心

为了全力打造红十字对外宣传的窗口、服务的基地、活动的阵地，形成集社会捐赠、“三救三献”服务管理、红十字宣传展示、志愿者会员服务、心理咨询等功能于一体的综合性红十字服务平台，惠山区红十字会积极争取省市及各方面支持，克服资金、资源等困难，建设了“无锡市惠山区红十字服务中心”。该项目位于惠山经济开发区惠南社区，建筑面积800多平方米，投入近150万元，于2016年10月正式投入使用。该中心被江苏省红十字会列为今年省级救护培训示范基地建设。

3. 开发全省“首个”区级红十字微信公众平台

开通“博爱惠山”红十字微信公众平台，通过“博爱惠山、惠爱服务、公益捐赠”三个菜单栏目，让群众了解红十字运动的历史和知识、惠山区红十字事业的发展并掌握简单的急救技能，方便困难群众线上申请救助，满足爱心人士线上捐赠及志愿服务报名。通过开设微信公众平台，充分发挥新媒体传播广、影响大的优势，建设互动式平台，为群众提供线上红十字服务，从而进一步增强红十字工作透明度、参与度，扩大社会影响力，提升服务效能与水平。

五、创新机制，阳光运行赢公信

“功荣唯志，业广唯勤。”实干是创新的前提，机制是创新的保障。惠山区红十字会的创新工作之所以能持之不懈、持之有效地开展下去，还得益于不搞花架子，不做表面文章，而是崇尚实干，自觉围绕全区中心工作，在新发展理念的引领下，既胸怀理想又脚踏实地，把内功做实，把机制打牢，切切实实夯实自身创新发展的根底。一是为进一步规范基层红十字会组织机构建设，将统一的红十字标志、工作职责公开上墙，推动基层红十字会规范化、标准化建设。加大宣传，在全社会弘扬正能量，让红十字精神深入人心，为红十字事业发展营造良好社会环境。二是利用 5 月 8 日世界红十字日的契机，区红十字会专门编印了《红十字"救"在身边》宣传手册 5 000 份，在全区范围内发放；在《惠山新闻》发表专刊工作纪实，客观反映红十字事业发展成果与任务；在惠山万达广场开展"大型义诊、义卖"活动，动员全社会力量参与人道慈善事业。三是建立健全救助拨款、会费请款、用款审计等各项业务规范、管理流程，落实内部岗位责任制、目标管理和责任追究制，切实加强各级红十字会内涵建设。进一步打造"阳光、透明"红十字会，通过自审、他审、互审机制，对每一笔捐款、救助做到"有理有据"，确保权力在社会监督、法规保障下阳光运行。四是进一步加强队伍建设，提升人员素质，通过各种业务培训，提高红十字工作者综合能力和水平；认真落实党风廉政建设制度，以纪律《条例》《准则》为要求，加强廉洁自律，坚持依法依规办事，以红十字工作及工作者的良好形象提升社会公信力。自觉执行区委提出的"敬业担当"工作要求，教育、引导广大红会工作人员"想干事、能干事、干成事、不出事"，为惠山红十字事业打造一支"有底气、有士气、有人气"的干部队伍。

惠山区红十字会秉承传统，践行创新，以发展为己任，时刻不忘时代担当，让"人道、博爱、奉献"的红十字精神成为社会的自觉意识和现实行动，让红十字工作在惠山大地迸发勃勃生机，全力以赴推动红十字事业永续发展！

红十字博爱家园项目创建的实践与思考

徐　宏　南京市红十字会

摘　要：本文是对2013年以来南京市红十字系统“博爱家园”创建工作的总结和思考，分创建背景、创建理念、创建模式、创建成效、创建展望等五个模块，阐述了南京市红十字会如何结合江苏、南京经济和社会发展的现状，坚持与群众需求相结合，与基层建设相结合，与核心业务相结合，不断总结经验，丰富和完善各项服务内容，积极探索符合本地实际的“博爱家园”模式和机制。

关键词：南京　博爱家园　创建

“博爱家园”项目是中国红十字会围绕其核心业务，借鉴国际先进理念，以社区为平台，自主设计、自主实践、自主管理的人道公益项目。我市自2013年开始试点，到目前为止，已建成“博爱家园”4个、在建7个，总投入超过220万元，在防灾减灾、自救互救、健康促进、人道传播、扶贫济困等方面发挥了积极的作用，群众普遍反映良好，社会效益十分明显。

一、创建背景

中国红十字会自2011年开始实施博爱家园项目，相继召开了项目启动会、现场交流会，编写了博爱家园项目手册，对项目意义、目标、内容、流程、标志管理做了规定，为各地红十字会开展项目建设提供了依据，明确了要求。博爱家园项目最初在西部地区开展，取得了良好效果，深受项目地群众和政府的欢迎与支持，也为本项目在我市推广实施提供了可以借鉴的做法和经验。

多年来，南京市红十字会一直重视基层组织建设，在市、区红十字会的共同努力下，大多数社区都建立了红十字会，在应急救护、人道救助、无偿捐献等方面做了一些工作。但长期以来,社区行政事务多、检查评比多、会议台账多等问题非常突出,再加上各个部门都在开展"进社区"活动,不少社区干部不堪重负,很多工作包括部分基层红十字会的工作沦为应付差事、形象工程,导致了红十字工作在社区中的影响力不大,群众的知晓率、参与度不高。尤其是2013年市政府为社区减负,清理、撤销了几十个部门在社区的基层组织,社区红十字会也在其中,红十字会的基层组织建设和工作陷于停滞。面对新的形势,如何让红十字会真正在社区落地生根,把人道传播的"最后一公里"落到实处,成为南京红十字事业发展过程中面临的一个新课题。在全市开展的"群众路线""三严三实""两学一做"等教育实践活动中,我会认识到,中国红十字会大力推广的"博爱家园"项目,是一个重要契机,通过推进项目建设,可以在社区重新建立自己的宣传平台和工作阵地,更能够贴近基层、贴近群众、贴近生活,既营造了"出门看见红十字"的氛围,又解决了实现服务"最后一公里"的难题。

目前南京正处在全面建成小康社会的关键时期,全市认真学习贯彻习近平总书记系列重要讲话精神,坚决贯彻中央和省委的决策部署,全面展开"强富美高"新南京建设的工作布局,全市经济发展稳中向好,社会大局和谐稳定,加强社会建设,保障和改善民生成为今后一段时期政府工作的着力点。红十字会作为党和政府人道工作领域的助手,必须充分发挥桥梁和纽带作用,坚持围绕中心、服务大局,通过博爱家园项目,主动参与到社会管理和社会服务中去,助推和谐社区和社会主义新农村建设。为了符合江苏、南京经济和社会发展的现状,我会经过充分调研和讨论,把"防灾减灾、应急救护、健康促进、人道传播、社会救助、志愿服务"作为南京市博爱家园建设的主要内容。

二、创建理念

创建理念是"博爱家园"建设的生命力和灵魂所在,在创建过程中,以下四个理念贯穿始终。

(一) 创新发展的理念

"博爱家园"建设必须适应南京社会、经济发展水平,坚持因地制宜、特色鲜明,既要落实好中国红十字会总会制定的项目规范,又要体现江苏、南京特色,积极进行新的拓展,不断添加新的元素,以创新驱动项目的可持续发展。

（二）社区为本的理念

博爱家园项目立足于社区，核心是充分尊重社区群众的意愿，原则是发动社区群众，让他们主动参与项目的确认、实施、监督和管理的过程，目标是使群众参与体验互动，志愿者接受培训、教育，积极主动为群众服务。

（三）传播红十字精神的理念

习近平总书记指出："红十字是一种精神，更是一面旗帜"，要努力把博爱家园建成扛起旗帜、传播精神的重要阵地，把传播红十字精神与培育和践行社会主义核心价值观结合起来，把红十字文化与中华民族孝慈仁爱的优良传统结合起来，把人道价值理念与南京博爱之都的城市精神结合起来，使群众通过参与互动，受益于项目，切身感受红十字精神的力量，从而将"人道、博爱、奉献"精神持续地传播给百姓、传播到社会。

（四）品牌至上的理念

博爱家园是中国红十字会在长期工作中重点打造的项目品牌，要把品牌意识，贯彻到全员内心，渗透到各个环节，同时努力把我会在以往实践中创出的一些品牌，统一纳入"博爱家园"这个大品牌中，形成内涵丰富、内容多元的地域模式、特色活动模式。

三、创建模式

针对南京市地处东部经济发达地区，物质生活较为富足，人们在精神、思想、文化层面的追求更为迫切，提高社会文明程度的需求日益强烈的特点，坚持与群众需求相结合，与基层建设相结合，与核心业务相结合，积极探索适合南京地区特点的博爱家园建设模式。群众需要什么样的服务，就应该建立什么样的阵地来满足。市、区红十字会和社区认真听取群众的意见，反复研究和讨论，选择了四种试点模式，按照省红十字会"六有"(有组织、有队伍、有活动、有制度、有经费、有项目)的要求，建立了一批各有侧重、各具特色的博爱家园。

（一）围绕"生命安全体验馆"打造以"生命安全健康教育"为核心的"凤凰街社区博爱家园"

鼓楼区凤凰街道位于南京老城区与河西新城交界处，是人口密集、配套设施齐全的成熟居住区。2013 年，根据鼓楼区委区政府关于薄弱社区特色打造的指示精神，市、区红十字会与街道、社区多次沟通，提出了在该街道凤凰街社区建设"生命安全体验馆"，打造集红十字文化、救护培训、社区援助、健康互助于一体的南京市第一个博爱家园的设想。

这一设想得到了鼓楼区政府的重视和支持，被纳入该区为民办实事项目，作为街道特色工作进行推进。凤凰街道腾出 260 平方米办公用房用于体验馆建设，省、市、区红十字会和区政府在资金上大力支持，共投入 91.4 万元，并在内容设置、体验系统软件和布展设计制作方面给予把关。经过各方共同努力，2014 年 5 月，全国红十字会系统第一家立足社区、面向社会的"凤凰博爱家园——生命安全体验馆"开馆。体验馆集互动体验、自主学习、教学培训和结果测试为一体，采用声、光、电等现代科技手段，充分体现参与性和互动性。通过宣讲，让群众了解红十字运动基本知识；通过互动，让群众学习安全知识、提高安全意识；通过游戏，加强参与者记忆和兴趣；通过体验，让群众了解并掌握紧急情况下应对措施和方法，增强自救互救能力；通过培训，让群众掌握基本急救知识和技能，达到"减轻伤残，挽救生命"的目的。

开馆以来，先后对社区居民、企事业单位员工、中小学生及家长等开展体验、培训共 500 余场，人数近 3 万人，现场评价满意率 100%。该馆还迎接了中国红十字会原会长华建敏、原常务副会长赵白鸽、副会长王海京、红十字国际委员会东亚地区代表处官员马文德及 20 多个省 150 多个城市红十字会同行参观考察。华建敏会长在视察后留言："鼓楼凤凰生命体验馆办得好，体现了人道救助事业的宗旨，要动员最广大的民众掌握自救互救技能，守住生命底线，守住道德底线，希望这样的体验，越办越好，普遍推广。"

"凤凰街博爱家园"还依托体验馆这个平台，运用"社工＋社会组织＋社区"三社联动的创新模式，扶持了凤凰安养中心、凤凰社区睦邻中心的建设，带动了助老、助残、困难救助、志愿服务等工作全面开展，促进了社区、街道，乃至区、市的红十字工作。

（二）围绕"博爱 101 微型博物馆"，打造以"红十字文化传播"为核心的"秣陵路社区博爱家园"

秦淮区朝天宫街道既是中华第一商圈——新街口商圈的重要组成部

分，寸土寸金，又是古都南京文明发源地——朝天宫所在地，人文底蕴深厚，但这一区域一直缺乏红十字文化传播的场地。为填补这一空白，得知朝天宫街道确定了"改革创新、文化引领"的发展思路后，市、区红十字会积极介入，经多次协商，按照街道"一社区、一文化、一博物馆"要求，在该街道秣陵路社区建设"秣陵路社区博爱家园"，充分发掘朝天宫的文化底蕴和历史遗存，传播红十字文化，打造"博爱 101 微型博物馆"，通过全方位、多角度、立体化宣传，深化社会对红十字会的认识和了解，树立红十字会良好的社会形象。

"博爱 101 微型博物馆"位于秣陵路 101 村大院，由红十字历史文化室、急救培训会议中心、红十字备灾仓库和红十字急救知识互动室四大功能区构成。在省红十字会的资金支持下，由社区单位、居民、志愿者自己动手，就地取材，进行改造建设。目前，一期工程已完成，建成了红十字文化墙、善邻墙，将红十字会发展历程介绍上墙，将当地民间流传的道德楷模事迹上墙，将孙中山的"博爱"手迹书写上墙；社区服务站改造为"挚友之家"，将汇聚人道力量、弘扬博爱文化、发扬奉献精神作为服务人员的行为准则；开设宣传站、医务服务站为社区及周边居民提供健康、卫生等咨询服务；将清道光年间存备荒粮的"丰备义仓"改造成为现在的社区文创室，进行文化创作以及救灾救助物资储备。目前，该馆还在继续向社会征集与红十字活动相关的物件和真实故事，不断丰富展示内容。

"博爱 101 微型博物馆"通过群众和志愿者的广泛参与和互动，有效改善了社区面貌和群众的精神面貌，深受社区居民和参访市民喜爱。秣陵路社区博爱家园在推进平安社区、和谐社区、幸福社区建设中发挥的积极作用，也得到了当地群众的广泛认可。省、市相关领导和兄弟省市相关人员也不断莅临检查指导，总会报刊社金宝杰社长在参观完毕后，对社区红十字工作的创新给予了高度评价，并欣然留言"文化的社区、和谐的社区、红十字精神传播的社区"。

（三）围绕"整合社区资源"打造的以"推进社区建设"为核心的"劝业路社区博爱家园"

鼓楼区中央门街道劝业路社区位于市中心，区域优势明显，科教人才密集，社会组织众多，软硬件条件较好，拥有丰富的社区资源。但由于缺乏统筹机制，资源分散，无法形成合力。为突破社区发展的瓶颈，市、区红十字会与社区合作创建了“劝业路社区博爱家园”，以此为平台，整合社区资源，并精心设计了“一二三四”的发展路径。

1. 成立“一个班子”，搭建项目实施平台

在劝业路社区成立了以社区干部、社区居民及社区单位为成员的博爱家园项目工作指导小组，具体负责项目的宣传、组织、管理等工作，搭建博爱家园项目主体平台，利用社区微信公众号开展红十字宣传，搭建线上平台，做到线上线下互动联通。

2. 引进“两个组织”，拓展项目合作领域

一是引进南京立和救灾减灾公益发展中心，定期组织志愿者、社区居民进行减灾救灾、逃生避险知识培训和演练，增强了社区的防灾减灾能力；二是引进鹤颜养老中心，开展文化健康养老，为社区居民开设舞蹈班、合唱班、手机培训班等项目，已有500多人参与，深受老年朋友的喜爱。

3. 打造“三个阵地”，确保项目有效开展

一是打造“红十字救护培训中心”培训阵地，开展各类卫生健康、应急救护知识培训讲座，提高居民自救互救能力；二是打造“博爱慈善超市”救助阵地，开展爱心救助和惠民活动；三是打造“将军庙人防减灾馆”科普阵地，定期对辖区单位、居民免费开放，普及防灾减灾知识。

4. 依托“四个队伍”，提升项目服务能力

一是依托红十字应急救援志愿服务队，发扬人道救助精神，积极参与社区应急救护，大力宣传博爱家园的宗旨；二是依托关爱留守儿童志愿服务队，发扬博爱精神，关注留守儿童、未成年人健康成长，开展心理疏导、教育救助、生活救助等活动，体现博爱家园项目的实质内容；三是依托大学生志愿服务队，发扬无私奉献精神，服务辖区独居和孤寡老人，给博爱家园增添新的生机和活力；四是依托小雏鹰志愿服务队，发扬小小家园精神，积极开展青少年特色志愿服务，带动学生家庭参与博爱家园的各项活动。

劝业路社区博爱家园建设，结合社区特色，整合社区资源，做了大量开创性工作，推动了社区治理，提升了社区能力，促进了社区发展，取得了可喜成绩。省红十字会对此也给予充分肯定，于今年将其列入省级博爱家园试点。

（四）围绕“后埠博爱文化广场”打造以“美丽乡村建设”为核心的“振兴村博爱家园”

2013 年南京市的区划调整，最后两个郊县——高淳、溧水撤县设区。随着城市化建设的推进、“村改社区”的逐步实施，农村居民与城市居民在经济收入、物质生活条件等方面的差距越来越小，但农村的生活环境、人文环境依然不如人意。为此，市委、市政府提出用 5 年时间，打造五大片区总面积约 1 600 平方公里的美丽乡村示范区，目前，取得了阶段性成效，涌现出高淳“国际慢城”、江宁“五朵金花”等一批特色品牌。美丽乡村建设是南京城乡统筹发展、一体发展、推进新型城镇化的重要抓手，也是红十字工作与政府中心工作新的契合点。省、市红十字会经过多方调研，选择以高淳区固城镇振兴村为试点建设博爱家园，与美丽乡村建设相结合，让博爱家园成为郊区百姓受益的民心工程、幸福工程。

在省红十字会专项资金的支持下，市、区红十字会和振兴村党支部、村委会共同努力，利用村头荒地，建成了“博爱家园——后埠博爱文化广场”。垃圾堆被清除，建成了绿化及基础配套设施，美化了环境，方便了生活；坑洼的土地平整成了健身场和灯光球场，村民可以跳舞、集会，开展各种文体活动；泥泞的小路变成“博爱亭”和宣传长廊，通过文字、图片等形式宣传红十字文化，弘扬中华民族传统美德；破旧的房屋整修一新，扩大功能成为志愿服务阵地，可用于开展应急救护培训、逃生避险演练、健康知识宣传和体检、义诊。

振兴村博爱家园的建设，改善了农村环境面貌，丰富了精神文化生活，深受村民的欢迎，并起到了很好的示范作用，在邻近村的强烈要求下，省、市、区红十字会又投入资金相继建立了两个博爱文化广场，有力地推动了美丽乡村的建设。

“博爱家园”是一个模式，更是一个示范。试点项目均体现了因地制宜，利于复制，就地取材，群众参与，志愿服务的原则，因而很快在全市被推广。目前浦口区“九华社区博爱家园”、玄武区“月苑社区博爱家园”等项目正在加速推进之中。

四、创建成效

博爱家园的创建不仅给所在社区、乡村带来了积极的变化，对全市红十字工作的促进作用也初步显现。

（一）弘扬了一种精神

博爱家园建设使红十字宣传有了自己的平台，通过红十字文化广场、编跳应急救护广场舞、红十字文化墙、红十字历史文化室等多种形式，经过红十字工作者、志愿者的身体力行和口口相传，在社会群众中传播红十字历史、倡导红十字理念、培育红十字文化，弘扬“人道、博爱、奉献”的红十字精神，提升了红十字会影响力和公信力。

（二）壮大了两支队伍

通过博爱家园的建设，恢复了工作阵地，吸收了大量综合素质高、业务能力强的专兼职干部，壮大了基层红十字工作者队伍，推动了“三救三献”等核心业务在基层的全面开展；在博爱家园试点项目的推动下，志愿者队伍也在不断扩大，全市已建成 1 016 支应急救援志愿服务队，经过培训的志愿者有 3 万人。这些队伍立足社区，开展救护普及，参与公益活动保障、窗口地区值勤，及时应对突发事件，凭借专业高效的服务获得社会及媒体的广泛关注。这两支队伍，成为促进红十字事业发展的生力军。

（三）提升了三种能力

市、区红十字会专职人员直接参与博爱家园建设，学、做结合，在实践中得到锻炼，提升了业务工作能力；项目建成重在管理，通过不断探索有效的做法和成功的经验，总结出“红十字会指导，社区管理，志愿者服务”的三位一体管理运行模式，提升了项目管理能力；博爱家园提供了为群众服务的渠道和平台，通过扶贫济困、敬老爱幼、助孤助残等各类活动，提升了服务群众能力。

（四）培训了四种技能

以博爱家园为依托，充分发挥培训基地、专业人员、志愿者队伍的作用，广泛开展各种培训、演练和体验活动，提升了社区群众的逃生避险、备灾减灾、自救互救、卫生健康四种技能，满足了群众的需求。

五、创建展望

“博爱家园”项目在我市起步不久，但是，我会有信心，坚定不移地把这个公益项目长期做下去，在省红十字会的直接指导下，启动下一步工作。

（一）落实一个长期规划

制定“十三五”期间南京市博爱家园建设发展规划，初步计划分三个阶段完成项目任务。第一阶段（2016—2017 年）：扩大试点。努力扩大红十字博爱家园试点工作的社会影响，每个区至少打造 1 个博爱家园，每个家园投入 30 万元以上。第二个阶段（2018—2019 年）：逐步推开。每年每个区都要选择 1～2 个社区，采取不同的模式，因地制宜地落实项目。第三个阶段（2020 年）：提升完善。对已建成的项目，要提升硬件，完善软件，不断提高博爱家园的创建水平、服务水平。

（二）召开一次现场会议

在每个区完成试点工作后，召开一次全市“博爱家园项目观摩推进会”，总结推广试点项目的做法和经验，讨论研究项目开展中的问题和难点，提出对策，推进工作。

（三）完善一套运行机制

在创建过程中，逐步探索和完善一套适合南京特点的管理体制和运行机制，重点制定和完善在省红十字会指导下的市、区红十字会和街道社区三级联动机制：一把手负责的领导责任机制；红十字会指导、社区管理、志愿者服务三位一体的管理运行机制；多渠道的筹资机制。务必使博爱家园项目不流于形式，可持续发展。

创建具有鲜明地方特色的博爱家园

——以启东市东洲新村社区为例

陆鸿健　启东市东洲新村社区

摘　要：建设"博爱家园"富有红十字特色，顺应时代发展所需。江苏在国内属于沿海发达地区，经济水平又素有苏南苏中苏北之差，因地制宜、民需我为、务实创新是建设博爱家园的永恒遵循。启东市位于苏中地区，建设"普遍融合、普惠居民、普及文化"的东洲新村社区特色红十字博爱家园是我们的探索与追求。

关键词：东洲社区　博爱家园　三普特色

博爱家园项目是中国红十字会在积累多年项目经验的基础上，顺应时代发展所需，围绕自身核心业务，借鉴国际项目先进理念，以社区为平台，自主设计、自主实施、自主管理的综合性发展型项目，是红十字会对传统项目的整合、创新和发展，符合红十字会可持续发展的要求。博爱家园项目主要包括组织发展、软硬件建设和生计发展等内容，旨在通过在社区成立红十字基层组织，开展红十字特色的防灾减灾、卫生健康等服务，建设利民设施，发展生计，增强社区自我发展的综合实力。此项目是红十字工作常态下面向基层、立足社区、服务社区的有效切入点，是具有较强包容性的资源整合平台，是红十字事业可持续发展和能力建设的载体，必将成为持久性品牌。

自2011年初启动博爱家园项目以来，红十字总会先后在汶川地震、经济欠发达和灾害多发的多个省(区、市)开展项目活动，取得了一定的成绩和经验。例如：四川提出了"3＋X"模式，即每一个博爱家园项目含规定的内容——"3个一"(一个以上红十字宣传、服务、培训等工作的活动阵地或逃生、避险、减灾设施，一个运转良好的红十字基层组织、一批红十字会员和红十字志愿者队伍,一支循环滚动的生计发展基金,促进社区生产发展、群众生活环境改善)。"X"作为自选项目,保持宗旨,因地制宜,整合资源,自主开展。富有成效的实践,为江苏开展博爱家园提供有益的参考。

江苏省于2016年初开始进行博爱家园的试点工作,提出了"有组织、有队伍、有活动、有制度、有经费、有项目"的"六有"基本标准,确定了建设具有江苏特色的博爱家园的工作目标。由于江苏是东部沿海地区,综合经济实力在全国处于前列,有些标准要求有别于其他省份,这是明智之举。即使在江苏,由于南北的经济实力差异性大,社区工作基础现状不尽相同,所以因地制宜、民需我为、务实创新地做好博爱家园是逻辑归宿和必然选择。

启东地处苏中,沿江沿海靠上海,2013年获得长寿之乡称号,2015年在全国县域经济竞争力百强县中排名27位,2016年百强县(市)排名50位。全市有304个城乡社区(其中,乡镇社区有43个,城市社区261个),98%的社区达到江苏省和谐社区标准。启东市城乡社区实行"一委一居一监一站一办"模式(党委或党支委、居委会、监委会、服务站、综治办),城市社区具备6+X服务功能(卫生计生、民政社保、文体教育、治安法律、养老助残、环保及流动人口等),配备5～9人,有不少于400平方米的社区服务中心。东洲新村社区位于启东市区的中心位置,隶属于南城区街道办。社区占地面积0.6平方公里,东至庙港河,西至公园路,南至南城河,北至民乐路,包括东洲新村、城市花苑、名都苑南区三个小区。现有住宅楼89幢,入住居民2 750户,人口9 200多人,分成21个网格。社区有8名工作人员,400平方米的服务中心,在启东社区中位于第一方阵。社区先后荣获全国学习型社区、江苏省文明社区、江苏省绿色社区、江苏省民主法治示范社区、江苏省和谐社区、江苏省充分就业示范社区、南通市先进基层党组织、南通市党建工作示范点、南通市文明社区、南通市廉政文化示范点、南通市关工工作示范社区等荣誉称号。

早在2003年12月,东洲社区成立了红十字服务站,以博爱超市为主要阵地,组织开展"博爱送万家"等单项红十字活动。2016年5月,东洲社区经县市红十字会向省红十字会推荐成为首批"红十字博爱家园"试点社区。

通过基层调研、座谈分析、文献查询、外地取经后,东洲新村社区将

“普遍融合、普惠居民、普及文化”作为工作特色，扎实有序推进，广泛开展形式多样的红十字博爱服务活动，取得了较好的阶段性成效，并呈现良好发展态势。东洲新村社区通过红十字博爱家园创建项目，进一步提高了红十字运动的知晓率，扩大了红十字的影响力，使得受益人数更多、受益面更广。

一、普遍融合，避免另起炉灶

社区是相互关联的大集体，是社会有机体最基本的内容，是宏观社会的缩影。目前，一般情况下以村居作为社区单位，与村居委形影相随。

“上面千条线，下面一根针”，社区工作繁杂琐碎。在社区层面开展红十字的博爱家园活动，应该具有红十字元素无可非议，但是绝缘于其他资源，完全自搞一套就会自讨没趣、自断后路、自送前程。所以，善于借台唱戏、打结合牌、唱红十字会歌显得十分重要和必要。

东洲新村社区追求的不仅仅是融入或融进，更是融合；关注的不仅仅是个别活动或局部性融合，更是普遍融合。于是普遍融合的理念得以确立，“高标定位、高点起步、高速推进、高效实施”的基调得以奠定。东洲新村社区书记、主任、大学生村官等工作人员成为博爱家园的核心力量；原有的宣传橱窗、康复器材、活动场地等社区设施设备、按月开展的活动等均具有了红十字博爱家园的色彩。与此同时，成立了启东市第一个社区红十字组织、建立了红十字阅读角、增设了红十字募捐箱、增添了红十字博爱超市。更多地开展应急救护培训，提高居民自救互救的理念、知识和能力，积极助力平安社区建设。建设博爱家园一下子成为社区工作不可分割的有机部分，在普遍融合中扎根于社区、服务于社区、发展于社区、永驻于社区。特别令人欣喜的是，博爱家园的推进，也增强了社区干部的能力，提升了社区管理的水平。

二、普惠居民，避免厚此薄彼

有一次开展广场活动，我们所带的家庭应急救护包发完了，现场有位老太太因为未能领到，意见很大，情绪激动，责怪我们发放时不公平，为何就偏偏漏发给她。事后，我们对如何处理有限服务与无限需求的关系、如何处理普惠性服务与选择性服务的关系等问题做了深刻反思，觉得应该按照不同类型、不同需求提供具有针对性的不同服务，尽可能体现普惠性。

普惠不是每位居民平等享受社区提供的服务，而是在开展博爱家园活动时尽最大可能惠及最广泛的普通居民，让需要帮助的居民获得相应的帮助具有可能、成为现实，使得博爱家园成为广大社区居民共同受益的项目。

在调研中，我们惊讶地发现，一说到红十字会，人们往往就会联想到慈善总会，总觉得红十字会仅仅与助老、助残、助困、助学、助医等慈善相关。有人甚至将红十字会与慈善总会张冠李戴。实际上，红十字会作为政府在人道领域的助手，具有《红十字法》和《红十字会章程》的法定职责，除了慈善，尚有更多的工作要做。对于红十字会的“三救”“三献”核心业务工作，普通群众知晓得相当陌生或零碎。由此可见，在推动人道服务供给上创新发展，提高红十字服务的普惠性、打通服务群众的最后一公里等方面，红十字会还需格外用心用情用力。

“民需我为”。社区居民的需求是多种多样的，博爱家园建设中要不断满足广大居民的需求。“仅根据需要，努力减轻人们的疾苦，优先救济困难最紧迫的人”博爱家园项目整合针对社区老人、儿童、妇女、残疾人、特困人群的慈善之效，同时要在社区防灾减灾、健康教育、人文关怀、精神慰藉、人道传播等方面发挥应有作用，从而体现出惠及普通居民的独特一面。社区红十字会要提供尽可能多尽可能大尽可能好的服务，最大限度地满足最广大居民的需求。

启东市是计划生育老先进，失独家庭较多。截至 2015 年底全市有失独家庭 1 040 个，失独家长 1 695 人。就东洲新村社区而言就有 5 个失独家庭，失独家长 8 人。面对这一特殊群体，东洲社区实施了“515 助困工程”，并将其作为创建红十字博爱家园的一项特色项目。该项目针对 5 户失独家庭，全年资助每户款物 1 000 元，并提供健身辅导、志愿陪伴、邻里守望、救护培训、心理咨询等 5 项贴心服务。这一项目兼顾经济资助与精神需求、日常照顾与身心健康，让失独家庭尽可能多地感受到党政与全社会的关爱，引导其正视现实、积极生活，充满并传播正能量。

开展博爱家园活动，助力居家养老。启东市是长寿之乡，老龄化程度远超全省均值。目前，东洲社区有 80 周岁以上老年人 128 名，社区为

15名智力障碍及老年痴呆的老人购买GPS定位追踪手表，为2名高位瘫痪的贫困居民购买多功能康复用床，为80多名老人安装呼救报警器。同时社区组织红十字志愿者定期上门为老人进行康复治疗训练；联合小区里的洗衣房和餐馆，为困难老人开展免费洗衣项目和低价送餐服务；通过为小区的独居、老龄、孤寡老人上门打扫卫生、志愿陪伴、义诊等形式，切实解决他们的实际困难，切实关爱这部分特殊群体，提供更实在、更贴心的服务。开展"613"助老项目，以生活最困难、境遇最艰难的60岁以上老人家庭为重点资助对象，向每个受助家庭发放了1 000元的慰问金，项目执行周期为3年。开展博爱家园以来，社区内有两对老年夫妇成为捐献遗体和眼角膜志愿者，社区红十字会对其格外关注，将为其提供必要的关怀和服务。

由于东洲社区位于市中心，老居民多，对应急救护培训需求大。东洲社区从红十字会申领了3 000册《市民安全救护手册》，每家每户发放一本。开展的各类大小应急救护培训不胜枚举，不仅内容丰富，还针对不同年龄层利用不同的培训内容和形式，普及自救互救和避险知识，让培训增强可听性，提高实效性。2016年7月26日，东洲社区救护培训亲子夏令营在启东市妇联安全体验中心举行，活动从消防安全知识讲解入手，结合生活中的真实案例，告知青少年怎样提高防范意识，在遇到火灾危情时应该怎样加强自我保护能力。社区青少年还在老师的指导下体验了如何操作灭火器，更直观地增强了防火防灾意识。随后，夏令营还进行了传授结绳八法、学习心肺复苏术、演示地震避灾等方面的活动。为了做好应急避险工作，印制社区逃生地图，设置小区应急逃生路线和逃生场所，购买应急物资等，为提高社区居民的自我救护意识和能力提供普惠性服务。社区在5个主要位置，添置应急救护药箱，既便于居民应急所需，又在无形中宣传了应急意识。

三、普及文化，避免急功近利

传播红十字文化是建设博爱家园的应有之义，只有当博爱家园以一种特有的社区文化形态存在，人道博爱奉献的红十字精神才能真正根植社区，博爱家园才能有效建成并不断优化。

东洲社区积极倡导红十字理念、弘扬红十字精神、培育红十字文化，努力营造浓烈的红十字氛围，在居民中播种红十字的种子。社区充分利用现有宣传栏、板报、电子显示屏、小区广播、社区微信等宣传阵地，加强红十字人道主义宣传力度，宣传红十字运动的理念、宗旨、原则、精神、标志，以及红十字会的组织体制，有关法律法规和工作规范、制度等等。在博爱家园建设中，考虑到小区居民散步健身多集中在社区内的南城河绿化带健身步道及人民公园广场，社区专门增设红十字内容的宣传牌，印制宣传手册及宣传折页发放，在社区现有3个正能量加油站的基础上，购置5只移动音响作为宣传红十字文化的正能量加油站，不断提高红十字行动在居民中的知晓率。

2016年夏天的乘凉晚会，安排红十字志愿者登台表演节目。在“5·8”世界红十字会日等重要红十字运动相关节日开展文化传播、无偿献血、艾滋病预防等活动。爱心义卖、免费测量血压和义诊、法律咨询、送温暖等都涉及红十字元素。在社区内的主要道口设有7个旧衣回收箱，方便居民奉献爱心，切实把“人道、博爱、奉献”的红十字会精神融入社区居民生活。

志愿服务是红十字运动的基本原则之一，也是打造浓烈红十字氛围的重要抓手。东洲新村社区根据不同类型的需求，成立了8支200多人的志愿者帮扶队伍。

社区十分注重对青少年的教育培训，通过对红十字青少年进行红十字知识的培训，引导青少年逐步形成关心他人、互助互爱、乐于奉献的良好品行，为树立正确的荣辱观、价值观、道德观奠定基础。

东洲社区主动将创建博爱家园与社区工作普遍融合，让社区居民沐浴在博爱家园的普惠阳光之中，积极普及红十字文化，使博爱家园成为永久的宣传基地、教育基地、实践基地。

“星星之火，可以燎原”。一个个博爱家园雨后春笋般涌现，必将构成博爱的社会，和谐的家园。